国家新闻出版广电总局重大研究项目（项目编号：2015-4-1）
北京市长城学者支持项目（项目编号：CIT & TCD20140319）

构建具有文化特色的现代出版企业制度研究

王关义 刘寿先 等著

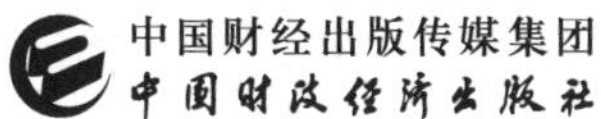
中国财经出版传媒集团
中国财政经济出版社

图书在版编目（CIP）数据

构建具有文化特色的现代出版企业制度研究/王关义等著．—北京：中国财政经济出版社，2016.10

ISBN 978 -7 -5095 -7002 -9

Ⅰ.①构…　Ⅱ.①王…　Ⅲ.①出版社 - 现代企业制度 - 研究 - 中国　Ⅳ.①G239.22

中国版本图书馆 CIP 数据核字（2016）第 243433 号

责任编辑：卢关平　吴檬檬　　　责任校对：黄亚青
封面设计：陈宇琰　　　版式设计：董生平

中国财政经济出版社 出版

URL：http：//www.cfeph.cn
E - mail：cfeph @ cfeph.cn

社址：北京市海淀区阜成路甲 28 号　邮政编码：100142
营销中心电话：88190406　北京财经书店电话：64033436　84041336
北京财经印刷厂印刷　各地新华书店经销
787×960 毫米　16 开　15.5 印张　253 000 字
2018 年 1 月第 1 版　2018 年 1 月北京第 1 次印刷
定价：56.00 元
ISBN 978 -7 -5095 -7002 -9/G · 0174
（图书出现印装问题，本社负责调换）
本社质量投诉电话：010 - 88190744
打击盗版举报热线：010 - 88190414、QQ：447268889

国家新闻出版广电总局重大研究项目（项目编号：2015－4－1）
北京市长城学者支持项目（项目编号：CIT&TCD20140319）

课题名称：构建具有文化特色的现代出版企业制度研究

课题主持人：王关义

课题组成员：刘寿先　何志勇　刘　硕　卢世玲
胥力伟　衣凤鹏

课题承担单位：北京印刷学院

前　言

新闻出版单位既是党和政府的喉舌和文化阵地，也是传媒产业、文化产业的重要经营主体，出版业同时具有经济属性和意识形态功能，必须正确认识和把握新闻出版业的意识形态属性和产业属性之间的关系。

出版产业的发展既要适应市场经济发展要求，遵循市场经济规律，又要符合社会主义文化建设要求，遵循意识形态发展规律。在市场经济条件下，出版单位要追求经济效益、提升经济实力，既是文化竞争、传媒竞争的客观要求，也是企业自身发展的基础。但是，不论是出版物的创作生产，还是单个企业或整个行业的发展，都不能搞“唯经济效益”，要坚持把社会效益放在首位、把实现社会效益和经济效益相统一作为出版业改革发展的目标，始终坚持以正确导向为灵魂，以坚守社会责任为己任，不断推出更多的优秀出版物，更好地发挥引领风尚、教育人民、服务社会、推动发展的作用。

近年来，随着文化体制改革的日渐深入，我国传统出版事业单位逐步转制成为出版企业，成为真正的市场主体，虽然绝大部分出版企业初步完成了改制工作，但其治理结构依然存在不少问题，需要进一步深化改革和创新。建立具有文化特色的现代出版企业制度对于解放出版企业的生产力、繁荣出版市场、提升国家文化软实力具有重要的理论意义。当前，随着世界经济一体化和互联网技术的发展，文化已渗入经济社会的方方面面，全球范围内新崛起的文化产业成为进一步刺激社会消费、满足社会文化需求的有效手段和经济发展新的增长点，文化产业成为推动经济增长的引擎，文化软实力已成为国家间竞争战略中的重要因素。习近平总书记指出："一个国家、一个民族的强盛，总是以文化兴盛为支撑的，中华民族伟大复兴需要以中华文化发展繁荣为条件。"《中共中央关于制定国民经济和社会发展第十三个五年规划的建议》指出："推动物质文明和精神文明协调发展。坚持两手抓、两手都要硬，坚持社会主义先进文化前进方向，坚持把社会效益放在首位、社会效益和经济效益相统一。"习近平总书记在党的十九大报告中指出："要深化文化体制改革，完善文化管理体制，加快构建把社会效益放在首位、社会效益和经济效益相统一的体制机制。"在制度环境不断变迁和互联网技术迅猛发展的背景下，历史上长期形成的传统出版产业无论在外部体制机制还是在内部治理结构、产权结构、管理体制、内控和激励机制等方面均无法适应环境变革的需要，构建具有社会主义文化特色的现代出版企业制度已成为实现出版业可持续发展和提高出版企业核心竞争力的根本途径。

2015 年 9 月，中共中央办公厅和国务院办公厅印发了《关于推动国有文化企业把社会效益放在首位、实现社会效益和经济效益相统一的指导意见》，把实现"双效统一"作为制度固化于企业发展过程中，为形成体现文化企业特点、符合现代企业制度要求的经营管理模式奠定了坚实基础，这是自党的十八大以来文化领域改革又一突出的亮点，从根本上回答了出版企业怎样能活得好、行得正、走得远，怎样弘扬中国精神、传播中国文化这一重大历史性课题。

《构建具有文化特色的现代出版企业制度研究》正是国家新闻出版广电总局根据推动我国出版业健康发展的总体要求确定立项支持的一项重大课题。课题组经过近一年的艰辛工作，在实地调研和问卷调查相结合的基础上，收集和整理了大量数据资料，咨询了多位专家，历经数次修改，完成了课题的研究任务。课题紧紧围绕把社会效益放在首位、推进两个效益相统一这条红线，从我国新闻出版体制改革的实践出发，客观地分析了转企改制后我国出版企业发展的现状和特点，剖析了出版企业体制机制以及微观运行与管理方面存在的问题，梳理归纳了一些出版企业转企改制的成功案例，探索如何通过出版业管理体制的改革，构建具有文化特色的现代出版企业制度，促进出版业健康发展。同时通过六个专题研究报告，从不同侧面和不同点对构建具有文化特色的现代出版企业制度的相关主题进行了深入的探讨和分析。

《构建具有文化特色的现代出版企业制度研究》一书是在对课题研究报告进行系统整理和完善的基础上形成的，全书由四大部分构成，分别是课题研究报告、课题研究专题报告、相关学术论文及附录。其中课题研究报告为本书的主体部分，共分为8章，具体内容如下：第1章绪论。提出研究的背景、研究意义、研究对象，总结和评述研究现状，并阐述研究内容、主要创新点、研究方法、主要思路以及章节结构安排。第2章分析转企改制后出版企业发展现状与特点。本章首先阐述转企改制的含义和分类，介绍了现代企业制度的界定和内容，其次阐述了出版企业特征以及现代出版企业制度的内涵与特征。最后，结合行业数据分析了转企改制后出版企业的发展现状。第3章探讨了构建具有文化特色的现代出版企业制度的必要性与可行性。第4章根据出版产业发展情况和课题组所做的实地调研情况，总结梳理出我国出版企业体制机制方面存在的问题。第5章根据调研情况，总结了我国出版企业微观运行与管理方面存在的问题。第6章是构建具有文化特色现代出版企业制度调查分析。采用问卷调查、实地访谈及网上调查等多种渠道和方法，对全国15家主营业务涉及专业出版、综合出版、报业出版等行业领域、具有代表性的出版企业进行调研，并进行了分析。第7章对典型案例进行剖析。以人民邮电出版社和中国传媒大学出版社为例，介绍了这两家出版社在构建各具文化特色的现代出版企业制度方面的做法和经验，可供其他出版企业学习和借鉴。第 8 章提出了构建具有文化特色的现代出版企业制度的路径与对策。出版单位要进一步完善内部管理制度，要明确把社会效益第一、社会价值优先的经营理念体现到企业章程和各项规章制度中，推动党委领导与法人治理结构相结合、内部激励和约束相结合，形成体现出版企业特点、符合现代企业制度要求的资产组织形式和经营管理模式。从产权制度、公司法人治理结构、出版企业经营管理机制、人力资本激励机制、出版企业制度外部环境等多个方面提出了若干对策和建议。

本研究的完成和本书的顺利出版得到了国家新闻出版广电总局相关司局的大力支持，也得到了北京市高等学校“长城学者”专项基金（项目编号：CIT&TCD20140319）的资助。课题研究的总体框架和研究思路由王关义教授设计，参与课题研究以及本书撰写的人员有王关义、刘寿先、何志勇、刘硕、卢世玲、胥力伟、衣凤鹏。在调研过程中，金盾出版社、北京艺术与科学电子出版社、军事医学科学出版社、中国中医药出版社、北京交通大学出版社、河南科学技术出版社、中国传媒大学出版社、经济管理出版社、人民邮电出版社、重庆大学出版社、冶金工业出版社、机械工业出版社、人民日报社、河南日报社、现代出版杂志社等单位的领导和相关人员提供了无私帮助，杨月如、周桂元等对课题初稿提出了颇具见地的修改咨询意见，研究生徐冲冲参与了调查问卷的统计工作，在此一并致谢。

在课题研究以及书稿撰写过程中，我们借鉴并参考了国内外相关的研究专著和论文，书后一一列示，谨向各位先行研究者和作者致以诚挚的谢意。书中不足之处，恳请广大读者批评指正。

王关义

2016 年 3 月于北京

目　　录

第1部分　课题研究报告

第2部分 课题研究专题报告

第3部分 公开发表的相关学术论文

第4部分 附 录

第 1 部分

课题研究报告

第1章 绪　论

1.1 研究背景与意义

1.1.1 研究背景

文化是一个民族的精神和灵魂，是国家发展、民族振兴的强大力量，文化具有巨大的辐射力和影响力，可以不战而屈人之兵，文化发展对于一个国家的文明和现代化进程起着非常重要的作用。为适应社会主义市场经济发展的要求，中国共产党第十六次全国代表大会作出了推进文化体制改革的部署，大力推动文化产业的发展。2003 年，为了进一步深化文化体制改革、积极发展文化事业，中共中央办公厅颁布了《关于文化体制改革试点工作的意见》，从政策层面推动了文化体制改革的顺利进行。2011 年 10 月 18 日，中国共产党第十七届中央委员会第六次全体会议通过的《中共中央关于深化文化体制改革推动社会主义文化大发展大繁荣若干重大问题的决定》提出要努力建设社会主义文化强国，促使“文化产业成为国民经济支柱性产业，整体实力和国际竞争力显著增强，公有制为主体、多种所有制共同发展的文化产业格局全面形成”，并提出了建设文化强国的号召。2015 年 9 月，中共中央办公厅、国务院办公厅印发了《关于推动国有文化企业把社会效益放在首位、实现社会效益和经济效益相统一的指导意见》（简称指导意见），并发出通知，要求各地区各部门结合实际认真贯彻执行。这个“双效统一”指导意见，对正在深入进行的新闻传媒改革提出了新的要求，明确了“双效”指标，为构建新闻企业良性运行机制和“双效统一”的实现设计了一系列可操作的举措和办法。近年来，国家为了促进文化事业改制的顺利进行，出台了一系列政策。文化事业单位的改制越来越受到重视。在2008年年底，国务院办公厅又下发了《文化体制改革中经营性文化事业单位转制为企业的规定》和《进一步支持文化企业发展的规定》两个规定的通知，进一步推动文化体制改革的各项工作。随着2009年国务院颁布的《文化产业振兴规划》，新一轮的文化产业体制改革则围绕着转企改制、重塑市场主体应运而生。在优惠政策的鼓舞下，各省开始纷纷整合文化资源，准备组建文化企业集团。随着文化体制改革的风生水起，新闻出版业作为政策文化的“前沿阵地”、政府发声的“咽喉”，在此次改革中扮演着“排头兵”的角色。另外，新闻出版业转企改制是实现出版业大发展的重要条件，这有国际环境方面的原因，也是出版业在市场经济条件下进行竞争的重要手段和必然结果，它能促使企业优化资本结构，有效整合及配置资源，从而增强企业的竞争能力和抗风险能力。与此同时，政府对新闻出版业改革持鼓励的态度，并在改制的基础上推出有利于新闻出版业的优惠政策。中国出版产业也处于关键的转型和变革时期：一是出版业正经历从传统计划经济体制向市场经济体制的转型。二是出版业由传统的出版事业向出版产业化方向转型，一批经营性出版单位转企改制成为出版物市场主体，变成了追求利润最大化的企业。三是从传统的外延规模扩张式发展向更加注重素质提高的内涵式发展转型。四是从传统的劳动密集、知识密集型产业向现代知识密集、资本密集型的数字出版转型。据新闻出版广电总局的统计数据，2014年中国数字出版产业收入为3387.7亿元，比2013年增长了33.36%，数字出版产业收入在新闻出版产业收入的占比由2013年的13.9%提升至17.1%，数字出版总产值超过纸质出版产值。五是出版业逐渐从主要面向国内市场的封闭经营模式转型为面向国内、国际两个市场的开放经营模式。当前环境对于出版企业产生巨大的影响，主要有五个方面：一是技术环境变化对出版企业的影响。相对于传统出版环境，其技术性的变化相当惊人：交流的跨时空性、传播的快捷性、环境的虚拟性、阅读格式的复杂性、信息不对称的加剧、出版技术的丰富和编辑手段的进步等。在网络环境中，数字出版具有的新技术特点对出版社组织结构重建、运行机制、管理流程和经营业务带来较大的影响。技术层面对于出版企业的影响几乎是全面的，特别是在具体管理操作手段和经营实施途径上表现尤为明显。二是文化环境变化对出版企业的影响。数字出版的技术先进性、方法革新性冲击着传统出版的文化氛围和文化观念。出版企业产生新的人文观念和文化体系，例如，出版企业社会责任的提升、出版职业精神理念的更新、新媒体伦理体系的重构、数字化思想观念的形成等。三是经济环境变化对出版企业的影响。数字化环境给我国出版界最深刻和最直接的感受是其经济层面的效应和影响力。近期来，一大批知名的出版集团将数字化业务作为聚焦点。数字化经济环境牵动着我国众多出版企业的资源、人才、设备和资金的流向，促使组织结构、部门职能和工作岗位实行大重组和变革。四是制度环境变化对出版企业的影响。近期发布的《关于推动国有文化企业把社会效益放在首位、实现社会效益和经济效益相统一的指导意见》要求文化企业做好两个效益的结合，并且把社会效益放在首位。一方面，出版企业作为文化企业的重要组成部分，其产品和服务具有引导社会意识导向、提供精神产品，传播思想信息，担负文化传承使命的重要作用。尤其是国有出版企业是发展出版产业、建设社会主义先进文化的重要力量，必须着力建立有文化特色的现代企业制度，充分发挥示范引领和表率带动作用，走在推动两个效益统一的前列，坚持把社会效益放在首位，实现“双效统一”的使命和责任。另一方面，出版产业宏观管理体制和微观运行机制长期游离于我国整个市场经济体制改革之外，成为改革的“孤岛”。主管主办制度和出资人制度无法充分衔接，产权关系不清晰，现代出版企业制度尚未建立。五是国际化环境变化对出版企业的影响。刚刚经历转企改制的出版社也面临着由国内市场封闭经营的模式转型为面向国内和国际两个市场的竞争。随着人民币国际化进程的加快和我国文化市场的逐步放开，世界知名出版集团将会加大在中国的投资和业务推广，与这些巨头相比，我国出版企业总体竞争能力偏弱，生存将受到直接影响。因此，传统的出版企业无论在整体企业战略布局，还是企业内部制度管理模式、组织架构、企业文化、销售渠道、人力资源等职能战略方面均需要适应制度环境和市场环境的新变化。因此，推动新环境下出版社适应数字时代要求，提高出版社竞争能力成为实现出版业可持续发展和提高出版产业核心竞争力的迫切要求。因此，从出版企业参与国内外市场竞争、增强自身能力的角度，关注经济效益也是不可忽略的重大问题。仅仅关注社会效益或者仅仅关注经济效益不是出版业市场化改革的出路，也无法实现我国建设文化强国的宏伟目标。

因此，在建设具有文化特色的现代出版企业制度方面，要正确处理社会效益和经济效益、社会价值和市场价值的关系，明确当两个效益、两种价值发生冲突时，经济效益服从社会效益，市场价值服从社会价值。正确处理出版的意识形态属性与产业属性、出版企业特点与现代企业制度要求的关系，加强分类指导，建立健全确保社会效益放在首位、实现"双效统一"的考核评价标准。

1.1.2 研究的理论和现实意义

近年来，大部分出版企业能够坚持社会主义文化方向，坚持主流价值观的导向，但也有部分企业重视程度不够，其产品侵害甚至放弃主流价值观，用低级庸俗的作品片面地追求经济效益，究其原因，主要是宏观管理体制与机制、企业制度出了问题。现代企业制度是适应社会化大生产和社会主义市场经济要求，以公司制企业为主要形式，以有限责任制度为保证，以完善的企业法人制度为基础，以企业产权制度为核心，产权清晰、权责明确、政企分开、管理科学的新型企业制度。在当前国家制度环境不断变迁、互联网等科学技术迅猛发展、出版业国际化程度不断加深的复杂背景下，出版企业结合国家社会导向和市场环境需求，构建起经济效益和社会效益相统一的、具有文化例外原则的现代出版企业制度已成为实现出版业可持续发展和提高出版企业核心竞争力的根本途径。面对这些生存环境的重大变化，系统地研究如何构建起具有文化特色的现代出版企业制度是生动鲜活的改革实践向理论界提出的一个重大课题。通过本项目的研究不仅能够延伸和拓展现代企业制度的研究视野，而且对于出版产业改革、转型和升级具有较高的实用价值。

1.2 研 究 现 状

从研究情况看，现代企业制度一直是产权界和管理界研究的热点领域，建立现代出版企业制度也是出版界研究的前沿课题。近几年，中国学者在现代出版企业构建理论研究方面取得了较多成果。郝振省等（2007，2008）研究了中国数字出版产业的发展，连续两年出版了《中国数字出版产业发展年度报告》，较为全面地对中国数字出版产业的发展现状和趋势进行了分析，提出了数字出版产业的发展对策。周蔚华（2003，2009）对出版产业、出版改革、网络出版等方面进行了较全面的分析。张霞（2005）提出跨媒体经营是出版产业结构调整的新走向。马杰（2003）认为新技术是出版产业结构优化和产业水平提高的原动力。日本学者星野涉（2008）分析了日本出版产业的结构变化，重点分析了杂志类媒体的低迷原因与数码技术的影响，并提出了出版产业应该采取的对策。郑豪杰（2012）研究了现代企业制度设计中涉及的治理和管理两个层面，他认为建立现代出版企业制度，一方面需要在顶层设计方面深化体制改革，另一方面需要在政策和管理层面出台操作指导办法。孙瑛等课题组（2012）对转企改制后出版企业建立现代文化企业制度进行了分析，认为需要通过摒弃陈旧价值观念、优化产权结构、创新企业经营管理机制等措施来构建起现代出版企业制度。南京大学会计与财务研究院内部控制课题组（2011）论证了现有内部控制概念的产生过程以及基于审计视角研究内部控制的先天不足，主张应从现代企业制度产生的历史背景中挖掘现代内控的基本内涵及其实践特征。刘益（2010）认为，出版社按照现代企业模式来管理，并不意味着出版活动的意识形态属性将被削弱。相反，体制和机制的变革将大大解放出版生产力，从而可以更好地满足人民群众日益增长的精神文化需求。何丽云（2012）认为，出版企业须通过完善企业法人制度、提高融资能力、构建科学的领导体制与组织管理制度、建立合理的绩效考评指标体系和激励机制来解决现代企业制度中面临的问题。

而当前出版企业面临着日新月异的数字技术环境和日益个性化、小规模的用户需求和偏好，包含了公司法人治理结构、激励制度、组织制度、人力资源设计、生产运作与经营等多方面现代出版企业制度的内容。在数字技术环境下现代出版企业制度方面的研究也取得了部分成果。中国轻工业出版社社长杨西京所著的《数字时代出版社如何作为》一文以中国轻工业出版社为例介绍了该社进行数字时代战略转变的指导思想，并且介绍了该出版社在数字出版的实践中着重在做的工作：一是做好数字化这一项基础工作；二是采取“一主两翼”的运作方针，即以内容为主体、打造技术和平台两翼；三是树品牌，数字出版的发展应该是传统出版品牌的继承和发展；四是在逐步做实数字出版的基础上探索开展网络延伸经营业务，开拓多条产品线，拓展盈利模式。《数字时代出版社的生存法则》一文通过对《古炉》电子书版权纷争事件的思考，分析了传统出版社在数字时代所面临的挑战，从内容资源、读者群体和优势地位方面对传统出版社应对数字出版进行了归纳，提出了一些相应的处理办法，包括建立产业战略联盟、适当应用国家政策以及推进技术升级等。《数字时代科技期刊出版产业链分析及发展策略》一文以产业链理论为基础，从如何构建数字时代科技期刊出版产业竞争优势的角度，探讨了数字时代科技期刊出版产业链的相关问题，提出了强化产业链战略环节建设、探索适合数字时代科技期刊出版产业链整合模式等数字时代科技期刊出版产业链发展策略。乔瑞雪（2011）指出，出版业已经进入数字时代，数字时代的出版主体呈现多元化趋势，使得出版效率更高、阅读更方便，从而表现出强大的发展潜力，对传统出版业构成挑战，其文章分析了数字时代的数字出版给传统出版业带来的挑战种类，并进一步提出传统出版业发展的新出路。

目前国内主要采用定性分析和现状描述的方式研究现代出版企业制度问题，已有的研究成果主题涉猎多元、比较分散，缺乏对构建具有文化特色的现代出版企业制度构成要素、可行路径的量化研究，而在对出版企业实地访谈、大样本问卷调查数据分析基础上的构建现代出版企业制度的可行路径研究更为少见。

1.3 研究的内容、研究思路与方法

1.3.1 研究主要内容

本课题研究报告部分主要包括如下 8 章，具体内容如下：

第 1 章：绪论。提出研究的背景、研究的理论意义和实践意义，明确研究的对象，归纳和总结国内外研究现状，并进行评述，然后阐述了研究内容、主要创新点，最后介绍了研究方法、主要思路以及章节结构安排。

第 2 章：转企改制后出版企业发展现状与特点分析。本章阐述了出版业转企改制的含义和分类，以此为基础阐述了出版企业特征以及现代出版企业制度的内涵与特征，即现代企业制度是以公司制企业为主要形式，以有限责任制度为根本保证，产权清晰、权责明确、政企分开、管理科学的企业制度。现代企业制度以企业法人制度为基础，以公司制为主体，以产权制度为核心，它适应了社会化大生产的需要，实现了组织结构的规范化，有效地降低交易成本，最大程度发挥生产要素的作用。最后，结合行业数据分析了转企改制后出版企业的发展现状。

第 3 章：构建具有文化特色的现代出版企业制度的必要性与可行性。必

要性主要体现在：出版业的意识形态属性决定了出版企业的文化意识特色和文化例外原则；出版业的产业属性决定了出版企业的现代管理制度要注重提高经济效益。而构建具有文化特色的现代出版企业制度的可行性主要体现在：中国出版行业具有较强内部改革和制度创新的驱动力量，现代出版企业制度改革符合出版业改革的趋势；从政策环境支持来看，现代出版企业制度的建立符合中国建设文化强国的目标导向，能够得到国家相关政策的鼓励和支持；可以充分借鉴国内外相关行业现代企业制度的建设经验和教训，能够创建具有文化特色的现代出版企业制度。

第 4 章：中国出版企业体制机制方面存在的问题。结合出版业发展情况和课题组的调研情况，总结出中国出版企业体制机制方面存在的问题。主要包括以下几个方面：在产权制度方面存在所有者缺位与基本制度不健全、产权不清、未有效评估出版业资产价值等问题；在出资人机制方面存在权责不够明确、政企职能交叉等问题；在企业内部治理方面存在委托人缺失、"新三会"作用未有效发挥、缺乏核心经理层、激励机制缺失等问题；在政府与法制治理方面存在监管效率低、治理体系不完善等问题；在出版产业发展方面存在增长方式不合理、数字化转型困难较多、投融资体制不完善等问题；在市场环境方面存在市场主体地位构建不完全、市场经营理念不充分、市场秩序尚不规范等问题。

第 5 章：中国出版企业微观运行与管理方面存在的问题。根据出版企业转企改制情况和课题组的调研，总结出中国出版企业微观运行与管理方面存在的问题。主要包括：在观念变革方面，市场意识还不明确，内容为王的价值判断还不牢靠，改革尚需夯实基础；在组织结构方面，现有组织架构未能充分体现出版业的文化特色；在人才方面，出版人才管理不能满足企业发展需要；出版企业文化未能成为企业经营管理的有益补充。

第 6 章：构建具有文化特色现代出版企业制度调查分析：现状与问题。为了了解现代出版企业制度建设情况以及其中文化特色的培育现状和可能存在的问题，课题组采用问卷调查、实地访谈及网上调查等多种渠道和方法，对全国 15 家主营业务涉及专业出版、综合出版、报业等行业领域、具有代表性的出版企业进行调研。并且利用调研数据分析被调查企业的基本状况、现代出版企业制度建设情况、现代出版企业制度中文化特色的培育状况、环境与政策评价、现代出版企业制度建设及文化特色培育进程中存在的问题等，为整个出版业尽快建立起完善的富有文化特点的现代出版企业制度、提升企业软实力及核心竞争力提供一手资料。

第 7 章：典型案例剖析。本章主要以人民邮电出版社和中国传媒大学出版社为例，介绍了这两家出版企业在转企改制和构建各具其文化特色的现代出版企业制度方面的模式、做法和经验，希望通过典型出版企业的案例分析为当前出版企业塑造具有自身文化特色的现代出版企业制度提供有价值的参考和借鉴。

第 8 章：构建具有文化特色的现代出版企业制度的路径与对策。本章从坚持把社会效益放在首位，实现社会效益与经济效益相统一的发展理念、构建具有文化特色的现代出版企业产权制度、完善具有文化特色的公司法人治理结构、创新具有文化特色的现代出版企业经营管理机制、构建具有文化特色的人力资本激励机制、创造良好的具有文化特色的现代出版企业制度外部环境等六个方面提出了具体的路径与对策。

1.3.2 研究的基本思路

研究的基本思路如图 1 -1 所示。

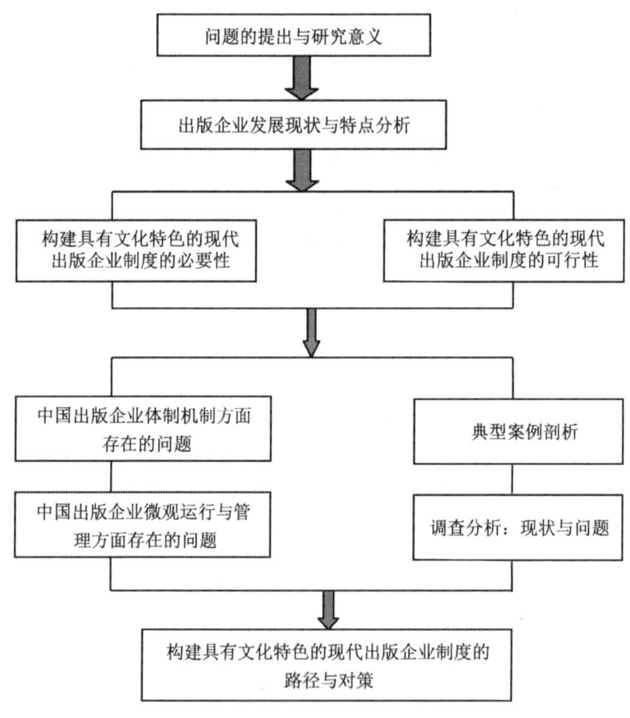

图 1 -1 研究思路

1.3.3 研究方法与实施步骤

本课题拟运用统计分析和文献分析方法分析中国出版企业发展现状与特点；采用实地调研、产业数据等获取数据论证构建具有文化特色的现代出版企业制度的必要性和可行性。然后，运用实地访谈、问卷数据搜集和文献研究的方法从出版企业市场环境与体制机制以及出版企业微观运行与管理两个方面分析目前中国出版企业在构建现代出版企业制度方面的问题、障碍与不足。利用实地调研和问卷调查所获得一手数据对构建具有文化特色的现代出版企业制度的现状和问题进行分析，并且进一步运用案例研究和比较研究的方法，结合从实地访谈和问卷调研过程搜集的案例资料，对部分优秀出版企业构建具有文化特色的现代企业制度进行案例研究。最后，运用归纳和演绎的方法对实地调研的一手资料和二手资料提出构建具有文化特色的现代出版企业制度的路径与对策。

1.4 研究重点、难点与创新之处

1.4.1 研究的重点

研究的重点在于构建具有文化特色的现代出版企业制度的内涵、要素，以及针对现有问题提出的构建路径。现代出版企业制度的构建是一个集制度、政府、行业、企业等多因素互动的产物，在保证社会效益的前提下构建具有文化特色的现代出版企业制度是一个复杂的动态系统，而文化特色主要体现的是出版企业与其他产业迥异的文化意识形态和社会属性。因此，立足现代出版企业的文化特色和文化例外原则来提出构建现代出版企业制度的路径是本课题的关键。

1.4.2 研究的难点

（1）出版产业内容杂、归纳难。新闻出版业实际上是由多个子产业或子行业所组成的产业群，内容非常庞杂，这给研究带来了很大的困难。

（2）现代出版企业制度构建的难点和关键在于出版产业的社会效益和经济效益、意识形态属性和经济属性权衡。具有文化特色的现代企业制度要求将社会效益放在首位，同时如何兼顾产权制度、法人治理结构、激励制度等市场经济因素作用的发挥是研究难点。

（3）获取一手调研数据是本课题的难点之一。由于时间紧、任务重、经费有限，不可能调查现存的所有出版企业，只能选取有代表性的十几家出版企业进行调研。而其中问卷调查和访谈结果不可避免地会带来一定误差。

1.4.3 创新之处

（1）系统性地对已转企改制的出版企业（包括各出版集团、出版社、民营出版公司等）进行实地调研、访谈和问卷调研，利用横截面数据从静态视角反映我国出版企业构建现代企业制度的状况，利用案例分析方法从动态视角分析我国出版企业构建现代企业制度的历程、经验与教训。

（2）利用一手调研数据和二手文献资料深刻剖析转企改制后出版企业在创建现代企业制度过程中面临的问题与障碍。

（3）借助系统性调研数据，对具有文化特色的现代出版企业制度的内涵和要素进行阐述，并在保证社会效益的前提下，兼顾产权制度、法人治理结构、内部激励等制度的完善，提出现代出版企业制度的构建路径与对策。

第2章 转企改制后出版企业发展现状与特点分析

2.1 出版企业转企改制的含义

出版业是一个典型的创造性行业，改革是推动出版业发展的巨大动力。自2003年全国文化体制改革试点工作启动以来，出版领域改革顺利推进，公益性出版单位逐步实现了企事业分开，建立新的运行机制。经营性出版单位转企改制，建立现代企业制度和法人治理结构。印刷、复制、发行企业逐步打破地域和行业限制，形成统一开放、竞争有序、健康繁荣的大市场格局。

现代企业制度是以公司制企业为主要形式，以有限责任制度为根本保证，产权清晰、权责明确、政企分开、管理科学的企业制度。现代企业制度以企业法人制度为基础，以公司制为主体，以企业产权制度为核心，它适应了社会化大生产的需要，实现了组织结构的规范化，能够有效降低交易成本，更好地发挥生产要素的作用。因而，从出版行业来看，构建、培育和创新现代企业制度是转企改制后提高经营绩效、增强企业竞争力的内在要求和必由之路。

从内容上看，出版企业转企改制主要包括两个方面的内容：一是出版企业的身份转变，由事业改为企业；二是出版从业者的身份转变，由体制内事业编制转变为体制外企业员工身份。2003 年国家正式启动新闻出版业体制改革工作，将第一批 17 家出版社列为改制试点后，全国出版业改制工作正式拉开帷幕。2009 年 3 月，国家新闻出版总署出台了《关于进一步推进新闻出版体制改革的指导意见》，把开辟融资渠道问题作为一项重点工作进行了部署，重点推动跨媒体、跨地区、跨行业、跨所有制战略重组的同时，积极开辟融资渠道，支持条件成熟的出版传媒企业，特别是跨地区的出版传媒企业上市融资，积极引导出版企业采取内部融资、业内融资、业外融资、发行企业债券、引进外资、上市融资等方式进行融资。据新闻出版总署数据显示，中国已经组建了多种类型的出版集团，包括报业、出版、发行、印刷等各类新闻出版企业集团 120 余家，其中涉及新闻出版业务的上市企业集团 48 家。中国出版集团、中国教育出版集团以及中国科技出版集团的重组和扩张表明中国部分出版单位已形成了全国性出版集团；同时，区域性的出版集团也加快了联合重组和上市融资的步伐，例如，出版传媒、凤凰传媒、中南传媒通过 IPO（首次公开募股）方式以及时代传媒、皖新传媒、大地传媒等出版集团通过买壳、借壳等方式登陆资本市场。一批出版集团正在通过重组改制和资本运营，成为文化产业的战略投资者。根据全国 24 家出版集团调查发现，17 家完成转企改制的出版集团公司，平均总资产增长 66.2%，利润总额增长 25.3%，最多的翻了三番；而剩余 7 家未改制的出版集团，平均负增长 43%。全国有 40 多家报业集团完成了事企分开，发行业的股份制改造和跨地区经营形成了新的格局。转企改制为出版企业创造了更广阔的平台，出版业的整体实力得到了较大提升。转企改制后，中国出版企业作为市场竞争主体共分为三类[①]：

1. 出版企业集团

企业集团形式能将出版资源整合起来，形成规模较大的产业实体，提升市场竞争力。但当前迫切需要的是摆脱行政捏合的后遗症，尽快将生产关系格局转移到资源配置上来。目前，全国 34 家出版集团旗下出版社数量超过全国出版社总数的 40%。

2. 独立（行业）出版社

在出版集团占据主流时，独立（行业）出版社也在寻求个性化、专业化

① 汪宜晔、刘辉、黄道见：《关于转企改制后大学出版社深化改革的探讨》，《编辑之友》，2014 年第 8 期，第 14—17 页。

和特色化的发展道路。大与小在竞争中互相依存。在现行出版政策下，独立（行业）出版社（含少量未改制出版社）与出版集团一样拥有出版许可资质。

3. 民营出版公司

这类出版力量现在正处于图书出版环节和发行市场双重失衡的状态。一大批民营公司拥有更加贴近市场的生产方式和管理模式，但是缺少宝贵的出版资源——出版许可资质。随着内容许可和行政审批权力的下放，出版许可资质审批权的下放，将使得民营出版企业的生产力得到空前的释放。而民营出版企业竞争能力强，利润诉求明确，未来出版产业中将受到冲击的是出版企业集团和独立（行业）出版社。因此，国有出版企业必须深化改革、提前布局、做大做强。随着出版体制改革进入深水区，出版社的企业化、市场化皆成定局。在当前出版产业和技术形态激烈变革的形势下，中小型国有出版社的经营、管理及其发展都面临更加严峻的生存考验。

2.2　出版企业转企改制的分类

2.2.1　出版企业的特征

出版企业作为文化生产部门，具有一般企业属性的同时，还具有不同于一般物质生产单位的特殊性：既通过物质载体——图书这种有形产品获取市场经济效益，又能创造精神文化产品、传播人类文明。所以，出版企业具有双重属性，精神文化属性尤其更为醒目。

（1）是具有明确的文化使命和意识形态属性。作为文化生产单位的出版企业，在承担着传播和发展民族文化使命的同时，其产品还具有意识形态属性，影响人们的价值观念、信仰，关系到民族团结、社会稳定甚至国家安全。

（2）是具有强大的内容创新能力。文化既为经济社会发展提供强大的精神动力，也是经济社会发展的重要内容。出版活动主要通过文化功能来影响经济社会发展。因此，出版产业是内容产业或创意产业的主要部分，具有强大的内容创新功能。

2.2.2　现代出版企业制度的特征

现代企业的主要形式是公司制，包括有限责任公司和股份有限公司。公司制的特点是：资本来源广泛，使大规模生产成为可能；出资人对公司只负有限责任，投资风险降低；公司拥有独立的法定代表人财产权，保证了企业决策的独立性、连续性和完整性；所有权与经营权相分离，为科学管理奠定了基础。从目前来看，中国大部分国有出版企业转企改制有两种形式可供选择：一是有限责任公司，二是股份有限公司。两种形式均可以采取国有独资（或多元化投资主体）的形式。

根据现代企业制度建立起来的出版企业，要求生产要素有足够的开放性和流动性，与外部的资本市场、经理人市场、劳动力市场及其他生产要素市场相配合，通过资产收购、兼并、联合、破产，通过企业家和劳动者的合理流动，提升出版社竞争力，合理配置生产要素。“产权明晰、权责明确、政企分开、管理科学”是现代企业制度的基本特征，出版企业在建立现代企业制度的过程中，也必须做到这四点。

1. 产权明晰

产权是经济所有制关系的法律表现形式。它包括财产的所有权、占有权、使用权、收益权和处置权。作为产权主体之一的股东，它拥有了财产所有权和收益权；而作为产权另一主体的企业法人和管理层则有权占有、使用和依法处置企业法人财产。对于出版企业而言，产权明晰是指要以法律的形式明确出版企业的出资者与企业基本财产关系，尤其要明确国有资产的直接投资主体；明确国家作为国有资产出资者的有限责任，彻底改变国家对出版企业债务实际承担无限责任的状况，以确保国有资产的合法权益。转企改制后出版社与主管主办部门之间的关系由行政性控制关系转变为产权性控制关系，所以处理好出版社与主管主办单位之间的关系，关键在于构建好出版企业的产权制度。其根本是构建资产管理机构、产权经营机构、出版企业法人实体机构“三位一体”的资产管理与运营体系，理顺国家、主管主办单位、出版企业间的产权关系。

做到产权明晰首先要弄清“家底”，即弄清资产总额，包括流动资产、固定资产、无形资产及其他类别的资产。全面清查核实出版企业的各项资产，确认国家实际投资数额，一方面为今后科学评价和规范考核出版企业经营绩效及国有资产保值增值提供依据，另一方面也为出版企业今后的规范运行创造条件。这就要求出版企业根据社会主义市场经济体制的要求，按照法定程序，运用科学方法，对资产某一时点的价格进行评定和估算。

做到产权明晰要明确资产所有者代表。所有者代表缺位是国有资产实现保值增值的最根本障碍，也是国有资产流失最危险的根源，是体制性的缺陷。国有资产代表不确定，或者定位不准确，以资产保值增值为目标的国有企业就不可能真正成为独立的法人实体和市场竞争主体。

中宣部等部委在有关出版社转企改制的政策中规定：由中央和地方出版集团公司联合重组的，主管主办单位关系随产权关系变更；跨部门组建出版集团公司的，按照资本结构和业务重点，重新确定主管主办单位；同一部级单位主管的出版社组建集团公司或只有一个出版公司的，主管主办关系暂时不变。根据这一规定，可以基本上解决出版社“出资人”的问题。对于103家大学出版社来说，出版社转为有限责任公司后，其出资人由学校变更为学校资产公司，顺利地解决了大学出版社出资主体的问题。如清华大学出版社的出资人是清华大学国有经营性资产专门机构——清华控股有限公司。但部委所属出版社与相关部委完全脱钩后，经营性资产已经从部委机构剥离出去，因此部委无权授权给出版社。这就必须找到新的“投资人”对其授权。目前来看，如何确定出资人问题还是个难点。中国电力出版社作为第二批试点单位成功完成转企改革，主要就是因为他们的上级单位是大型国企——国家电网。科学出版社的主管主办单位为事业单位中国科学院，因此组建企业性质的科学出版集团，并获得中国科学院的授权，科学出版集团成为科学出版社的出资人，以“二次授权”的方式解决了出资人问题。人民邮电出版社虽然早就列为转企试点，但到现在改制难以推进，主要是因为没有找到合适的投资人。

2. 权责明确

权责明确是指要明确出版社的股东和出版社法定代表人主体两方面的权力和责任。按照公司法规定，出资者对企业始终保持着享受资产收益、参与重大决策、选择管理者和决定利润分配方案的权利。出版社的出资人依法享有股东的各项权利，以其投资比例参与出版社利益分配，并以其投资比例决定对企业积累所形成新增资产拥有的所有权。同时也以其出资额为限对出版社债务承担有限责任。现代企业制度是有限责任的企业制度。当企业亏损以至破产时，出资者最多以其全部投入的资产额来承担责任，即只负有限责任。作为出版社国有资产管理者代表的各类“出资人”，要切实转变出版社预算约束软化的问题，不再对出版社的债务承担实际上的无限责任。

从另一个视角讲，出版社作为法定代表人主体，拥有法定代表人财产权，以全部法定代表人财产独立享有民事权利、承担民事责任，依法自主经营，自负盈亏，回报股东，实现国有资产的保值与增值。出版社以独立的法定代表人财产对其经营活动负责，以其全部资产对债务承担责任。出资人不直接参与出版社的具体经营活动，不直接支配出版社的法定代表人财产，而是通过建立企业法人制度形成企业的自负盈亏机制和对出版社经营者的监督机制。出版社法人财产权的行使要受出资人所有权的约束和限制，必须对出资人履行义务，依法维护出资人权益，对所有者承担资产保值增值的责任，而不是以损害出资人的合法权益为前提。

3. 政企分开

政企分开是指在理顺出版社国有资产产权关系、产权明晰的基础上，实行企业与政府的职能分离，建立新型的政府与企业关系。

（1）政企分开是指要把政府的社会经济管理职能和国有资产所有者职能分开。政府主管部门与出版社的关系，从社会经济管理者和被管理者的角度看，要用行政法来调整；从所有者和法人财产支配者的角度看，要用民法来调整。出版社通过改制，建立现代企业制度，就必须依照所有权和经营权分离的原则，使投资者与经营者建立一种规范的、稳定的两权分离关系。国家作为国有资产的代表者，只以股东的身份参与企业的经营决策，不能直接参与企业具体决策，从而真正实现政企分开、两权分离，使出版企业按照经济规律的要求独立自主地从事出版活动。

（2）要把政府主管部门的行政管理职能和出版社的经营管理职能分开。政府主管部门主要通过法律法规和经济政策等宏观措施调控市场，引导出版社健康发展；主管部门对出版社的监督管理有些可通过诸如会计师事务所、律师事务所等中介组织来实现。要取消出版社与主管部门之间的行政隶属关系和出版社的行政级别。规范的现代企业制度不允许政府有这种超越法律的权限，必须政企分开，政事分开，政资分离，管办分离，政、企、事各行其道①。政府的职能是管理，企业的职能是经营，事业的职能是服务。政府要坚持依法行政，加强公共服务。

4. 管理科学

管理科学是指出版社在经营体制机制上要适应市场运作需求，合理配置使用各种资源，如选题、人才、资金、技术、市场网络以及作者资源等等。现代企业制度要求企业适应现代生产力发展的客观规律，按照市场经济发展

---

① 柳斌杰：《出版体制改革与改革中的出版业》，《出版科学》，2007 年第 5 期。

的需要，积极应用现代科技成果，利用有效的现代化管理工具同各项管理职能有机结合起来，形成有效的现代化企业管理①。对出版社而言，管理科学要求出版社建立和完善法人治理结构，其核心是妥善处理由于两权分离而产生的委托代理关系，即股东与董事会之间的关系，以及董事会与经理人之间的关系。管理科学要求出版社确定科学的战略发展方向和明确的经营管理目标，进行高效的统筹安排，进行严格的质量管理，有效地控制图书等产品质量，对全部的出版活动实行规范化、制度化管理。此外，管理科学还要求出版社建立与现代化生产要求相适应的各项管理制度。主要包括：

（1）领导制度，核心是关于出版社内部领导权的归属、划分及如何行使等所作的规定。

（2）劳动人事制度，实现劳动用工市场化、工资增减市场化、劳动争议仲裁法规化。

（3）企业财会制度，要有健全的内部财会制度。

（4）现代企业破产制度，以法律保障的经济运行方式筛选和淘汰落后企业，实现市场优胜劣汰。

2.3 转企改制后出版企业发展现状分析

目前，全国经营性出版单位的转企改制工作已基本完成。但对部分转企改制后的中央部委出版社、出版集团和大学出版社进行的调研显示，以往计划经济环境下的一些体制陈规和机制痼疾依然在限制出版业做大做强。因此，转企改制后的出版企业依然任重道远，应该进一步解放思想、转变观念，加快体制机制创新，建立和完善现代文化企业制度。

2.3.1 市场主体身份基本确立，企业内部机制建设初见成效

2011年5月，《中共中央办公厅、国务院办公厅关于深化非时政类报刊出版单位体制改革的意见》（以下简称19号文）出台，明确提出在2012年9月底前全面完成转企改制任务。经过多年改革，中国出版业的市场化程度不断加深，出版业各个环节都已发生了市场化取向的实质性转变。中国已基

---

① 刘益：《出版社经营管理》，北京：中国书籍出版社2009年版。

本完成国有出版单位转企改制任务。出版业市场化改革的第一步就是出版单位由事业单位转制为企业单位。目前相关数据显示，截至2014年，全国有580多家出版社、3000多家新华书店、38家党报党刊发行单位全部完成转企改制；全国3388种应转企改制的非时政类报刊已有3271种完成改革任务，占总数的96.5%（见表2－1），全国共注销经营性文化事业单位法人6900多家、核销事业编制29万多个，由此可见，中国出版业已全面完成国有出版单位的转企改制任务。

表2－1　　截至2013年我国出版机构完成转企改制情况

出版机构类型	完成转企改制比例
出版社	99%
新华书店	100%
党报党刊发行单位	100%
非时政类报刊	96.5%

出版单位转企改制可以寻求更大发展，走产业化、集团化的发展道路，实现转型升级，有利于中国出版产业不断做大做强。转企改制也促进了出版业的体制机制创新。出版企业逐步开始规范化地进行公司运作：一是初步建立现代企业制度，明确了出资人关系及其权益，基本确立了企业市场主体地位；完善了法人治理结构和资本运行机制，提高了企业内部决策的科学性和有效性，保证了国有资产保值增值。二是按照现代企业“管理科学”的要求，进一步完善了企业内部运行机制，有效地整合了社内资源，打造了核心产品。适应社会主义市场经济规律和出版产业规律的经营管理机制正在逐步形成。

2.3.2 企业活力明显增强，产业发展梯队初步成形

中国已形成大型出版集团公司和分散单一的中小型出版社“大中小”并举的发展格局。出版行业中定位准确、对市场反应灵活的中小企业的存在，保证了出版市场的产品多元化与丰富性，其差异化的竞争有利于进一步形成公平有序的出版市场。同时，随着出版体制改革向纵深发展，在跨地区、跨行业、跨媒体的联合重组上，作为“大型航母”的出版集团正逐步成长为市场中的战略投资者，在行业内发挥出带动效应。

出版集团的转企改制工作跨越了转企、股份制改造和上市三大步，即通

过上市来优化股权结构，完善集团公司法人治理结构；以资本为纽带，以业务重组为链条，打破行政、地区壁垒，快速整合资源，实现规模效益①。其发展模式对我国文化体制改革的制度选择起了重要的示范作用。大学出版社积极巩固和拓展出版版图，依托学术和人才资源、科研优势，谋求特色定位，做强做优学术、教育出版等主业；同时，积极开拓其他出版领域及副业，在大众出版领域的多个细分领域取得的成绩有目共睹。一些规模较大、发展较快的大学出版社逐渐探索出“自我裂变，内涵发展”的集团化道路。部委出版社转企改制起步较晚，但随着改革的深入，在重组兼并以及探寻跨部门、跨地区的合作方式上，将有更大的发展空间。近期我国跨地域、跨行业的出版业兼并重组都是以企业作为主体，充分运用市场化的运作方式进行资源重新整合。出版业的整体实力得到进一步壮大。例如，成立于2001年的凤凰出版传媒集团，是由江苏人民出版社、江苏科学技术出版社、江苏教育出版社、江苏少年儿童出版社、江苏美术出版社、凤凰出版社、江苏文艺出版社、译林出版社、江苏电子音像出版社9家专业出版社组成的强势出版群体，其注册资本为7.2亿元，于2012年总资产已达到132亿元，成为中国出版企业中第一个资产总额、销售收入双超百亿元的大型文化产业集团，在文化影响、市场竞争和内容创新方面取得了一系列重大突破，各项指标列同行业之首，成为中国出版业做大做强的典型。

2.3.3　准入及退出机制仍不健全

对于行业市场来说，企业的准入及退出机制在一定程度上反映了市场的自由度及企业间的竞争程度。图2-1显示了近几年中国出版社数量的变化情况。

数据显示中国的出版社数量虽然整体呈增长趋势，但总量增长速度却过于缓慢，并且在此期间几乎没有出版社退出，由此反映出中国出版业较为严格的准入及准出政策。市场机制的调节来源于企业在利益杠杆的推动作用下实现的优胜劣汰，缓慢的行业循环速度在一定程度上体现出整个出版业的竞争并不充分。此外严格的出版社准入政策也造成中国出版社总量与发达国家存在相当大的差距，2000年日本出版社的数量就已达到7087家，而2014年

① 北京市新闻出版局课题组：《出版企业建立现代文化企业制度研究》，《现代出版》，2012年第1期，第5—10页。

美国出版公司数量达 9000 多家。

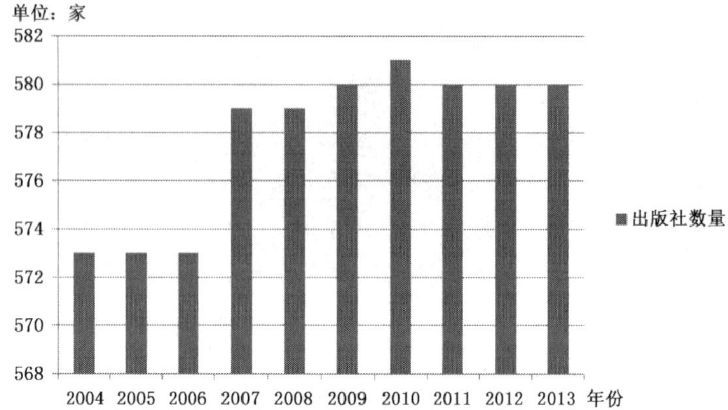

图 2-1　2004—2013 年中国出版社数量变化情况

数据来源：本图出自全国新闻出版统计网。

第3章

构建具有文化特色的现代出版企业制度的必要性与可行性

建立具有文化特色的现代出版企业制度是文化大发展、大繁荣的重要推动力，是国家文化发展战略的重要组成部分。截至2010年底，全国经营性出版单位基本完成了转企改制，建立了企业制度，但是由于出版体制改革的外在条件的约束和内生动力不足，使得出版企业的改制力度和效果存在着较大的差异。一方面，一些出版单位建立企业制度的标志限于核销事业编制、注销事业法人、注册企业法人、参与社会养老保险，这只是在形式上建立了企业制度，但是企业内部治理的核心问题依然存在，例如产权结构单一、内部治理不完善、盈利能力弱；企业面临的外部环境中计划经济体制下管理痕迹浓重，不利于出版企业管理制度的完善；另一方面，一些出版企业由事业体制向企业体制转轨过程中，面临政府主导向市场主导、计划经济向市场经济等大环境的转变，产生了新的问题和矛盾，例如过度追求经济效益导致跟风出版、内容粗糙等现象，不利于出版业发展壮大。在文化强国目标的引领下，出版业作为文化产业排头兵，必须加快出版强国建设，其中出版企业就必须进一步加强文化特色，深化现代企业制度改革，助推我国文化强国战略的实施。

3.1 构建具有文化特色的现代出版企业制度的必要性

从本质上来说，出版企业是以生产特定种类的文化产品为导向，从事内容获取和承担风险的组织。这一本质决定了出版企业具有双重属性。一方面，出版物具有意识形态属性。出版物是出版企业的产品，属于文化产品的一类，是文化强国战略的重要组成部分，影响文化进步和教育发展，影响着一个国家和民族的兴衰。改革开放之前，中国非常重视出版物产品的意识形态属性，视为文化产品或精神产品①，将出版单位划归为事业单位，由国家统一管理，直到改革开放之后，出版物产品的产业属性才逐步被重视起来。另一方面，出版物具有产业属性。出版物作为物质产品，能够带动文化产业的发展与繁荣，推动国家经济发展。综合而言，出版物的文化传播需要通过商品交换实现，社会效益的实现需要建立在经济效益实现的基础上，文化大繁荣必须建立在出版产业繁荣的基础上，因此出版物的双重属性是相辅相成的。

出版物的双重属性决定了出版业在国家战略中需要承担文化责任和产业责任②，落实到每一个出版企业身上，就是需要构建具有文化特色的现代出版企业制度。其一，出版物的产业属性决定了出版社作为生产者需要按照现代企业制度自主经营，生产优质产品，在市场经济中做大做强，成为抗风险、营利性的企业，实现出版社的经济效益，促进国家文化产业发展壮大；其二，出版物的意识形态属性决定了出版社不能仅仅考虑经济效益，还需要生产出体现、引领精神文明建设的文化产品，将出版企业的社会效益作为第一要义，并争取做到社会效益和经济效益的统一，实现出版强国，助推文化强国战略。转企改制后，出版单位形成现代企业制度，但是现代企业制度的核心是追求利润最大化，确保股东利益，因此只能实现经济效益，无法实现社会效益。而建设文化特色的现代企业制度则是将社会效益的实现融入于经

① 熊瑜、李航星：《出版业的新趋势与高校出版社专业发展的思考》，《现代出版》，2014 年第 6 期。

② 杨晓洁：《转企改制与出版责任》，《编辑之友》，2012 年第 8 期。

济效益实现之中，形成出版企业社会效益和经济效益的结合发展。

3.1.1　出版业的意识形态属性决定了企业文化特色亟待加强

出版业的意识形态属性是首要属性，决定了出版企业必须坚守自己的文化特色，形成特色文化企业。文化企业的特殊性决定了社会效益是重要评价指标。《出版管理条例》第四条规定“从事出版活动，应当将社会效益放在首位，实现社会效益与经济效益相结合”。从出版企业角度来看，社会效益是企业通过经济活动给社会带来收入，表现为非经济性的效果和利益。社会效益有正负之分，只有优良的文化产品才能产生正的社会效益。因此，出版企业必须将以文育人、以文化人放在首位，避免在市场经济浪潮中迷失方向，随波逐流。

转企改制为出版业带来生机和活力，但是出版体制改革是个渐进的过程，在市场经济浪潮中，部分出版企业没有把握住自身的文化特色。据调查，仅有52.8%的受访者认为本单位形成鲜明的企业文化，36.1%的受访者认为本单位正处于培育企业文化的过程中。此外，在企业文化贯彻到自身出版特色和品牌建设过程中，65.5%的受访者认为所在出版企业文化和出版特色、品牌优势高度相关，但是34.5%的受访者认为本人所在出版企业文化与出版特色相关度较低或不相关（见图3－1）。说明约占三分之一的出版企业即使培育了企业文化，但还未将企业文化贯彻到自身出版特色形成和品牌建设中。

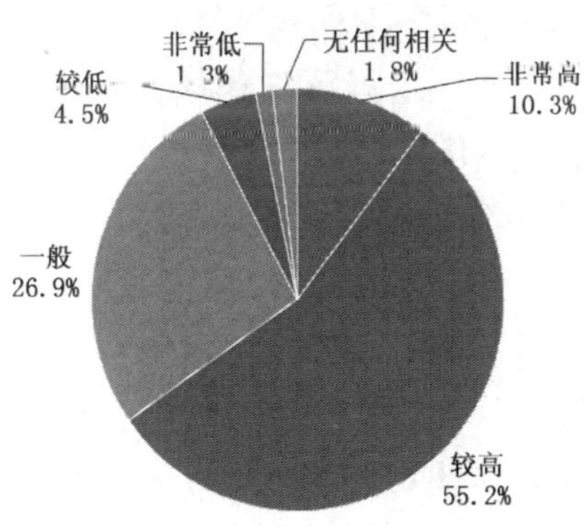

图3－1　企业文化与自身拥有的出版特色和品牌优势相关度

1. 缺乏文化特色的出版企业短期逐利行为不利于出版业的发展壮大

缺乏文化特色的建设或文化特色贯彻不彻底的出版企业容易追求短期行

为，背离文化企业的宗旨，将追求经济效益放在第一位，“一切向钱看”的企业行为将导致诸多问题。

（1）对于大众感兴趣的话题跟风出版，重复出版，导致出版内容粗制滥造。例如养生保健类读物，部分出版社基于消费者想看什么就出什么书，在大众追逐养生的背景下，缺乏独立判断真伪的立场和态度，导致养生类图书重复出版，且多数所谓的养生内容都是七拼八凑，粗制滥造。

（2）短期逐利行为导致逆向选择，形成劣币驱逐良币现象。逆向选择理论是指由于信息不对称导致市场资源配置扭曲的现象，由于市场上产品质量不同导致价格不同，而消费者趋于选择“平均价格”，因此质量好、价格高的产品销售不出去，而质量差、价格低的产品畅销，导致商品的平均价格下降，从而平均质量也下降，形成“劣币驱逐良币”的现象。一般而言，逆向选择理论主要用于分析信息不对称的保险领域、二手车领域。但是出版领域也存在信息不对称的现象。对于出版物，作者和出版者拥有真实质量信息，但是消费者只有完成购买和阅读之后才能判断出版物的质量信息，购买时只能依据出版物的营销宣传、出版社品牌、作者等信息做选择。此时，在质优价高出版物和质劣价低出版物混杂的情况下，消费者倾向选择价格偏低出版物，导致质量较好的出版物无法获得预期收益，并且中国书店中一般规定上架销售效果不佳的图书将做下架处理，导致优质出版物退出市场。久而久之，出版物质量愈来愈差，读者对出版物的质量预期也愈来愈低，最终导致图书交易持续下滑。

2. 形成文化特色是出版企业长期发展的根基

文化特色是出版业的灵魂。出版企业若想长期立足，必须多出好书[①]。换句话说，出版企业若想获得长足发展，必须履行文化企业责任，形成独特的文化特色，打造自己的文化企业品牌，树立某一领域的声誉。如何构建具有文化特色的出版企业，对企业来说，则是需要将社会效益要求融入企业生产经营过程中，将其内化为企业发展理念，并将其贯穿到生产经营各环节和全过程。国际、国内的知名出版企业无一例外都是树立了独特品牌和文化特色，获得消费者的赞誉和信赖，继而取得社会效益和经济效益的双赢。例如，爱思唯尔集团的科技、医学出版物，兰登书屋的大众出版物，培生集团的教育类出版物，牛津大学出版社、剑桥大学出版社等学术类出版物，商务

---

① 聂震宁：《出版业新常态：观察与思考》，《出版发行研究》，2015 年第 4 期。

印书馆的社科类出版物，中国人民大学出版社的经济类出版物等。其中，培生集团在2014年全球图书销售额持续下降的情况下营业利润逆势增长5%，取得出色的业绩。究其原因是这些出版企业形成自身独有的文化特色，将社会效益放在首要考虑的位置，出版好书，同时形成了企业品牌，为企业留住消费人群，进而形成经济效益，使企业获得长期稳定发展，立于不败之地。

3.1.2 出版业的产业属性决定了企业管理制度有待深化

出版业的产业属性决定了出版企业必须建立自主经营的现代企业制度，主营业务完全市场化，成为市场经济中具有抗风险、营利性特点的企业，实现出版社的经济效益，促进国家文化产业发展壮大。现代企业制度是指以市场经济为基础，以企业法人制度为主体，以有限责任制度为核心，形成的产权清晰、权责明确、政企分开、管理科学的新型企业制度。它是企业产权制度、企业组织形式和经营管理制度的综合。2010年以来，出版业虽然完成了组织形式上的转企改制，但是出版体制改革不可能一蹴而就，出版业向企业制度的迈进应逐步深化。可以说，2010年出版业的转企改制完成只是意味着出版单位作为企业进行发展的开端，多数出版企业依然面临最基本的问题。调查表明，44%的受访者认为所在出版企业在转企改制过程中有推动但不彻底，8.5%的受访者认为所在出版企业在转企过程中只是完成形式上的转制，但实质未变。具体来看，出版业转企改制不彻底主要表现在以下几方面。

1. 出版企业的盈利能力较弱

出版企业社会效益的实现是以经济效益的实现为基础，如果出版企业无法实现经济效益，那么社会效益的发挥就无从谈起。因此，建立现代企业制度的关键在于提高出版企业的盈利能力。但是出版单位企业制度的建立虽然带来出版业的繁荣，但并未带来企业盈利能力的增强。据课题组调查统计，70%以上的受访者认为本人所在出版企业的主营业务市场化程度仅达到56.8%，说明出版企业中近一半的业务还未能适应市场经济环境，导致出版企业盈利能力偏弱。

以图书出版为例，2003年出版单位转企改制以来，我国图书定价总金额、出版种数、总印数和总印张等指标一路攀升，其中图书出版品种更是居于世界第一，说明我国图书出版的生产能力不断增强。但是在图书出版大繁荣的背后却隐藏着出版企业盈利能力不佳的现实状况，具体表现为：

（1）图书库存金额远超销售金额。数据表明，中国图书库存金额一路飙升，从2003年的401.38亿元增长至2013年964.40亿元。更严重的是，2006年开始图书库存金额开始超过图书纯销售收入金额，两者剪刀差呈现不断扩大趋势，2013年这一剪刀差增长至230亿元。对于图书出版行业来说，一定的库存是保证课前到书的必要手段，较为恰当的存销比（库存金额与销售额的比例）应该为1∶1。但2013年图书的存销比已高达1.3∶1，实际情况可能比统计数据还要严峻。由于中小学课本及教参销售基本不会有库存，2013年扣除223.88亿元的中小学课本销售额，其余图书的实际存销比竟高达1.9∶1，说明每实现1元销售额，都要有2元的库存额为代价。其中个别种类的存销比更为严重，2012年科技类图书存销比达到14.44∶1，每实现1元销售额就产生14.44元的库存码洋。库存跑赢了销售，更多的图书印刷出来却在仓库中蒙尘，没有发挥出经济效益，更无法体现其社会效益。从社会效益角度来看，受中国传统图书业不景气、电子图书冲击、国民阅读率走低等大环境因素的制约，出版社希望通过增加图书品种数来刺激消费，但是图书品种的增长却未能带来销售额的同步增长，数据显示，2003年至2013年间，中国图书种类增长了133%，但图书纯销售收入额只增长了59%，体现图书质量好坏的重版率维持在40%左右低水平，“生产过量、销售有限”推高了库存，图书出版陷入量多质低的泥潭。由于图书出版产业属于文化创意产业的一部分，高库存率说明图书出版的创意水平不足，图书的整体品质不高，“劣币驱逐良币”现象尤为严重，不利于文化强国的建设。从经济效益角度来看，图书种类的增多、低质图书充斥和高库存拉低了图书销售的平均价格，不利于优质图书的高定价策略，导致出版社利润空间受到挤压，高库存使得图书盘活率较低，极易拖垮出版社，严重影响出版社的生产经营（见图3－2、表3－1）。

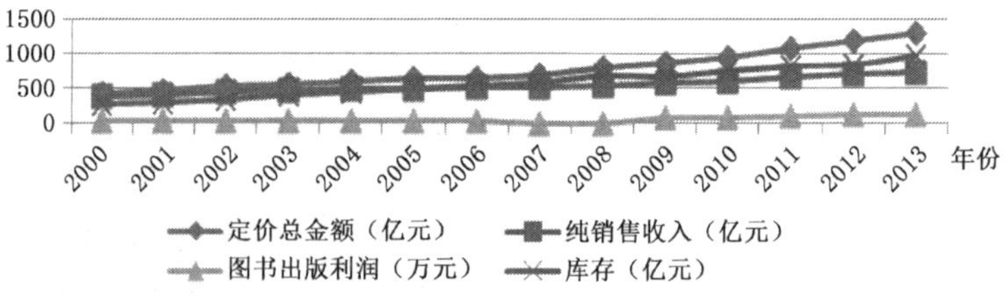

图3－2 2000—2013年中国图书出版销售收入和利润情况

（2）图书销售收入过度依赖教材教辅。2005年之前，中国教材教辅销售收入占图书销售收入40%左右，但是从2005年开始，这一比例飙升至60%，

并呈现逐年增长态势，2013 年这一数值为 73%（见图 3－3）。

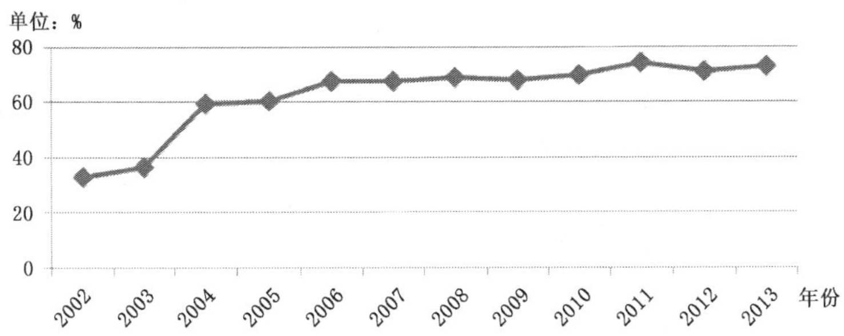

图 3－3　2002—2013 年教材教辅收入占图书销售收入比重

注：根据下表 3－1 数据制作。

表 3－1　2000—2013 年我国图书出版情况

年份	定价总金额（亿元）	总印数（亿册张）	总印张（亿印张）	图书种数（万种）	其中：重版率（%）	库存（亿元）	纯销售收入（亿元）	其中教材教辅销售收入占比（%）	图书出版利润（万元）
2000	430.10	62.74	456.45	14.34	41.25	272.68	376.86	—	38.09
2001	466.82	63.10	462.22	15.45	40.84	297.58	408.49	—	38.19
2002	535.12	68.70	456.59	17.10	41.1	343.48	434.93	32.62	33.97
2003	561.82	66.70	493.29	19.04	41.8	401.38	461.64	36.58	31.66
2004	592.89	64.13	465.59	20.83	41.62	449.13	486.02	59.34	30.25
2005	632.28	64.66	493.29	22.25	42.21	482.92	493.22	60.29	29.07
2006	649.13	64.08	511.96	23.40	44.32	524.97	504.33	67.47	32.61
2007	676.72	62.93	486.51	24.83	45.13	565.90	512.62	67.57	—
2008	791.43	69.36	560.73	27.57	45.59	672.45	539.65	69.02	—
2009	848.04	70.37	565.50	30.17	44.22	658.21	580.99	67.75	74.8
2010	936.01	71.71	606.33	32.84	42.36	737.80	599.88	69.83	77.2
2011	1063.06	77.05	634.51	36.95	43.84	804.05	653.59	74.14	94.24
2012	1183.37	79.25	666.99	41.40	41.55	841.88	712.58	71.05	115.2
2013	1289.28	83.10	712.58	44.44	42.4	964.40	735.63	73.07	118.6
2014	1363.5	81.85	704.25	44.84	43.1	—	791.18	—	117.07

注：①教材教辅销售收入占比＝文化、教育类（含教辅读物）销售金额占零售总额比重＋大中专教材、业余教育及教参销售金额占零售总额比重＋中小学课本及教参销售金额占零售总额比重。

②重版率＝重版、重印图书种数÷图书种类总数×100%

③数据源于：历年《中国出版年鉴》和历年《新闻出版产业分析报告》。

2. 出版企业的公司治理亟待完善

公司治理是指在一套程序、管理、政策、法律及机构影响下如何带领、管理及控制公司。根据公司治理环境可以分为内部公司治理和外部公司治理。由于出版单位改制时间较短，其公司治理在内部和外部都存在一些问题，亟待完善。

（1）内部公司治理结构亟待完善。公司治理结构又称法人治理结构，是现代企业制度的组织机构，是公司制度的核心。按照《中华人民共和国公司法》（以下简称《公司法》）的规定，企业的法人治理结构应由股东会、董事会、监事会和经理四部分组成。在转企改制之前，中国出版单位多为事业单位，采用高度集权的政府科层制的治理结构。转企改制后，出版单位在组织形式上完成了转变，但是在内部企业治理结构上的转变还有待完善。据调查显示，86%的受访者认为本单位内部管理科学或基本科学，但依然有14%的受访者认为本单位管理不科学或依靠传统体制下的经验进行管理。具体来看，出版企业内部治理结构面临以下问题：第一，部分出版社并未建立法人治理结构。对于转企改制较晚的出版社，如2009年和2010年才相继完成转企改制的148家中央部委出版社，其中小部分出版社由于经营单一和经营环境简单，依然沿用传统的组织结构，尚未建立公司法人治理结构，企业经营者的权威性依然处于强势地位。第二，出版企业已建立的公司法人治理结构不规范。主要表现在：①出版业涉及意识形态，属于生产特殊产品、特殊行业的公司，应当采取国有独资公司形式。而国有独资公司的股东只有国家，因此在公司治理中缺少股东会这一制衡环节。②董事会、监事会缺位，部分出版业虽然转型为企业，并初步建立董事会，但是监事会建设不完全。③党委会、董事会、监事会、经营管理层高度重合，且企业负责人选派方式不合理，据调查显示，41%的受访者表示企业负责人由主管单位派遣，导致主管人员与企业人员、市场需求之间不匹配。④激励制度亟待完善。受传统经济体制和干部管理体制影响，中国出版企业管理层的激励机制主要为“官本位”激励机制，按照行政级别分配控制权和收入，这种激励机制容易产生行贿、管理层独断专行、经营目标短期化等问题。⑤监督机制缺位。第三，产权结构亟待清晰。目前中国出版业除了四家公益性出版单位外，其余都改制为企业经营，公司治理首先需要解决的就是产权问题。目前出版企业大多为国有独资企业，股东只有国家。一方面，出版企业的产权清晰，但同时也意味着所有者缺位。另一方面，单一股东无法选举董事，只能由相关职能部门负责人担任，无法直接对国有资产负责。因此解决这个矛盾的出路在于产权多元化发展。2011年中共十七届六中全会通过的《中共中央关于深化文化体制改革推动社会主义文化大发展大繁荣若干重大问题的决定》中明确提出发展公有制为主体、多种所有制共同发展的文化产业格局，为出版企业产权多元化奠定了政策基础。但是从目前来看，出版业国有独资企业数量还远远大于产权多元化企业数量，现代企业制度亟待完善。

（2）外部公司治理环境亟待完善。一般来说，出版企业若想实现经济价值和健全文化机制，最顺畅、最理想的方式就是在市场机制下实现消费者主动购买文化产品，因此，完善出版业的现代企业制度不仅要完善作为市场主体的出版企业，同时也要规范出版企业的外部治理环境。从当前来看，中国出版市场还残留着计划经济下形成的出版行政管理手段，最明显的管理手段就是行业准入制度，衍生出诸多问题，不利于出版单位完善现代企业制度的行业准入制度。

根据本课题调查问卷显示，72.6%的受访者表示企业在出版经营过程中受到上级职能部门的干预，接近50%的受访者认为职能部门的干预并非是有针对性、必要和及时的，65%的受访者认为出版企业资本运作过程中遇到的最大阻力就是出版体制、机制障碍（见图3－4）。

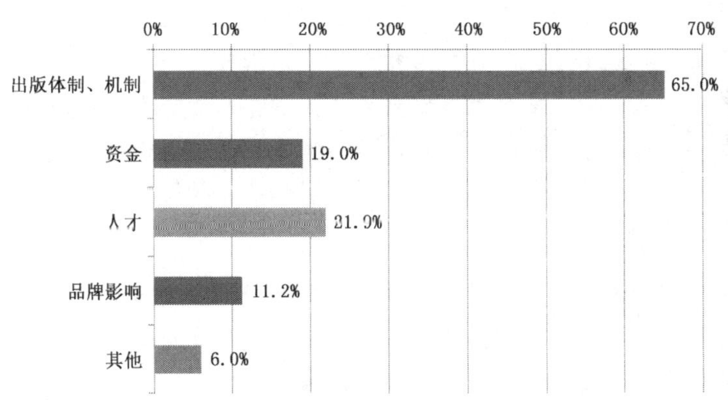

图3－4　企业从事资本运作遇到最大的困难

究其原因，出版企业之所以受职能部门干预过多的根源在于体制约束。《出版管理条例》规定："设立出版单位，由其主办单位向所在地省、自治区、直辖市人民政府出版行政主管部门提出申请；省、自治区、直辖市人民政府出版行政主管部门审核同意后，报国务院出版行政主管部门审批。"同时，条例还规定："出版物进口经营单位变更名称、业务范围、资本结构、主办单位或者其主管机关，合并或者分立，设立分支机构，应当依照本条例第四十二条、第四十三条的规定办理审批手续，并持批准文件到工商行政管理部门办理相应的登记手续。"这就意味着出版企业的设立、并购、分立等行为都需要行政主管部门审批通过后方可执行。截至 2014 年底，中国共有出版社 583 家，只有这些出版社才能实名申领书号，出版图书。第一，行业准入制度导致民营资本进入出版领域后由于无法获准进入出版领域，只能选择和出版社合作，委托出版社申领书号、出版图书。不利于社会资本进入出版领域，不利于出版业的发展壮大。第二，行业准入制度导致出版领域面临"不生不死"状态①。部分出版社即便亏损，也无须破产；部分出版社只需要和民营出版合作便可生存，自身发展动力不足。因此，这种体制壁垒是真正影响出版社建立现代企业制度的障碍。

3.2 构建具有文化特色的现代出版企业制度的可行性

尽管中国出版企业面临诸多问题，但构建具有文化特色的现代出版企业制度势在必行。从内部驱动来看，此举符合出版业转企改制趋势，是后转企改制时代的改革方向；从外部环境来看，此举迎合文化强国战略建设，是出版强国建设的重要组成部分，是文化强国建设的"排头兵"。

3.2.1 经验借鉴：多行业成功建立现代企业制度为出版业做好了铺垫

改革开放以来，在市场经济浪潮下，中国国有企业改革、事业单位转企改制等过程中，不少优秀企业通过成功建立现代企业制度脱颖而出，既兼顾了国家发展战略，同时实现了企业经济效益，这为出版业转企改制即实现社会效益又实现经济效益提供了丰富的经验。

1. 国有企业建立现代企业制度的经验

国有企业分为功能性和竞争性两大类，在竞争性领域和部分功能性领域

① 《出版业严重"亚健康" 图书库存成为行业沉重包袱》，http://cul.china.com.cn/book/2013-02/20/content_5742533_2.htm。

国有资本的逐步退出，从放权让利到建立现代企业制度，国有企业积攒了大量改革实践经验。

20世纪90年代，国有企业进行以转换企业经营机制为主要内容的改革，建立现代企业制度，1994年开始国务院选择100家国有大中型企业按照“产权清晰、权责明确、政企分开、管理科学”的基本要求试点。1997年党的十五大召开后，国家对国有企业实施了战略型改组，调整了国有企业布局。为了建立现代企业制度，国家对国有企业股权进行多元化改革，通过多种形式对大部分国有企业改组改制为有限责任公司或股份有限公司。例如，新建、扩建企业通过将多方投资的份额转换为股份进行改组，兼并企业通过控股兼并改组为股份制企业；新增投资企业通过发行股票筹集资金改组为股份制企业。

以中国储备粮管理总公司为例，该企业是经国务院批准组建的涉及国家安全和国民经济命脉的国有大型企业，负责中央储备粮油的经营管理，在国家宏观调控和监督管理下实行自主经营、自负盈亏。该企业在执行国家宏观战略的情况下，通过实行两级法人、三级管理制度，从2000年至2013年间，公司资产总额从136.8亿元增加到5328亿元，营业收入从2.1亿元增加到1908亿元，总公司组织体系健全，参与市场竞争充满活力，服务国家宏观调控更具实力，成为国内粮食行业领军企业。

2. 文化企业建立现代企业制度经验

中国文化类企业也不乏通过建立现代企业制度使企业自身不仅焕发了新的活力，同时也彰显了中华民族特色文化。其中最具代表性的是中华老字号企业的改革。中华老字号是指历史悠久、拥有世代传承的产品、技艺和服务，具有鲜明的中华民族传统文明背景和深厚的文化底蕴，取得社会广泛认同，形成良好信誉的品牌。中国拥有众多的老字号企业，如全聚德、同仁堂等，这些老字号企业往往传承了独特的产品、技艺和服务，具有中华民族特色和鲜明的文化特征，具有历史价值和文化价值。在改革开放之后，不少中华老字号企业由于企业体制、管理经营等多种原因不能适应市场发展，逐步丧失了发展能力。但也有一些老字号企业通过建立现代企业制度，将优秀传统文明与现代企业机制、管理方法有机结合，将老字号转变为以现代企业制度为基础的老字号品牌企业，获得了高速发展。其中具有代表性的是“江南药王”胡庆余堂。胡庆余堂于1874年创建，新中国成立以后，胡庆余堂几经改制，从合伙经营走向公私合营再改为国有。1966年改名为杭州中药厂，

1972 年被一分为二：胡庆余堂也就是杭州中药厂原厂改成杭州中药一厂，而郊外生产车间脱胎成为杭州中药二厂。1992 年杭州中药二厂通过组建成为中国青春宝集团，成为当时全国中药行业规模最大的现代中药企业之一，而胡庆余堂则因经营不善连年亏损，跌入低谷。1996 年，胡庆余堂被青春宝集团收购，成为其全资子公司，之后通过转化企业机制，建立现代企业制度，经过 3 年整合，胡庆余堂由亏损企业转变为纳税大户，利润以超过 100% 的速度飙升。1999 年胡庆余堂再次改制，成立杭州胡庆余堂药业有限公司，成为经营者持大股、职工参股、保留少数国有股的股份制企业。通过改制，胡庆余堂焕发了生机，彰显中药文化的同时获得了经济效益。

3. 出版传媒企业建立现代企业制度经验

随着出版企业改革浪潮的掀起，一些出版传媒企业率先抓住机遇，通过转企改制，引入现代企业制度，成功将出版企业、传媒企业整合为出版传媒集团，获得社会效益和文化效益的双赢。

中南出版传媒集团股份有限公司，于 2008 年由湖南出版投资控股集团有限公司整体改制而来，2010 年中南传媒成功在上海证券交易所挂牌上市，筹集资金总额 42.43 亿元，创造了中国传媒业史上规模最大的融资记录，一跃成为中国第一家全产业链整体上市的出版传媒龙头企业。在公司治理过程中，中南传媒把握文化行业特征，构建了“两大统筹”的公司治理制度体系，即控股集团党委统筹下的组织管理体制和议事决策机制、编委会统筹下的内容导向管理体制，将文化价值观和现代管理理念融入制度建设中，建立了有文化特色的现代企业制度体系，实现了社会效益和经济效益的快速提升。2014 年，中南出版传媒集团实现营业收入 172.74 亿元、利润 16.26 亿元，同比分别增长 16.4%、34.5%，并于 2015 年第七次获得“文化企业 30 强”称号。通过企业兼并，中南出版传媒集团成为集图书、期刊、报纸、网站、手机版、数字版、电子、音像出版物等多品种、多介质的传媒出版集团，教育出版、大众出版和专业出版均衡发展，均在全国处于领先位置，是典型的大型综合性出版集团。

3.2.2 内部驱动：出版业改革趋势支持出版企业建立现代企业制度

1. 出版企业转企改制渊源

出版行业的事业单位属性是计划经济的产物。新中国成立之初，借鉴苏联经验，将涉及文化教育、意识形态、提高公民素质等业务的单位列为事业单位[①]，并于1965年在《国家编制委员会关于划分国家机关、事业、企业编制界限的意见》中，对事业单位给出正式定义："凡直接从事工农业生产和人民生活等服务活动，产生的价值不能用货币表现，属于全民所有制单位的编制，列为国家事业单位编制。"在计划经济体制下，这种单位划分逻辑是将社会活动划分为物质生产部门与非物质生产部门，其中出版所属的文化活动不属于经济活动，没有生产收入，需要国家财政拨付经费。因此，事业单位是区别于党政机关和国有企业的一类组织形式，承载着政治功能、社会功能和生产功能。其中，政治功能是首要职能，通过工作人员和单位之间极强的依附关系，保障事业单位工作人员在思想、政治上与党和国家保持一致，推动文化、卫生、科技教育等各领域发展。在计划经济时代中，事业单位形成一整套管理制度，为社会稳定和经济发展发挥了巨大作用。但是随着计划经济体制向市场经济体制的转变，经济管理理念的逐步演进，从现在来看，新中国成立之初对社会活动的分类是非常笼统的，欠缺合理性和科学性，导致市场经济体制下的事业单位制度存在一些弊端。

2. 出版企业转企改制过程

改革开放后，出版物的经济效益开始受重视，当时解除"文化大革命"思想禁锢之后，人民群众对精神文化产品需求急剧增加，买书难、出书难、图书出版周期长等矛盾突出，为满足市场需求，出版单位迅速恢复生产，出版物种类和数量快速增长，出版业发展欣欣向荣。随着市场经济体制的确立，国家也开始了对出版单位转制改革的探索。中共十七届二中全会通过的《关于深化行政管理体制改革的意见》明确了事业单位分类改革：主要承担行政职能的，将行政职能划归行政机构或逐步转为行政机构；主要从事生产经营活动的，逐步转为企业；主要从事公益服务的，强化公益属性。出版业据此分为公益性出版单位和经营性出版单位，除了4家公益性单位之外，其余经营性出版单位需要从事业单位转制为企业单位。但是，由于出版业具有较强的意识形态属性，因此被比作党和政府的"喉舌"，遵循谨慎推行的原则。

（1）1988—2002年，建立"事业单位、企业化管理"体制。1988年颁布了《关于当前图书发行体制改革的若干意见》、《关于当前出版社改革的若干意见》和《关于报社、期刊社、出版社开展有偿服务和经营活动的暂行

---

① 李欧：《事业单位改革与管理》，天津大学出版社2007年版。

办法》等一系列指导性文件，提出出版单位实行企业管理，由单纯生产性单位转变为独立核算、自负盈亏的生产经营性单位，实行“事业单位、企业化管理”体制。然而，在这种管理体制下，出版单位依然属于事业单位性质，不具有市场主体地位，自主经营权受到限制；另外，事业单位内部产权不清、权责不明，导致出版业活力不足，“事业单位、企业化管理”体制也演变为“事业单位、模糊化管理”，制约了出版业发展。

（2）2003—2010 年，全面转企改制。2002 年党的十六大提出继续深化文化体制改革。据此，2003 年中国科学出版集团、辽宁出版集团等在内的 21 家新闻出版单位率先试水文化体制改革，由事业体制、事业身份向企业体制、企业身份转变。试点成功后，2005 年国务院颁布的《关于深化文化体制改革的若干意见》中明确将一般出版单位全部转制为企业。经过五年时间，截至 2010 年底，除少数公益性出版单位之外，其他绝大多数出版社均完成了事业单位向企业单位的转变，成为市场竞争主体。在此期间，出版业主要经历了以下变革：第一，出版企业跨部门、跨地区、跨行业改革，实现出版集团的战略重组，以期实现规模效益；第二，出版企业上市融资，激活自身活力；第三，出版业单纯追求 GDP 增长所引发的问题开始受到关注，注重传播文化和规模扩张的结合发展。总体来看，不断深化的改革为出版业发展带来了活力。

3. 出版企业改革趋势

2010 年以来，出版业进入后转企时代的深化改革阶段。转企改制的深化改革方向就是构建具有文化特色的现代企业制度，做到社会效益和文化效益的协调统筹发展。

（1）深化现代企业制度改革。出版企业的转企改制非一日之功可达成，而是一个渐进的过程。2010 年的转企改制只是在组织形式上完成了由事业单位向企业单位的转变，但现代企业制度中的产权问题、盈利模式等问题还亟待解决。从产业总体情况来看，出版市场呈现“滞胀”和“低迷”的现象，出版业并未迎来跨越式发展和繁荣，产业规模小，盈利模式单一。例如，图书出版从 2010 年至 2013 年销售收入仅翻了一番，其中教材教辅占比却呈现逐年增高态势。从出版企业来看，部分出版企业还没有建立规范的现代企业制度，集约化程度较低，风险意识和市场应变能力较差。

（2）加强出版业文化特色。部分出版单位在市场浪潮下过度追求经济利益，出版物粗制滥造现象严重，没有达到弘扬中国优秀文化目的。大量跟风出版、拼凑出版充斥，原创出版不足。

（3）出版企业做大做强。在全球数字化背景下，出版企业面临全球化、数字化、商业化的机遇和挑战。基于图书、期刊盈利低，因此实力雄厚的出版企业将面临转型升级，并通过商业并购等方式达到转型目的。

3.2.3　外部环境：文化强国战略支持出版企业的文化特色建设

随着经济不断发展，中国开始重视文化发展，2009年7月22日，《文化产业振兴规划》中首次将文化体制改革和大力发展文化产业上升到国家战略。2011年10月，党的十七届六中全会审议通过的《中共中央关于深化文化体制改革推动社会主义文化大发展大繁荣若干重大问题的决定》中阐明了中国特色社会主义文化发展道路，确立了建设社会主义文化强国的宏伟目标，推动文化产业成为国民经济支柱型产业，要求坚持社会主义先进文化前进方向，坚持社会效益放在首位、社会效益和经济效益相统一。各项利好政策，为文化产业发展指明了方向，为文化大发展大繁荣提供了政策保障。

1. 建设文化强国的战略意义

第一，文化强国建设有助于提升综合国力。任何国家的综合国力都需要由两个指标衡量：物质硬实力和文化软实力。改革开放以来，中国GDP稳定保持在10%左右的增长速度，并于2010年超越日本，成为世界第二大经济体，物质硬实力得到认可。但是若想在世界经济竞争中立于不败之地成为世界公认的强国，还必须大力增加文化软实力，实现对国家整体综合国力的推动。第二，文化强国建设有助于弘扬国家优势文化。中国泱泱五千年文化传承，是名副其实的文化资源大国，但是这些文化资源向健全国家文化核心价值体系、提升全民文化素质、提升文化产业以及增加世界影响力等方面转化不足，因此我国还不能被称为文化强国。文化强国战略的提出明确了我们需要从丰富的文化资源中筛选出优势文化，并将这些优势文化转化成提升核心价值体系的凝聚力、公民文化素质的能动力、文化产业的创新力以及对世界文化的吸引力和影响力等，才能够使中国文化对世界文化发展产生重大影响，才能成为文化强国。

2. 出版业在文化强国建设中的地位和作用

出版业是国家文化建设的重要改革对象。在文化体制改革过程中，出版业除了4家公益性出版社保留事业单位体制外，其余570余家出版社全部改制为企业，改革效率高且效果明显，被誉为文化体制改革的“排头兵”。为了提升与物质硬实力相配套的国家文化软实力，出版业也应作为文化强国的“排头兵”，实现“出版大国”向“出版强国”的转化。目前中国是当之无愧的出版大国，2014 年中国图书出版种类数达 44.84 万种，是美国图书出版种类数的一倍还多。但是，如此高的图书出版种类数的背后，却是图书库存的飙升和销售额的低增长。据统计 2014 年中国图书销售收入 791 亿元，利润总额 117.1 亿元；相比而言，美国图书整体销售收入为 270 亿美元，总利润为 154.3 亿美元。由此可见，尽管中国出版物种类居全球第一，但是图书产业盈利不佳，经典图书少，出版社为了追求短期经济利益，出版大量的跟风图书、搭便车图书、拼凑图书，这些空心文化、皮相文化没有生命力，不能带来中国文化的大发展和大繁荣，更无法对世界出版业产生重要影响。为了建设“出版强国”，首先，需要做大做强出版业，打造国际知名的出版集团，增强企业集团在世界的影响力；其次，完善现代出版企业制度，改变竞争力弱的问题；最后，加强出版企业的文化特色建设，将出好书的宗旨贯穿到企业生产经营过程中，多出精品力作，增强出版产品的世界影响力。

第4章 中国出版企业体制机制方面存在的问题

总体而言，中国出版企业虽然在形式上基本完成了转企，但实际上，彻底的改制还未实现。在课题组对样本企业开展的是否彻底实现转企改制的调查结果显示，完全实现转企改制的企业只占到总数的28.6%，企业转企改制有推动但不彻底的占到总数的44.7%，说明中国出版企业大部分还没有完全实现转企改制的目标。而完成转企改制的手续但没有实质变化的企业占到总数的8.5%，说明在完成转企改制形式的企业中，有部分企业并没有实质上实现转企改制。中国出版业转企改制的内涵还有待推进，建立现代出版企业制度任重道远。

4.1 产权制度方面存在的问题

4.1.1 所有者缺位与基本制度不健全

中国的出版企业在产权制度方面存在着一定问题。一是没有明确出资者与企业的基本财产关系，尤其是没有明确出版社国有资产的直接投资主体。二是没有明确国家作为出版企业国有资产出资者的有限责任，国家对出版企业的债务实际上承担着无限责任。国家是出版企业资产所有者，所有权是明确的，但国家没有专门机构对国有资产进行监督与考核，出版企业的法人财产权是模糊的。产权明晰是以法律的形式明确企业出资者与企业基本财产的关系，中国出版企业目前存在着理论上国有资产出资者明确，但实践上出资者含糊、没有人格化的投资主体、无人负责，出现了哪个政府部门都可以代表国有资产出资者来行使一部分国有资产产权的权能，而同时谁都不必为国有资产负责的状况。

长期以来，国家对出版企业实行严格的控制，但这只是在宣传导向上的控制，对国有资产却没有实行严格的管理。目前，中国出版企业的直接领导是各级宣传部门，而宣传部门代表国家对出版企业的舆论导向进行控制，但是对国有资产缺乏合法的所有权、支配权和经营权的管理，对出版企业的资产管理更无从谈起。新闻出版管理机构的工作范围也不包含对国有资产进行管理，中国的出版企业实际处于产权管理缺位的现状，形成经济学上的“所有者缺位”现象，导致产权不清（杨东星，2013）。中国出版企业目前存在的所有者缺位问题，是国有资产实现保值增值的最根本障碍，是国有资产流失的最危险根源，也是体制性的缺陷。继续发展下去将进一步导致中国出版企业国有资产代表不明确或者定位不准确，从而使得以经营国有资产为目标的国有企业没有真正成为独立的法定代表人实体和市场竞争主体。

中国的出版企业除了存在着严重的“所有者缺位”问题，在投资者基础制度建设方面还存在着一定的问题。课题组对“企业各股东投资协议、投资金额等，是否有明确记载或证明”问题的调查结果说明有大部分企业尚未对股东的投资协议、投资金额等基本权益建立规范性的制度性的文件，而这些制度性的文件是构成现代企业制度的核心制度形式。这也说明，中国目前在制度方面尚未完全建立对股权与出资者的权益保障，更谈不上股东权责的实质性履行。总体而言，中国在明确和保护股东投资权益方面的制度建设还需要进一步完善。在对“各股东出资数额和出资比例是否明确”的问题调查结果说明中国出版业有大量企业对出资人的权益明确程度较低，且尚未建立完整的股东权益制度体系。课题组对“股东是否持有股权证”的调查结果说明中国大部分的出版企业尚未建立完整的投资者权责制度体系，投资者权责的实施更无从谈起。

4.1.2 产权不清阻碍出版企业发展壮大

中国的出版企业在产权流动性方面也存在着问题。产权不清导致产权无法正常流动，企业难以在资产的优化配置和产权重组中运用资产运营手段，阻碍了出版企业的发展。在对“目前企业从事资本运作遇到最大的困难”问题的调查结果显示，认为出版体制、机制阻碍企业资本运作占到问题回答总数的65%，说明中国出版企业现存的体制机制问题是导致中国出版企业资本运作获取融资困难的最关键因素。

产权流动是实现资产保值增值的重要途径，产权交易是社会主义市场经济条件下产权流动的一般形式，对于市场机制作用下资源的优化配置具有重要经济意义。加快国有资产流动，积极而又慎重地推进产权贸易，对于出版企业具有重大理论与现实意义。这是对长期旧体制所形成的非市场化资源配置方式、非集约型的生产力布局，以及不合理产权结构所进行的根本变革。但目前，中国出版企业在产权流动性方面审查非常严格。另外，中国出版业属于国有性质，产权结构单一，不能够进行产权交易，而只有产权结构多元化才能为企业获取更多的融资渠道。

4.1.3 出版企业资产价值未经有效评估

产权明晰的首要任务是要厘清出版社的资产总额，包括流动资产、固定资产、无形资产及其他类别的资产。中国目前已经改制的出版企业中，普遍存在着无形资产核算不清的问题，主要是版权资源的评估问题。版权是一种知识产权，是出版社的主要资产之一，但是，出版业审计不做这项主要资产的评估。出版社改制的最终目的是要确保国有资产保值增值，但如果在改制评估中对出版社占很大比例的无形资产没有较为准确评估，则国有资产的保值增值便无从谈起。

4.2 出资人机制方面存在的问题

4.2.1 权责明确程度亟待完善

权责明确是指明确出版社的股东和出版社法定代表人主体两个方面的权力和责任。从出资人的责任角度来说，目前中国出版企业存在着权责不清的问题，代表国家的政府作为企业国有资产的出资人，对企业实行着“父爱主义”的做法，国有企业预算约束软化，对企业的债务实际上承担着无限责任。但实际上，企业的出资人要以其出资额为限对企业债务承担有限责任。政府作为出资人代表在日常经营活动中不直接参与，而中国出版企业在经营方面面临着较大的约束，比如在投资方向问题。此外，政府作为出资人，具有监督国有企业代理人的职能，中国新闻出版业出资人与代理人往往有较为严重的人员与职位重叠问题，使得出资人的监督职能大大减弱，甚至只是一种形式。因此，相关管理部门应该出台法规政策对政府的权力和职责进行界定，并且在机构设置上避免人员与职能的交叉，真正发挥政府对国有企业的监督职能。

此外，出版企业作为法定代表人主体，拥有法定代表人财产权，以全部法定代表人财产独立享有民事权利、承担民事责任，依法自主经营，自负盈亏，回报股东，实现国有资产的保值与增值。保值增值是出版企业作为国有企业的基本责任，然而出版企业具有特殊性表现在要兼具企业的经济功能、社会功能、文化功能，但作为国有企业来讲，保值增值应该被作为主要职能。作为出资人代表的相关政府机构不应该让出版企业承担过多的社会、政治功能，尤其是对阻碍出版企业发展的职能活动应该大幅度减少。但是，目前中国出版企业承担的政治、社会职能较为繁杂，没有建立明确的职能操作与执行规范。

4.2.2 政企职能交叉模糊不清

政企分开是指在理顺出版社国有资产产权关系、产权明晰的基础上，实行企业与政府的职能分离，建立新型的政府与企业的关系。实行政企分开，建立适应社会主义市场经济体制的新型政企关系，要求在明晰企业产权的基础上，实行政府对企业的调控、管理与监督。目前，中国政府在新闻出版行业的职能方面存在着角色不清的状况，政府应该履行何种职能，通过何种途径实施还有待探索。

1. 政府对企业经营干预过多

政府的社会经济管理职能和国有资产所有权职能重叠，使得国有资产出资人与企业法人之间尚未建立规范的财产关系。政府的行政管理职能和企业的经营管理职能有所交叉，权责不清。在市场经济下，政府的职能主要是通过法律法规和经济政策等宏观措施，调控市场，引导企业，保护企业的合法权益，给企业提供一个规范的、稳定的市场交易环境，而不应该过多地对企业经营进行干预。

在对“企业在出版经营过程中受到上级职能部门或相关部门干预情况”的调查结果显示，有72.6%的被调查者认为企业在出版经营过程中受到上级职能部门或相关部门的干预。可见，中国出版业总体受到上级部门干预的问题普遍存在，过多的行政干预不利于现代企业发挥经营决策的自主性，增加企业的经营负担，不利于企业在瞬息万变的市场环境中把握机遇。

在对“企业在出版经营过程中是否受到上级职能部门或相关部门的干预”的调查中，有50.6%的调查者认为企业在出版经营过程中受到的上级职能部门或相关部门的干预是有针对性，必要且及时的，也就是说有49.4%的调查者认为政府对经营过程的干预在针对性、必要性与及时性方面存在问题。从企业角度来看，中国政府对企业经营过程的干预程度较大，而且政府干预的必要性、有效性方面存在问题，现有干预对企业存在一定程度的不利影响。说明政府在对出版企业经营过程的干预次数与内容方面需要进行一定的调整。

在对“职能部门的干预是不必要的或者是可以被市场替代”的调查结果显示，职能部门干预的范围应该是对政治方向的引导，以及对图书质量的监督与管理；职能部门应该降低对企业经营方向的干预，赋予企业更多自主确定经营方向的权力；在人员安排方面，目前职能部门对出版企业人事职能的干预仍然较大，没有彻底摆脱事业单位人事制度的管理约束，职能部门应该减少对出版企业人事职能的干预。

2. 政府在规范市场秩序方面作用有待加强

中国政府在规范市场秩序、构建稳定健康市场环境方面作用有待加强。但中国目前出版行业的市场秩序较为混乱，版权保护水平有限，盗版、盗印、非法出版等违法现象依然严重，对正版出版物造成很大冲击；部分经营者存在诚信缺失，假书、伪书以及存在质量问题的图书比比皆是；部分经营者通过进货折扣甚至低于进货折扣进行不正当竞争等事件屡有发生。因此，政府还应该在治理出版市场环境方面加强职能作用。

3. 企业职能定位模糊

中国的出版行业目前已经实现了转企，但是很多旧有的与政府行政关联在实践中并未真正脱离，政府与企业之间的行政隶属关系和企业的分配关系仍然隐形存在，这就导致企业实际上仍然承担着政府和社会的职能。同时，中国出版企业对企业管理人员的管理方式在一定程度上仍然是按照管理国家公务员的方式进行管理，这对于激发管理人员的工作积极性与创造性，培养企业家精神，存在着阻碍。管理人员仍然将对企业的经营视为是政绩考核，而不是真正意义上经理人的职能，即提高企业的经济效益，增加股东权益，实现企业可持续发展。当然，新闻出版企业具有特殊性，除了一般企业的经济功能，同时承担着传承政治、社会、文化的功能，但是转企改制后，如果不能够明确与树立真正意义的企业经营目标，以经济职能为主导，不能够有效地激励管理者，转企改制的美好愿景将不能在真正意义上实现，只是停留在外在制度形式的构建上，而不能从内涵上实行彻底转变。

4. 政府股东存在一股独大的问题

目前中国的出版企业中，国家作为股东，政府作为出资人代表，在企业的经营决策中常常处于强势地位，对企业股东构成一股独大之势。政府股东构成的一股独大容易造成政府对企业经营管理的过度干预，降低企业经营的自主性、科学性与及时性，容易对其他股东的权益造成损害。一股独大与现代企业制度的要求是不一致的，现代企业制度要求企业应该充分尊重和保护中小股东的利益。作为出资人代表的政府部门应该按照现代企业制度要求，合理行使自己的股东职能，正确区分政府的宏观监管职能与作为股东对企业履行的其他职能。

4.3 企业内部治理问题

4.3.1 出版企业存在委托人缺失问题

在西方国家，企业委托代理关系通常采用委托代理模式，而中国国有企业的委托代理模式则是由国家（政府）到企业经营者实行层层委托，构成多级委托代理关系。委托代理关系层级的增加，导致国家对企业经营者的监督与约束力度逐渐递减（赖政兵，2012）。从国家层面看，国家（政府）部门的行政目标不同，而且职能部门的目标与出版企业的目标不同。中宣部负责舆论导向与宣传内容，国家新闻出版广电总局负责管理报刊与音像图书的出版，外宣办负责对外宣传与互联网宣传，工业和信息化部、国家工商行政管理总局负责相关产业的行政管理。从出版企业的主办单位看，他们是国有单位，是国家的代理人。从出版企业本身看，出版企业的管理者是主办单位的代理人。管理者作为“经济人”，具有自己的利益诉求，由于代理人与委托人之间存在信息不对称，代理人掌握的信息更多，因此，企业经营过程中的代理成本问题凸显。出版企业的多级委托代理关系，导致信息不对称的问题更加严重，由于各级委托人与代理人的目标存在不一致，以及监督成本较高且难以执行，导致代理人偏离委托人委托目标甚至损害委托人利益。

4.3.2 “新三会”并未有效发挥作用

转企之后的出版业经营单位，需要建立现代公司治理机制，即建立有关所有者、董事会和高级执行人员即高级经理人员和其他利益相关者之间权力分配和制衡关系的一种制度。现代公司治理结构表现为明确界定股东大会、董事会、监事会和经理人员职责和功能的一种企业组织结构。目前，相当一部分出版企业依然在沿用传统的组织结构，尚未建立法人治理结构；虽然多数国有出版公司完成了转制任务，但公司治理结构还不完善，很多出版集团公司虽然设立了董事会、监事会，但很大程度上是为了符合工商登记的要求。在已进行公司治理结构建设的企业，由于产权制度改革未得到实质性突破，实践中“模拟”大于“创新”，主要问题表现为：上级单位的行政权力干预企业治理，破坏了权责制衡机制；出版企业国有股“一股独大”，“拉郎配式”地组建董事会，导致责任虚化；“新三会”（股东会、董事会、监事会）和“旧三会”（党委会、职代会、工会）职能交叉、人员重叠，公司治理结构中的各权益主体无法按照公司章程的规定明确各自责权，企业运营无法得到有效规范（北京市新闻出版局课题组，2012）。

4.3.3 管理层缺少核心带头人

中国目前国有出版经营单位中，高层管理者包括三个职位：社长、总编、书记，普遍存在“三驾马车，各唱各的调”的问题，缺乏核心带头人，导致一系列领导问题的产生。首先，由于“三驾马车”具有各自不同的利益诉求，且缺乏核心带头人，在企业经营决策方面，往往导致难以迅速达成围绕组织最高利益出发的共识，难以形成科学、及时的决策，以及难以制定有利于企业发展的战略。其次，容易导致各个领导之间权责的交叉，形成多头领导，以及容易出现一些各领导分管部门与人员之间工作上的推诿与扯皮，对企业的经营效率产生不良影响。

4.3.4 管理层激励机制缺失

中国出版企业由于受到传统经济体制以及干部管理体制的影响，在对管理层的激励方面主要还是按照“官本位”的激励机制，根据行政级别分配收入待遇。这种激励方式可能更易滋生委托代理问题，比如，管理层利用掌握的实际控制权获取非法利益，使企业财产遭受损失；或者为了得到升迁，可能向上级管理者及政府官员行贿；或者为了得到升迁，为了提高政绩，不顾企业长远发展目标，采取有利于短期绩效提升的方式，对企业的长期发展构成危害。另外，这种“官本位”的激励机制容易造成管理者独断专行等问题。

4.4 政府与法制治理有待完善

4.4.1 政府监管效率低

中国的出版企业是国有属性，存在多级委托代理关系，政府中具体管理出版企业的人并不享有剩余索取权，拥有这个权利的是国家，因此，管理人员的监督动力下降，同时由于复杂的代理关系导致的信息不对称，政府管理人员对企业的管理与监督执行效果难以进行有效的监督与考核。主办单位只是政府的委托人，也不享有实际剩余索取权，因此其监督动力也不足，而且由于监督成本的高昂，政府对主办单位也无法形成有效的监督。这种层层监督动力的缺失与有效监督缺失的传导效应，导致各级委托人与代理人之间容易结成利益共同体，造成监督缺失。

4.4.2 法律法规治理体系有待完善

目前，中国出版企业的法律、法规制度不够健全。从中国出版领域相关的法律法规内容上来看，涵盖范围较窄，禁止性规范与义务性规范较多，授权性规范薄弱；从法律效力上来看，法律效力等级较低，对出版企业进行管制的多是主管部门规章或者是法规。另外，目前中国法规政策的执行情况难以进行有效的监督与考核。因此，相关机构与管理部门亟待加强出版业法律法规体系的健全与完善。

传统出版业正在进行数字化转型，但是，关于数字出版相关的法律法规和标准亟待进一步完善。中国传统出版企业不能够从观念、技术以及人才方面跟上技术发展步伐，无法实现向数字出版转型的重要外部原因就是出版政策法规不到位（比如数字出版概念模糊、数字化标准不统一）、版权问题没有解决。关于数字化标准，目前存在以下问题：一是数字出版领域涉及多头管理，数字出版标准化工作在多个领域出现交叉，协调难度很大；二是数字出版领域上下游环节各自为战，有待协调一致，比如，技术提供商根据需求建立了自己的企业标准，数字图书馆也制定了自己的一套元数据、唯一标识等规范，数字出版标准与数字图书馆标准规范互不相通、互不兼容（黄先蓉和刘菡，2011）。

制约数字出版发展的另一个重要原因是版权问题。首先，由于网络信息能够被随便复制、删改，所以著作人的作品容易被任意复制、传播，侵害著作人、出版社的权益。其次，传统出版社一般没有取得数字版权，也缺乏索取数字版权的观念，导致传统出版社虽然拥有大量图书资源，但由于没有数字版权，无法将这些资源进行数字出版。版权保护是发展数字出版的核心问题，国家相关部门应该加强对数字出版版权的规范力度，建立完善的法律法规体系，为数字出版的发展提供法制性、稳定的发展环境，保护著作人、出版企业的合法权益。

4.5　出版产业方面存在的问题

4.5.1　增长方式不合理，缺乏创造力与影响力

中国的出版单位虽然已经基本完成转制，但是出版经营单位的经营收入及利润增长严重依赖政策倾斜、行业保护及垄断利润。出版产业的增长方式仍然属于粗放式，主要依赖于出版规模扩张、增加产品数量与提高定价。这种粗放式产业增长方式不重视产品的创新与经营模式的创新，内容资源没有得到有效的开发与利用，资源配置效率较低。

目前，中国出版业产品同质性较高，片面追求规模效益，缺乏创新性。这主要体现在出版产品雷同、抄袭情况严重，具有创新性的内容比较少，中国出版产品能够在世界范围产生影响的经典著作较少。出版业属于知识密集型产业，内容是最核心的资源，因此，挖掘有创造性的产品是出版业可持续发展的重要驱动力，出版业应该加大对创新的投入。同时，创新不局限于对出版内容的创新，还应该积极探索出版制度的创新、商业模式的创新，比

如，充分结合互联网思维建立线上、线下相融合的商业模式。

从出版业在世界上的影响力来看，中国出版业的世界影响力还比较弱。2014 年，美国《出版商周刊》、英国《书商》、法国《图书周刊》、德国《图书报道》和巴西《出版新闻》等媒体共同发布了“2014 全球出版业 50 强排行榜”，中国只有两家企业进入榜单。为了提高出版企业的影响力，出版企业需要建立完善、科学的制度体系，通过引进与培养优秀的人才资源，整合企业资源，构建企业核心竞争优势，提高企业的可持续发展能力。

4.5.2 数字化转型困难较多，亟待推进

数字化转型是中国出版业寻求可持续发展、转型升级的重要方向，但目前，中国出版业企业的数字化建设仍然处于起步阶段。我们对出版企业从事数字化建设面临的主要困难调查显示，“缺少经费、技术、盈利模式支持”、“版权保护不规范”和“发行渠道不完善”成为目前阻碍中国出版企业数字化建设的主要制约因素（见表 4－1）。阻碍中国出版企业持续有效地推进数字化建设的最重要因素是“缺少经费、技术、盈利模式支持”。说明中国出版企业在融资制度与盈利模式方面需要进行更多的尝试与探索，对于技术的创新与应用需要投入更多的资源，对于盈利模式还需要不断地探索创新，找到符合企业实际的商业模式。

表 4－1　　从事数字化建设的主要困难

目前从事数字化建设的主要困难包括哪些	百分比（%）	个案百分比（%）
领导意见未完全统一	6.8	13.6
缺少经费、技术、盈利模式支持	38.1	75.6
版权保护不规范	24.9	49.4
发行渠道不完善	17.3	34.4
技术人员缺乏编辑经验	11.9	23.5
其他	1.0	2.0
总计	100.0	198.5

4.5.3 资本投融资体制亟待完善

出版业的投资体制目前仍以政府投资为主，但政府投资对于多数出版企业而言存在着来源不足的问题。“对于主管单位为企业日常运营提供的支持”

问题调查结果显示，获取一定资金投入的只占10.9%，无任何投入的占46.7%。另外，中国出版业产权不清的问题导致其难以运用资产运营手段在资产的优化配置和产权重组中进行资本运营与投融资，出版企业从社会各界获取的投资较少，导致出版企业无法获取企业发展所需的资本，从而影响了企业的发展扩张以及参与国际化竞争，同时不利于出版产业资本的有效配置。

在对“企业从事资本运作遇到的困难”问题调查结果中，企业面临出版体制、机制约束导致资本运作困难的占到65%，可见，制约中国出版企业资本运作的最主要问题是出版体制、机制不合理。企业受到资金限制而无法进行资本运作的占19%。由于人才匮乏导致资本运作困难的占到21.9%，说明中国出版业关于资本运作方面的人才存在缺失问题。由于品牌影响导致资本运作困难的占到11.2%，说明中国出版企业在建立品牌知名度方面需要加大力度。

4.5.4 激励机制存在问题

系统的激励机制对于现代企业生存与发展非常关键，尤其是对于中国新闻出版企业，目前中国的新闻出版企业正处于建立现代出版企业制度的重要阶段，在激励机制方面呈现以下特征：第一，激励方式较为单一，忽视人才激励的多样性。中国出版企业的激励方式仍是以薪酬激励为主，缺乏其他激励形式。而且薪酬基本上只体现为雇用关系，没有通过业务奖励拉开距离从而激励员工工作的积极性。第二，出版企业激励机制主要是短期激励，缺乏对长期激励的考虑。第三，出版企业的激励机制主要重视对经营管理者的激励，而忽视对普通员工的激励，管理层与员工之间薪酬差距过大，挫伤了员工工作热情与积极性。

4.6 市场环境方面存在的问题

4.6.1 出版市场治理机制未能有效发挥作用

中国的出版市场具有双重性质，一方面，它具有计划经济体制下国有垄断市场的性质；另一方面也有融入市场经济体制，具有市场经济特征的性质。出版市场的运行很大程度上依赖行政组织和行政手段推动其垄断的形成与运行，出版行业的资源无法通过市场进行优化配置，这就导致出版企业运用市场机制很大程度上是失效的，出版企业形成了独特的行政壁垒与市场壁垒。这就导致出版人力资源市场、产品市场无法按照市场机制的规律进行优化配置，降低了行业运行效率。

从人力资源市场来看，出版企业管理层的选拔、任命与考核都参照行政官员的做法，这种机制导致了出版企业职业经理人市场的缺失，使得很多优秀的出版人才资源不能够发挥效用，造成人才资源的浪费，阻碍了出版产业的优化与发展。同时，这种用人机制也难以建立有效的经营者选拔机制、激励机制、评价机制和监督约束机制，不利于出版业的长期发展。

从产品市场来看，出版市场治理机制不能有效地发挥作用。各级出版企业分属不同政府与管理部门，享有特殊的政策，企业经营效益不好会得到政府补贴，企业亏损也不会被市场淘汰，造成出版市场竞争机制无法发挥效力，产品更新慢、产品质量低，市场结构不合理，不被市场认可的产品大量积压等问题。

4.6.2 未建立平等的市场主体地位

长期以来，中国出版业存在一个不可忽视的重要问题，即国有出版社与民营出版机构并不是地位相同的市场主体。在意识方面或是制度层面，民营出版机构普遍受到歧视，由此也导致一系列后续问题。民营出版机构由于政策许可的缺失，不得不购买国有出版社的书号或以“合作出版”的方式进入出版、发行等领域，经过十多年的经营与积累，民营出版机构不断发展壮大，出现了一批极具实力的出版机构。但是，政府仍然没有在市场地位方面给予民营企业一定的制度信任以形成公平的市场竞争环境。

国有出版机构通过收购与组建合资企业的方式，与民营企业进行了融合。虽然这种融合在一定程度上给国有出版机构提供了一定的人力资源和社会资本，为民营企业获取了资金来源与书号资源，但是也出现了新的问题。首先，由于存在着利益的分歧，以及强有力的制度约束，国有出版机构难以充分利用民营出版社资源。其次，由于国有出版企业与民营出版机构在职能与经营理念方面存在的分歧，致使双方很难在文化与制度方面相融合，很难将双方的资源进行综合使用以达到 $1+1>2$ 的效果，甚至有可能出现 $1+1<2$ 的状况。从而也不能够激发出版机构的经营潜能，提高市场的资源配置能

力与效率。

4.6.3 未充分形成市场经营理念

中国的出版企业没有真正从市场竞争主体的角度来定位自身的发展以及形成可持续的发展与竞争战略。尤其是国有出版企业，由于受到政策性的扶持，不会因为业绩不佳而破产，因此，没有在真正意义上成为市场竞争主体，竞争意识与危机意识不足。同时，中国出版企业还没有形成市场驱动的经营理念，一定程度上延续着计划经济体制下产品主导的经营理念，因此，以市场驱动为导向的商业模式更无从谈起。

出版企业具有社会属性和产业属性，但出版企业无论是基于对社会职能的执行，还是经济职能的实施，都应该遵守“以市场为导向”的经营理念。从经济职能来看，出版企业应该开发和生产更多满足顾客需求的产品，但目前，中国的出版企业尤其是国有出版企业不是从消费者的需求出发进行产品的生产和供应，而是盲目地、重复地生产一些出版物，导致出版产品的同质性程度很高，重复出版现象非常严重。从社会职能来说，出版企业承担着传播文化的责任，这就要求出版企业生产和提供健康向上、积极的、高质量的产品，但反观目前的出版市场，充斥着低俗的、负能量的、低质量的产品，给消费者的身心健康造成损害。

4.6.4 市场秩序需要进一步规范

中国出版市场秩序还有待进一步规范。目前，中国出版业存在着大量的盗版、盗印、非法出版等违法违规现象，版权保护水平较低；假书、伪书以及质量问题大量存在，某些非法出版物屡禁不止，严重扰乱了市场秩序；经营者缺乏诚信经营，甚至采用欺诈手段进行不正当竞争。经本课题组调查发现，中国的出版企业对法律法规的遵守程度普遍较低。政府需要加大对出版企业违纪违法的监管与惩处力度，同时，中国出版企业的法律法规尚不健全，相关职能部门应该完善相关法律法规，使得出版企业经营行为有法可依。

第5章 中国出版企业微观运行与管理方面存在的问题

5.1 观念转换不到位

5.1.1 市场意识不明确

出版业改革的核心价值在于实现出版企业的市场主体地位，使出版企业能够平等地参与市场竞争，保证企业持续发展的动力与活力。改革的实践伴随着行业内观念的转换。观念是否能够跟上变革的需要影响着改革深入的程度。随着出版业转企改制的逐步完成，明确的市场观念成为行业的共识，市场意识已在中国出版业初步形成。根据本课题组（以下简称课题组）调查，出版从业人员对于行业改革取向的判断中，70.6%的从业者认为转企改制后，“市场对出版社经营调节的作用日益突出”，可见，市场意识的形成是目前中国出版业改革的重要成果之一。但同时也看到，这一观念的完全覆盖尚存空间。改革要将阻碍生产力发展的因素尽可能做到无死角清除，在观念层面，出版企业对于市场的关注度需要提高。只有密切关注市场的变化和需要，才能生产出符合读者和社会需要的精神文化产品，提高图书产品的市场竞争力，企业才有继续生存和发展的基础。

5.1.2 “内容为王”的价值判断受到挑战

出版业产品生产与一般行业产品生产最大的区别在于出版产品在具有一般商品物质属性的同时还具有精神文化属性。出版产品的精神文化属性是通过出版产品内容来体现的。正如一部伟大的文学作品影响读者，起决定作用的并非这部作品以何种形式传播、以何种纸张印制、拥有何等华丽的包装等形式层面的因素，而是其内容所反映的思想在何种程度上触发读者的思考。人们可以通过个人电脑、移动终端、纸质媒介等载体去阅读视听同一条信息，载体和表现形式不影响用户对于信息的获取和接收。但在中国出版业逐渐走向市场化的过程中，整个社会经济的快速增长和行业的发展对产品的生产周期、产品规模、市场利润提出了更高的要求，在促进生产的同时，也使得原有的行业规律受到挑战。在快餐文化盛行、形象包装备受推崇的现实下，出版物市场涌现出了一批缺乏原创、同质化严重却装帧精美的图书产品，诸如此类忽视产品内容的短视行为极大削弱了出版物的文化价值，影响了社会公众对出版行业的整体评价，进而对原本就不成熟但旺盛的市场需求造成伤害，长此以往，出版业将逐渐失去可持续发展的源泉与动力。

5.1.3 对信息安全缺乏认识

信息安全问题广泛存在于文化产业的各个领域。小至用户个人信息的保护，大到国家机密的严守，都属于信息安全的范畴。此外，版权归属问题的确认关系到信息传播的合法有效性，是同样值得重视的信息安全问题。随着科学技术的不断发展，数字化转型成为各行业参与市场竞争需要应对的变化。出版业进入数字化转型后，信息资源的构成发生了深刻的变化。一方面，随着媒体形态的创新，由此带来的可服务于出版物内容的信息资源在规模上和类型上都发生了质变，信息的深度和广度得到不断拓展，互联网上的一切信息都可能成为具有商品价值的资源。信息的可售卖性对其版权属性的确认有严格的要求。另一方面，大数据时代海量内容资源需要重新整合利用，不断创新的信息整合方式为人们提供了前所未有的信息利用体验。例如，全文数据库的便捷和全面，是超越传统出版信息资源整合想象的。与此同时，大数据分析工具对于信息资源的开发和利用是全方位多角度的，网络信息所具有的价值由此得到提升，信息安全显得尤为重要。出版业的市场化转型是一场极具效率的自上而下的变革，在市场快速发展的过程中，许多企业对于信息安全缺乏认识，由此导致诸多版权纠纷和其他各种侵权现象。伴随传播技术的不断发展，如果企业对于信息安全的认识不能得到同步的提高，则要面临的问题会更加复杂、棘手。

5.1.4 国际化协作不够广泛

国际化协作水平能够从一个方面反映出行业的市场化程度，因为国际市场是任何一个有雄心的企业都不会主动放弃的重要阵地。出版业的国际化不仅对于提升中国出版企业市场地位具有重要意义，同时也是促进中外思想文化交流传播的有效路径。中国出版业在市场化改革的进程中始终将国际业务视作不可或缺的工作内容，但是由于相对保守的经营观念，中国出版企业与国外企业的协同合作略显单薄。根据课题组调查数据显示，中国出版企业与国外出版企业的主要业务联系方式为围绕版权进行的内容输出和引进。而在更广泛合作的层面，例如，合作出版、管理经验交流、合资建立新的出版企业、人员方面的交流以及其他领域的交流与合作等，相比较而言开展的力度非常小。如表 5 - 1 所示，在对所在企业与国外出版企业的主要业务联系方式调查中，“版权输出或者引进”成为当前出版企业进行国际业务交流合作最主要的方式。打破现有相对封闭的格局、以更加开放的心态去接触国外的同行，在了解和学习的基础上与之进行更加密切的协作，这既是企业经营的进步也是企业参与国际市场竞争的必经之路。但就目前采集到的数据来观察，中国出版企业参与国际协作非常有限。

表 5 - 1　　企业目前与国外出版企业的业务联系方式

企业目前与国外出版企业的业务联系方式主要有哪些	百分比（%）	个案百分比（%）
版权输出或者引进	54.0	87.4
合作出版	16.3	26.4
合资建立新的出版企业	7.9	12.8
人员方面的交流	7.6	12.3
管理经验的交流	9.0	14.6
其他领域的交流与合作	5.2	8.4
总　计	100.0	161.8

5.2 组织架构缺乏文化特色

5.2.1 主管主办制度和属地管理原则实施不力

主管主办制度和属地管理原则是具有中国特色的文化产业管理体制中的基本制度。主管主办制度和属地管理原则规定，中国国有文化单位必须有具备一定资质的主办单位和上级主管机关，由其负责履行对文化单位的领导职责；各地党委宣传部和文化行政部门负有对本行政区域内文化活动的监管职责。党管意识形态是我们党在长期实践中形成的重要制度和原则，是坚持党的领导的一个重要方面。出版业产业属性和意识形态属性并重的特殊性决定了其管理体制有别于一般商品与服务产业。作为精神文化产品的生产创作部门，出版业是非常重要的宣传阵地，主管主办制度和属地管理原则实质上是以制度安排的方式将党和政府始终置于一个监管和指导的地位，以保障文化产业的发展方向不发生偏离。只有坚持主管主办制度，落实谁主管谁负责和属地管理原则，通过完善管理制度保证文化改革发展顺利推进，党和政府才能牢牢把握意识形态工作的主导权、掌握文化改革发展的领导权。

构建具有文化特色的现代出版企业制度应该毫无疑问地继续坚持主管主办制度和属地管理原则。目前，随着出版业体制改革的不断推进，中国经营性出版社已全部完成转企改制，同时，政府鼓励实力文化企业可以跨地区、跨行业、跨所有制进行兼并重组、上市融资，使得文化企业可为空间大大增加、业务种类不断丰富、资本构成愈加复杂，企业活动日趋频繁。在这种情况下，坚持党和政府适时干预企业经营活动是有意义的。根据课题组调查，对于企业在出版经营过程中受到上级职能部门或相关部门干预情况的调查结果显示，72.6%的被调查者表示企业在出版经营过程中受到了上级职能部门或相关部门的干预，这说明主管主办制度在中国存在较大的实施空间，而这一制度的实施就我们调查的结果来看，并非十分理想。其中一个重要的问题是，从业者对于这一制度实施的必要性存在疑问。在课题组调查中，52.6%的被调查者认为职能部门的干预是“有针对性，必要且及时”的，反过来说，近半数被调查者不认为上级部门的干预会起到良性作用。在文化产业发展的深入阶段，如何进一步加强优化党和政府对文化单位的领导管理，引导文化企业逐步树立社会责任，处理好社会效益和经济效益的关系并始终坚守出版的本质属性，把社会效益放在首位，是主管主办单位和属地管理部门面临的重大问题。

5.2.2 出版企业领导体制没有与行业特点相结合

出版业转企改制引入市场竞争机制可以促进行业发展，市场导向是转企改制后出版业需要遵循的发展方向。与此同时，中国出版企业机构设置、企业规模及出版业自身规律所决定的行业特点也对现代出版企业的组织架构提出要求。就目前情况而言，中国出版企业领导体制未能充分体现上述要求。

首先，就出版企业主要负责人的选聘来看，与主管主办制度和属地管理原则相应，中国出版业转企改制后，企业负责人的选聘通常要受到出版企业上级主管主办部门的干预。我们认为，出版业主管主办制度对于把握出版业的政治方向、文化特色能够发挥独特且重要的作用，但其实现方式更多的应该是一种宏观层面的指导和监督。在具体的企业组织架构上，过多过细的行政干预容易对出版企业的市场化发展形成阻力。课题组调查数据显示，目前有41%的出版企业主要负责人为上级主管部门“空降”，50.2%的出版企业主要负责人为社内选聘产生，不足10%的出版企业主要负责人是通过社会招聘及其他方式产生。可见，更符合市场竞争机制的社内选聘是最常见的主要负责人产生方式，这是中国出版业长期进行市场化改革尝试的成果。但是，目前数据显示由上级主管部门直接委任企业负责人的现象还是比较普遍的，这说明当前企业上级等相关部门对企业的干预依然较强，主管单位选派企业主要负责人，如果出现主要负责人对企业了解程度有限、与企业内部人员沟通不畅、对行业发展状况理解不深刻等问题，有可能会阻碍企业的发展，阻碍市场对企业运营发挥调节机制作用。

其次，就企业内部中层领导的设置及分工而言，目前的组织架构未能充分体现行业特色进而促进企业发展。目前中国的国有出版企业数量为580余家，并且这一数量在过去数十年间基本保持稳定。在进出门槛自由的市场环境下，能够保持一定数量的行业竞争者并不容易，这与中国出版单位的设立制度有关。在中国，出版单位的设立并不是仅注册登记即可完成，而是需要通过审批设立。行业内企业数量的稳定在一定程度上也影响了企业发展的规模。目前580余家出版企业绝大多数规模较小且规模接近，在课题组调查中，目前中国出版企业人员规模在300人以下的占71.4%，可见，中国出版业市场竞争的参与者以中小型企业为主。这些中小规模的出版企业在组织架构上的共同特点便是麻雀虽小、五脏俱全。除了多数通过社内选聘、上级主管部门派入等方式产生企业的主要负责人，出版企业还具备完整的中、高层领导架构。以出版社为例，通常一家出版社除去社长、总编等主要负责人，还包括副社长、副总编等社一级的高层领导，4—5 人的编制是最小的社级领导建制的基本构成。在社级领导之下，绝大多数出版社还会依据不同的标准设立数量不同的部门，由此产生更多的社中层领导。而就出版工作本身而言，由于图书产品生产的个性化特征，往往一个编辑就可以完成一本书生产的全部统筹工作，这就使得留给协作生产管理者的操作空间非常小，从企业管理的角度看，这会形成管理者权限有限、管理成本偏高的弊端。如果不加以优化改造，将会影响企业的业务发展和市场化进程。

5.2.3　组织内部沟通不畅

正如上文所论述，出版工作具有鲜明的个性化特征，在传统出版社，通常一位编辑就可以完成一本书生产的全部统筹工作。以这种业务方式为基础建立起来的企业组织，理论上会趋向于扁平化管理。但从完全的计划经济模式转变而来、至今依然保留诸如领导建制完备、层级分明等计划经济时代特征的出版企业很难在短时间内做到彻底脱胎换骨。许多出版企业并没能形成更符合行业特点的扁平型管理模式，企业内部信息传递渠道受阻，企业组织与员工个人的生产能力均无法得到充分发挥。

目前，中国出版企业内部信息沟通不畅的情况普遍存在。组织架构缺乏科学依据，未能体现出版业特色是造成这一情况的根本原因。在课题组调查中，42.5% 的被调查者认为目前企业中信息沟通不畅的主要因素是“组织结构过于庞大，信息传递需要经过繁琐的程序”，40.4% 的被调查者认为是“各级主管部门将接收到的信息进行主观上的甄别过滤，造成信息失真”和“未建立科学的信息沟通机制，未设立专门机构和专业人员”；而“企业管理者对内部信息沟通的认识存在误区，日常工作中以自上而下的单向沟通为主”和“员工在企业非正式组织中的口头传播造成信息失真”则分别以 27.1% 和 18.1% 的比例排在后位。企业内部信息沟通不畅会降低组织内部人员之间的凝聚力，使得出版企业不断产生无谓的内耗，减缓发展的速度。

5.3 出版人才管理不能满足企业发展需要

5.3.1 出版企业人才构成与业态变化相脱节

科学的人才结构以及相应的人才储备是企业经营过程中不容忽视的重要方面。尤其在科技发展速度更新换代极为迅猛的当下，企业对于人员素质的预期、培训、要求均应提升到企业经营管理的战略高度并进行长期、系统的规划。但是中国出版企业普遍存在人力资源定位模糊、人员素质不能与企业发展同步提升等情况，致使人才结构与企业需要无法匹配。目前，出版业对于从业人员素质挑战最大的是如何应对数字化转型带来的业务扩张。课题组特意对出版企业数字出版业务的开发情况进行了调查（见表5－2）。87.5%的被调查者表示所在企业目前已经设置了专门的数字出版部门，仅有12.5%的被调查者表示所在企业尚未设置专门的数字出版部门。而课题组调查尚未涉及有开展相关业务但未曾设置专门部门的数字出版业务开展情况。通过现有数据可以看到，绝大多数出版企业对于数字出版业务具有浓厚的兴趣并保持高度的重视。

表5－2 企业设置数字出版部门的情况

企业是否有专门的数字出版部门	有效百分比（%）	累积百分比（%）
有	87.5	87.5
没有	12.5	100.0
总计	100.0	

数字出版的兴起带来了出版业人才结构的变化。出版活动涵盖自然科学、社会、人文社科等方方面面，体现了人类社会全面的发展与进步，因此，出版企业过去强调人才结构的合理性更侧重企业内部各类人才专业学科的多样性。就行业分工而言，出版业的人力资源包括出版、复制、发行单位从业者在内的本行业从业人员、出版单位认可的专业作者和业余作者以及作为特约编辑来自出版业外的行业专家。数字出版鲜明的技术特征和完全开放的传播过程促使出版业人才结构发生变化。首先，就从事传统编、印、发工作的出版行业人才而言，数字出版将传统的复制和发行环节合二为一，并且

完全实现无纸化办公，这就使得出版业对相关领域人员数量需求减少，同时要求人才具备更高的综合素质，这部分人员的分流与重组目前艰难进行。其次，就作者而言，开放的传播过程使得出版活动不再神秘，创作也不再是个别专业作家、学者或者少数业余作者等知识精英们的专利。只要找到适合的平台入口，人人都可以将自己的作品公开传播并可能得到广泛关注，使得作者资源大大丰富。但是参与创作的人员增加并没有带来中国原创作品质量的提高，大量同质、低质出版物出现在市场上。最后，出版的数字化转型让包括计算机软硬件技术开发、维护人员和网络技术人员在内的科技人才成为名副其实的出版人。数字出版的转型基于数字技术的发展，不论是出版平台的建设还是阅读终端的开发，离不开专业技术人才的创造性劳动，出版业数字化发展的快慢有赖于专业技术人才的支持。数字化转型对出版人才资源进行重组，对出版行业原有从业人员的素质提出更高要求，同时将相关计算机软硬件开发、维护人才和互联网技术人才吸纳入出版业。数字出版要求技术与内容完美结合，这需要从事内容整合的工作人员学习并掌握一定的数字出版技术、从事技术研发的工作人员熟悉和了解一定的内容整合规律。而中国长期以来形成的高等教育文、法、理、工等学科明确的分类教育使得同时掌握出版专业知识与数字出版技术以及出版法律法规的高层次复合型人才少之又少。作为一种新兴的出版业态，数字出版引发了整个行业的关注，但是企业普遍存在的问题是人才构成不能恰当满足业务发展的需要。人才数量奇缺、人才素质欠佳、人才专业不对口的问题如不加以解决，将严重阻碍数字出版业务的展开。

5.3.2 员工激励机制不完善

出版企业人才管理不仅在于加强人才储备、加快人才结构的合理化调配，还需要建立起完备成熟的员工激励机制，使企业优秀员工在工作中获得自我价值的满足，从而产生长久服务于企业的意愿，以保证企业员工工作的稳定与高效。随着出版体制改革的不断深入，出版企业员工市场化的激励机制逐渐形成，企业员工在薪酬待遇等方面较计划经济时代得到极大的改善，平均主义的分配制度被打破，许多企业内部一线员工的收入甚至超过管理层员工收入，完全打破了旧有的分配格局。尽管多年来出版企业员工激励机制建设成绩有诸多可圈可点之处，但不可否认，作为一项系统化工程，目前中国多数出版企业员工激励机制并不完备成熟。具体而言，体现在以下几个方面：

首先，许多企业内部员工激励机制的弊病在于有激励、无力度。企业激励员工的形式多种多样，物质激励、精神激励等企业均可以从不同层面对企业员工的工作成绩做出适时肯定、进一步激发员工工作积极性。激励的力度欠缺主要体现在物质激励特别是薪酬、奖金激励等方面。对于可以进行一定程度量化的编辑、发行等业务部门而言，这一问题主要体现在工作成果的量化计算方式是否能够合理体现员工劳动价值，相对而言，这部分的员工激励在力度上尚能达成较平衡的状态。但在出版企业经营者层面，薪酬收入的激励力度并不容易把握。目前，多数出版企业在这方面的改革较为保守，这对于企业管理者从业积极性和稳定性产生影响。

其次，企业内部员工激励方式单一，难以全面调动员工工作热情。员工激励包含物质激励和精神激励。其中，物质激励是企业对于员工为企业付出的劳动和贡献进行的物质补偿，精神激励是企业对于员工为企业付出劳动和贡献而进行的非物质补偿。物质激励包括企业付给员工的工资、奖金或奖励、福利等形式[①]；非物质激励则包括工作表彰、职位晋升、培训学习等形式。不论是物质激励还是精神激励，都是企业员工激励机制的重要组成部分。出版企业是知识性人才密集的组织，精神激励相较于一般商品生产企业更加不可或缺[②]。但是目前多数出版企业员工的激励机制都较为单一，精神激励的形式与内容、文化企业员工的精神需要存在差距，而物质激励的手段也略显保守，多数企业员工都是以月薪加奖金的形式获得薪酬，股权分红等市场化程度更高、竞争色彩更浓的物质激励手段较少被使用。

最后，员工激励的具体操作缺乏规范性和稳定性。在市场环境下，员工激励是企业员工工作目标和行为动机产生的源泉。员工激励得当，能够极大地提高企业人才使用效率，激发企业活力，因此，员工激励机制特别是薪酬体系的健全和完善是长久以来出版业改革的重点和难点。现实中，员工激励的具体操作较为复杂，对于业务部门员工的激励，常常因为工作量化计算的方法不能完全照顾和体现每一位员工的实际劳动而受到诟病；对于企业经营者而言，目前没有形成成熟的业绩奖励制度，致使奖金发放等激励措施的决定较为随意，往往由经营者临时来决定员工甚至经营者自己的奖金收入，这

① 朱静雯：《现代书业企业管理学》，苏州：苏州大学出版社 2003 年版，第 191 页。
② 李阳：《试论出版企业激励性薪酬体系的设计》，《现代出版》，2011 年第 2 期。

种方式欠缺规范与稳定，存在较大漏洞。

5.4 企业文化未能对经营管理形成有益补充

通过调查我们发现，随着出版转企改制成效的逐步显现，企业作为独立的法人组织开始有意识地加强自身建设以保持组织的凝聚力和活力。企业文化是企业组织自身建设的重要环节，出版企业普遍认识到文化对于提升自身软实力和内部凝聚力的积极作用。出版企业经营者普遍有意识去培育和引导企业文化的形成，许多企业在出版特色、品牌打造方面进行了积极尝试。尽管如此，出版企业文化建设尚存在诸多问题，主要体现在以下三个方面：

5.4.1 经营者对于企业文化建设重视不够

企业文化对于凝结团队力量、调动员工工作积极性有着制度规定之外的推动作用。出版企业在市场化改革的进程中，主动接纳和借鉴现代企业经营管理的经验，多数出版企业经营者都在企业内部有意识地进行企业文化的提炼和灌输。在课题组调查中，参与调查的出版企业样本中有52.8%的被调查者认为自己所在企业已经形成较为鲜明的企业文化，另有36.1%的被调查者表示所在企业的企业文化尚在培育过程中，仅有11.1%的被调查者表示所在企业未形成较为鲜明的企业文化或者不了解什么是企业文化。由此可见，中国出版企业在建立企业文化方面的尝试已经初见成效，绝大部分出版企业已经了解到了企业文化及其重要意义，已经有意识地进行了企业文化的培育并有一部分企业已经形成了鲜明的企业文化，这是构建具有文化特色现代出版企业制度的重要基础。

企业文化一旦形成，就会在每一个企业员工的心中形成对于企业的归属感，这一感受的强弱能够反映出员工对于企业文化的认同程度。在课题组调查中，将员工的工作目标的一致性作为考量企业团队协作中彼此认同的指标。70.8%的被调查者表示与绝大多数同事拥有一致的目标和方向，18.6%的被调查者表示大多数时候与同事们拥有一致的目标和方向，可见，目前中国出版企业内部多数员工能够在团队协作中获得自我认同，这与企业文化密不可分。

尽管企业文化建设成为中国出版企业的普遍共识，但是，在出版企业内部，企业文化的推广与灌输并不顺利。转企改制完成后的部分出版企业在经营管理上仍有行政作风的残存，经营者在进行内部管理的过程中较少使用团队建设、团队激励等等有利于培育企业文化、树立员工自我认同的管理措施，较少关注企业文化软实力的打造，在有意识地建设企业文化的同时，缺少对企业文化进行提炼、概括和灌输的方法。

5.4.2 企业文化建设缺乏明确的目标与方向

中国出版企业文化建设在经营者无强有力措施推动的同时，也缺乏明确的目标和方向。企业文化建设的目标和方向应该在不同企业有不同呈现，但在中国的出版企业更多通过主业推动来建立员工对企业的认识和认同。如此形成的企业文化缺乏个性和多样性。

中国出版企业在主业发展中重视重点图书的出版以及在此基础上形成的品牌效应。在对于企业资助重点图书出版的经费利润占比情况调查中，47.6%的被调查对象表示企业资助重点图书出版的经费利润占比为20%—30%，14.2%的被调查者表示该比例为30%—50%，由此可见，许多出版社对于重点图书出版的支持力度是非常大的。

对于出版企业从事经营活动主要优势的调查显示，“品牌地位”成为目前中国出版企业从事经营活动的最为主要的优势。课题组调查结果说明，55.4%的被调查者认为品牌地位是中国出版企业从事经营活动最大的优势，81.8%的被调查者表示企业已经形成较为鲜明的出书方向。由此可见中国出版企业普遍在进行出版特色的培育，并卓有成效。当然这与中国出版企业的设立最初是以地区分布、行业分工为依据有关，能在此基础上形成较为鲜明的出书特色，中国出版企业对于出版业务的专注程度可见一斑。但是，对于主业的明显专注在某种程度上也反映了出版企业在进行企业文化特色培育时面临的选项是非常有限的，当多数企业以主业的专业领域为自身特色的培育目标时，令人尴尬的现实是，多数企业在培育和形成企业文化的尝试中缺乏方向，企业文化的培育目标和方向无法达成实质上的多样化。

5.4.3 企业文化缺乏对文化本身的认可

出版的本质是精神文化内容的生产与传播。出版企业文化理应体现出文化特色。但是在调查中我们发现，目前中国出版业从业者一方面将物质回报作为择业第一考量的因素，另一方面对所在企业生产的图书产品文化价值存在一定程度的怀疑。

课题组调查显示，出版企业吸引员工择业的因素主要表现在“工资待遇高”、“人际关系和谐”、“竞争环境公平”、“专业或岗位更符合自身兴趣”、“文化氛围浓厚，有利于个人修养提升”等因素。其中，对员工择业形成最大吸引力的是“工资待遇高”。具体数据见第6章所示。

调查结果说明，57.5%的被调查者表示所在企业目前的图书产品文化价值为“非常高”或者“高”。尽管近六成的被调查者对所在企业图书产品的文化价值给出了正面、积极的评价，但必须认识到这并不是一个乐观的数字。因为出版企业作为文化产业的市场竞争参与者，本身的产品生产需要对其商品价值和文化价值做到统筹兼顾，需要实现经济效益和社会效益的双效统一。并且，文化价值以及社会效益是出版企业的根本利益所在，如上文调查数据显示，中国出版企业每年投入大量资金用于重点图书的出版，而最终生产的图书产品不能够得到员工更大程度上的认可，这必然造成资源的浪费。出版的文化特色体现在出版企业经营管理的方方面面。出版企业文化更应当具有鲜明的文化特色，反映出版的文化属性。出版企业文化应该有清晰、简洁、个性、多样的表达，只有具有鲜明文化特色的出版企业文化才能够增强员工对所从事事业的更深刻理解，才能获得员工对企业的认同和归属感，进而使出版企业的经营管理在各类规章制度之外获得有益的补充。

第 6 章

构建具有文化特色的现代出版企业制度调查分析：现状与问题

为了了解当前中国现代出版企业制度建设情况以及其中文化特色的培育现状和可能存在的问题，课题组采用问卷调查、实地访谈及网上调查等多种渠道和方法，对全国 15 家具有代表性的出版企业进行了深入调查，并对其中部分企业管理人员和一线工作者进行了深度访谈。被调查出版企业主营业务涉及专业出版、综合出版、报业等行业领域，基本涵盖了当前出版业的主营领域，从样本广度上保证了问卷调查结论的科学性。课题组在调研过程中先后发放问卷 900 份，回收有效问卷 743 份，总体问卷回收率为 82.5%。企业内部的调查对象均为工作在出版行业的一线人员和管理人员，对出版行业的运行和企业运营有较好的把握，保证了调研数据能够更为真实地反映当前现代出版企业制度建设情况以及其中文化特色的培育现状和问题。因此，从样本企业和企业内被调查对象的选择层面分析，本次调查能较好地反映项目研究的问题，可以保证所得结论的科学性和可靠性。具体用于分析的被调查企业、问卷份数和占比如表 6-1 所示。

表 6-1　被调查出版企业、有效答卷份数及占比

序号	出版社	有效答卷份数	占比（%）
1	金盾出版社	121	16.3

续表

序号	出版社	有效答卷份数	占比（%）
2	北京艺术与科学电子出版社	17	2.3
3	军事医学科学出版社	16	2.2
4	中国中医药出版社	58	7.8
5	北京交通大学出版社	30	4.0
6	中国传媒大学出版社	24	3.2
7	人民邮电出版社	137	18.4
8	冶金工业出版社	35	4.7
9	机械工业出版社	148	19.9
10	河南日报社	23	3.1
11	河南科学技术出版社	50	6.7
12	经济管理出版社	31	4.2
13	人民日报社*	19	2.6
14	重庆大学出版社	30	4.0
15	现代出版杂志社	4	0.5
	合计	743	100.0

注：人民日报社的19份有效调查问卷内容与其他出版社问卷调查内容有所差异，故没有在此处与其他出版社回收的有效问卷进行汇总分析。

课题组开展的调查旨在了解这些出版企业的企业制度、企业文化构建的现状及可能存在的问题等信息，了解当前企业发展的内外部环境特征，并提出相应对策建议，帮助整个出版业尽快建立起完善的现代出版企业制度和富有企业特点的企业文化，提升企业软实力及核心竞争力。

6.1　被调查企业基本状况

通过对回收的有效问卷进行整理、编码、录入及汇总合并，并对被调查者所在的企业信息进行分析，我们可以了解到本次被调查企业的基本状况：①本次调查的出版企业主要集中在人员规模500人以下的中小型出版企业；②被调查企业年出版物数量主要集中在1000种以下；③被调查企业年营业额普遍在5亿元以下；④绝大部分被调查企业均为公有制出版企业。可以说所调查的企业较好地反映了中国典型出版企业的规模和经营特征，而且被调查企业分布在中国不同地区，可以较好地反映企业对于地方政策和发展环境的满意度及潜在需求，因此，所获取的数据具有较好的代表性。

但在实地访谈和问卷数据分析的结果中却反映出了一个问题：作为被调查对象的企业员工不熟悉所在企业的实际情况。同属一家出版企业的被访者提交的问卷中有关所在企业的基本信息都应该是一致的，但实际情况并非如此，同属一家企业的员工对所在企业的基本信息并没有一个统一的认识，说明目前部分出版企业缺乏企业文化的构建与宣传，出版企业应加强员工教育与宣传工作，使得所属员工在企业的基本信息、发展历程等方面有一个统一的认识和了解，逐步构建企业文化，提高凝聚力，以此作为形成具有文化特色的现代出版企业制度的基础。

6.1.1 被调查企业人员规模分布

通过对回收的有效问卷进行分析，从企业内部被调查者获悉企业规模主要是500人以下的中小型出版企业。具体调查结果如表6－2和图6－1所示：认为所在企业人员规模50人以下的占8.3%、50≤人数<100占15.6%、100≤人数<300占47.4%、300≤人数<500占0.8%、500≤人数<1000占27.4%、1000≤人数<2000占0.2%、2000≤人数<5000占0.3%。即本次调研的企业样本主要集中在人员规模为500人以下的中小型出版企业（占比72.1%）。

表6－2　　被调查出版企业人员规模

出版社人员规模	频率	有效占比（%）	累积占比（%）
人数<50	50	8.3	8.3
50≤人数<100	95	15.6	23.9
100≤人数<300	287	47.4	71.3
300≤人数<500	5	0.8	72.1
500≤人数<1000	166	27.4	99.5
1000≤人数<2000	1	0.2	99.7
2000≤人数<5000	2	0.3	100.0
总计	606	100.0	

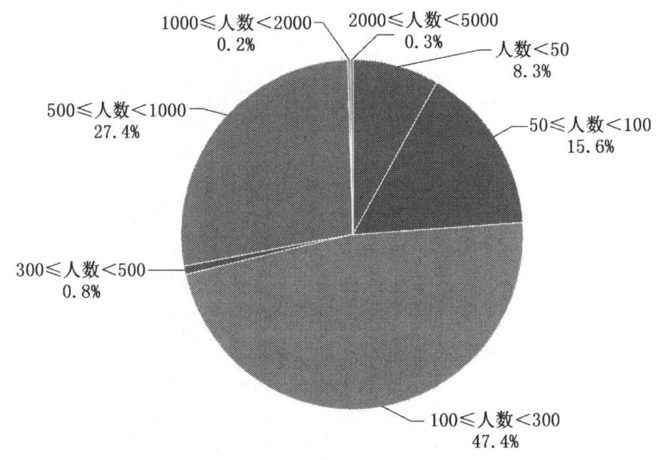

图6－1　被调查出版企业人员规模

6.1.2　被调查企业年出版物数量分布情况

通过对回收的有效问卷进行分析，从企业内部被调查者获悉的企业年出版物数量主要集中在1000种以下的规模。具体调查结果如表6－3和图6－2所示：认为所在企业年出版物数量100种以下的占9.4%、100≤种<500占23.5%、500≤种<1000占35.5%、1000≤种<3000占4.5%、3000≤种<5000占1.7%、5000种以上25.4%。即本次调研的企业样本中年出版物数量在1000种以下的约占七成（占比68.4%）。

表6－3　　被调查出版企业年出版物数量

出版企业年出版物数量	频率	有效占比（%）	累积占比（%）
种<100	56	9.4	9.4
100≤种<500	141	23.5	32.9
500≤种<1000	212	35.5	68.4
1000≤种<3000	27	4.5	72.9
3000≤种<5000	10	1.7	74.6
种≥5000	152	25.4	100.0
总计	598	100.0	

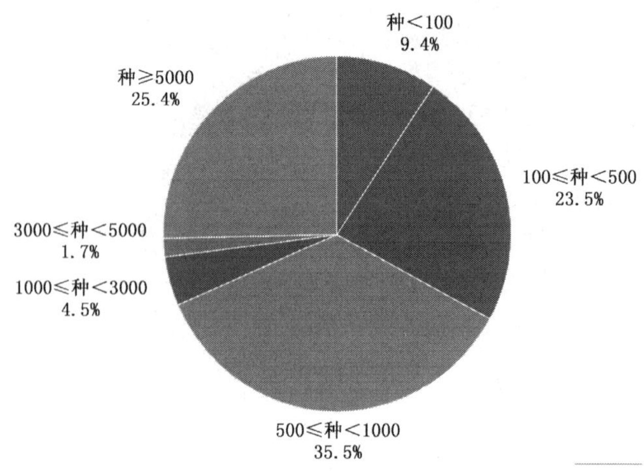

图 6－2 被调查出版企业年出版物数量

6.1.3 被调查企业年营业额分布情况

通过对回收的有效问卷进行分析，从企业内部被调查者获悉的企业年营业额九成以上在5亿元以下。具体调查结果如表6－4和图6－3所示：认为所在企业年营业额500万元以下的占4.4%、500万≤营业额<1000万元占4.0%、1000万≤营业额<5000万元占14.9%、5000万≤营业额<1亿元占6.9%、1亿≤营业额<5亿元占64.1%、5亿≤营业额<10亿元占4.0%、10亿≤营业额<50亿元占1.7%。从调查数据分布情况可以判断，本次调研的企业样本年营业额形成了比较典型的“两头小、中间大”的正态分布情形，由于年营业额相较于人员规模和出版物数量能更好地反映出版企业的经营情况，因此，这种“两头小、中间大”的正态分布企业样本选择是具有较强代表性的，能够更好地反映当前出版企业的真实状况。

表 6－4 被调查出版企业年营业额

出版企业年营业额	频率	有效占比（%）	累积占比（%）
营业额<500万元	26	4.4	4.4
500万≤营业额<1000万元	23	4.0	8.4
1000万≤营业额<5000万元	87	14.9	23.3
5000万≤营业额<1亿元	40	6.9	30.2
1亿≤营业额<5亿元	373	64.1	94.3
5亿≤营业额<10亿元	23	4.0	98.3

续表

出版企业年营业额	频率	有效占比（%）	累积占比（%）
10亿≤营业额<50亿元	10	1.7	100.0
总计	582	100.0	

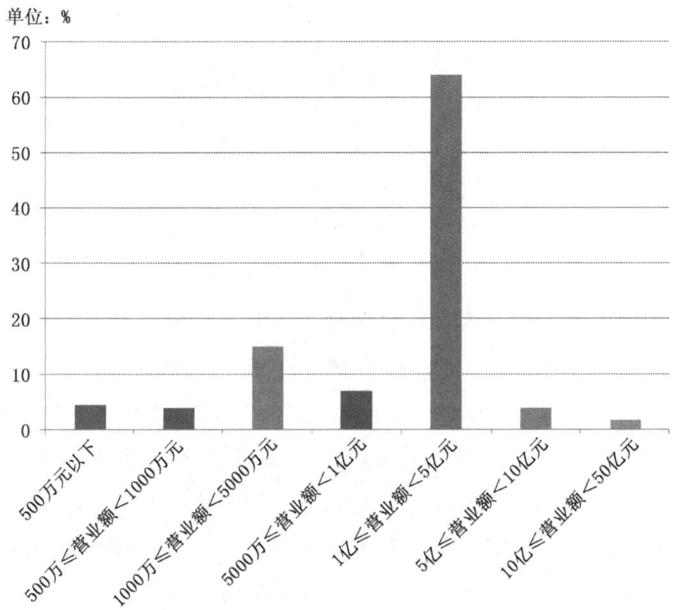

图6-3　被调查出版企业年营业额

6.1.4　被调查企业所有制情况

通过对回收的有效问卷进行分析，从企业内部被调查者获悉的企业所有制形式基本均为公有制企业。具体调查结果如表6-5和图6-4所示：认为所在出版企业所有制性质为公有制的占96.6%、非公有制占1%、外资占0.2%、其他占2.2%。即本次调查的主体主要集中于转企改制后的公有制出版企业。

表6-5　被调查出版企业所有制性质

出版企业所有制性质	频率	有效占比（%）	累积占比（%）
公有制	575	96.6	96.6
非公有制	6	1.0	97.6
外资	1	0.2	97.8
其他	13	2.2	100.0
总计	595	100.0	

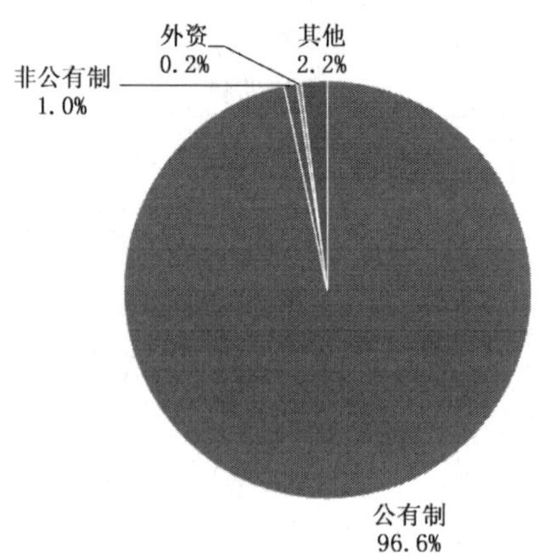

图 6－4 被调查出版企业所有制性质

当然，用于以上企业样本基本状况分析的数据信息均来源于被调查企业的内部工作人员，由于同一企业员工对于企业的认识有点差异，因此，这些信息与企业实际情况可能存在一定差异，但通过对问卷数据的深入分析，这些差异还是很细微的，被调查员工反馈的企业信息与企业真实状况基本相符。因此，这里不得不再提及关于企业文化的建设问题，如同前面所述，目前部分出版企业内部企业文化的构建与宣传工作仍存在缺失，致使企业员工对所属企业没有一个统一的认识，此种情况亟待改进。

6.2 现代出版企业制度建设现状

随着出版业市场化、国际化和出版业转企改制进程的推进，出版企业基本已经建立起了现代出版企业制度。通过调查我们获悉：①市场已成为主导企业发展的核心力量；②开展出版合作与交流已成为企业提升国际竞争力的重要途径；③资本经营已成为出版企业转企改制后的重要工作；④出版企业普遍设置了专门的数字出版部门；⑤企业的管理制度较为完善、管理水平较高。出版企业正在积极建设现代出版企业制度，并通过多种渠道适应全新的体制环境和市场环境以提升自身管理水平和核心竞争力。

6.2.1 市场已成为主导企业发展的核心力量

在被调查对象对目前政府对出版业改革取向的主观判断调查中，“市场对出版社经营的调节作用日益突出”成为出版业人员最主要的判断结果。具体调查结果如表6－6和图6－5所示，510位被调查对象（占被调查对象总数的70.6%）认为当前政府对出版业改革取向是“市场对出版社经营的调节作用日益突出”，同时，109位被调查对象（15.1%）认为是“计划经济色彩进一步减弱”；115位被调查对象（15.9%）认为是“政府管控力进一步加强”，另有48位（6.6%）和28位（3.9%）表示“关心”和“不了解”。也就是说出版业从业人员在实际工作中确实感受到了政府对于出版行业的市场化改革，这也就为出版业转企改制工作的推进和现代出版企业制度的构建埋下了伏笔。

表6－6　政府对出版业改革取向的判断

政府对出版业改革取向的判断	频数	比例（%）	个案比例（%）
政府管控力进一步加强	115	14.2	15.9
市场对出版社经营的调节作用日益突出	510	63.0	70.6
计划经济色彩进一步减弱	109	13.5	15.1
关心	48	5.9	6.6
不了解	28	3.5	3.9
总计	810	100.0	112.2

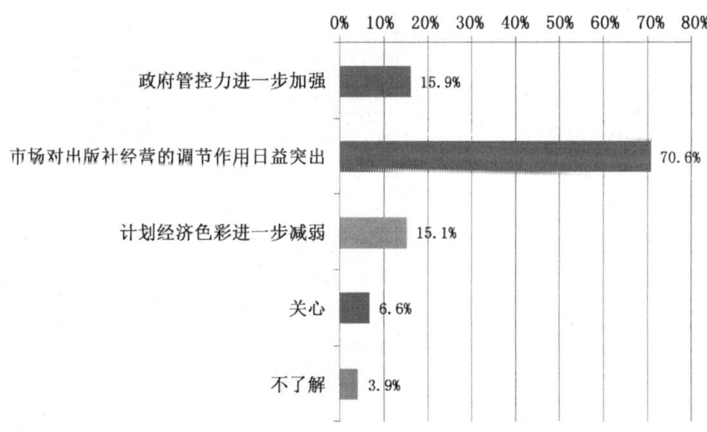

图6－5　政府对出版业改革取向的判断

为更好地适应出版业的市场化改革，基本上所有的出版企业都经历了转企改制过程，在被调查对象对所在企业转企改制以后发生的变化判断调查中“对市场的依赖性更强了”、“企业活力增强了”和“企业的应变能力提高了”成为被调查者最主要的判断，具体调查结果如表6－7和图6－6所示。349位被调查者（占回答此问题被调查对象总数的50.4%）认为转企改制使企业发生的变化是“对市场的依赖性更强了”，227位被调查者（32.8%）认为是“企业活力增强了”，183位被调查者（26.4%）认为是“企业的应变能力提高了”，128位被调查者（18.5%）认为是“员工工作压力变大，工作积极性提高”，90位被调查者（13.0%）认为是“企业效益提高了”，66位被调查者（9.5%）认为是“企业管理水平提高”，即被调查者认为企业转企改制以后最大的变化集中于对市场的依赖、企业运营效率、效益和管理水平的提升；而被调查者其他的判断，如“对政府职能部门的依赖性更强了”、“没变化”等选项占比均低于6%。由此判断，政府对于出版业的改革确实产生了显著的效果。

表6－7 转企改制使企业发生的变化

转企改制使企业发生的变化	频数	比例（%）	个案比例（%）
对市场的依赖性更强了	349	30.1	50.4
对政府职能部门的依赖性更强了	25	2.2	3.6
企业的应变能力提高了	183	15.7	26.4
企业活力增强了	227	19.5	32.8
企业效益提高了	90	7.7	13.0
员工工作压力变大，工作积极性提高	128	11.0	18.5
企业管理水平提高	66	5.7	9.5
员工收入增加	27	2.3	3.9
没变化	25	2.2	3.6
不关心	4	0.3	0.6
不了解	38	3.3	5.5
总计	1162	100.0	167.9

对企业目前主要业务主要依靠的力量调查显示，如表6－8和图6－7所示，在718位明确回答该问题的被调查对象中，544位（75.8%）表示企业目前主要业务依靠的是“市场调节”，129位（18.0%）表示企业目前主要业务依靠的是“政府干预和市场调节并行”，而仅有45位（6.2%）表示“依靠政府支持和投入”，即九成以上（93.8%）的被调查者认为当前企业主要业务依靠的力量均涉及“市场调节”，可见，市场调节在现代出版业中

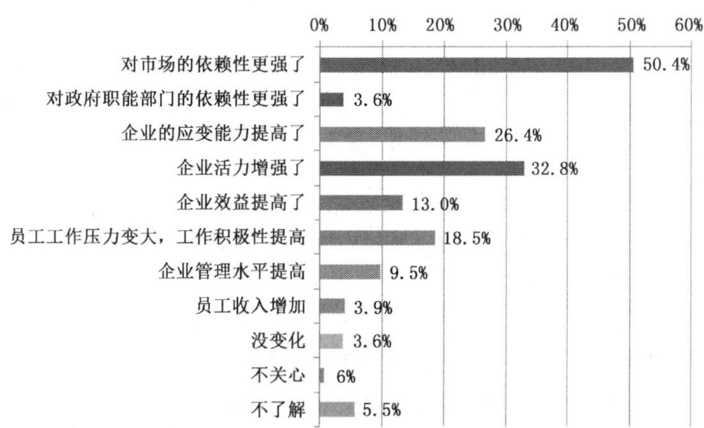

图6-6 转企改制使企业发生的变化

的导向作用越来越大。

表6-8 企业目前主要业务主要依靠的力量

企业目前主要业务主要依靠的是否是“市场调节”	频率	有效占比（%）	累积占比（%）
是	544	75.8	75.8
否，依靠政府支持和投入	45	6.2	82.0
否，政府干预和市场调节并行	129	18.0	100
总计	718	100.0	

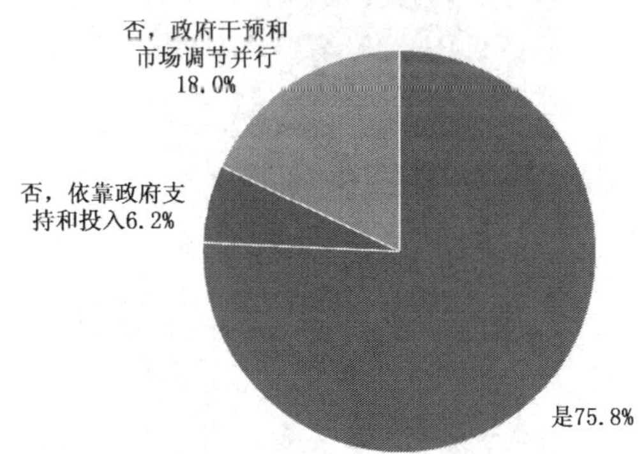

图6-7 企业目前主要业务主要依靠的力量

对企业目前主营业务市场化程度的调查显示，如表6-9和图6-8所示，在711位明确回答该问题的被调查对象中，404位（56.8%）表示企业目前的主营业务市场化程度能够达到“70%以上”，113位（15.9%）表示能够达到“50%≤市场化程度<70%”，146位（20.5%）表示能够达到“30%≤市场化程度<50%”，分别有14位（2.0%）和34位（4.8%）的被调查者表示企业主营业务市场化程度能够达到“10%以下”和“10%≤市场化程度<20%”。可以看到，七成以上（72.7%）的被调查者认为所在企业目前主营业务市场化程度能够达到50%以上，市场调节对于企业主营业务的影响作用十分明显。

表6-9　企业目前的主营业务市场化程度

企业目前的主营业务市场化程度能够达到	频率	有效占比（%）	累积占比（%）
10%以下	14	2.0	2.0
10%≤市场化程度<20%	34	4.8	6.8
30%≤市场化程度<50%	146	20.5	27.3
50%≤市场化程度<70%	113	15.9	43.2
70%以上	404	56.8	100.00
总计	711	100.0	

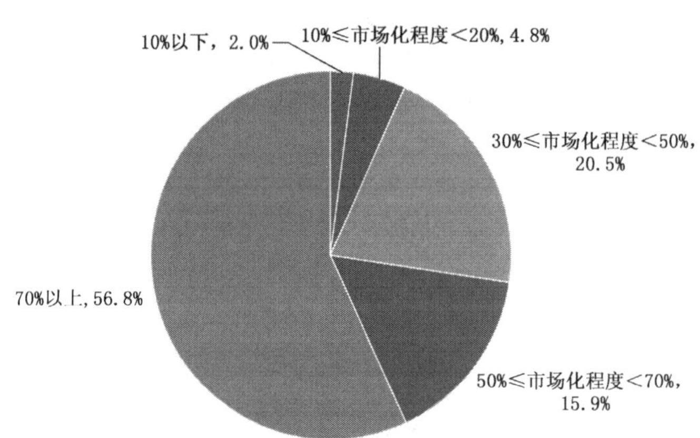

图6-8　企业目前的主营业务市场化程度

6.2.2　开展出版合作与交流已成为企业提升国际竞争力的重要途径

对企业开展同国外出版企业的合作与交流情况的调查显示，如表6-10和图6-9所示，在720位明确回答该问题的被调查对象中，525位（72.9%）表示企业目前开展了同国外出版企业的合作与交流，93位（12.9%）表示所在企业尚未开展，102位（14.2%）表示对此不了解。可以看到，七成以上（72.9%）的被调查者认为企业目前已经开展国际出版合作与交流，大部分企业和所属员工都能够很好地适应政府对于出版业的国际化改革，并希望以此提升自身的国际竞争力。

表6－10 企业开展国际出版合作与交流的情况

企业目前有无开展同国外出版企业的合作与交流	频率	有效占比（%）	累积占比（%）
有	525	72.9	72.9
没有	93	12.9	85.8
不了解	102	14.2	100.0
总计	720	100.0	

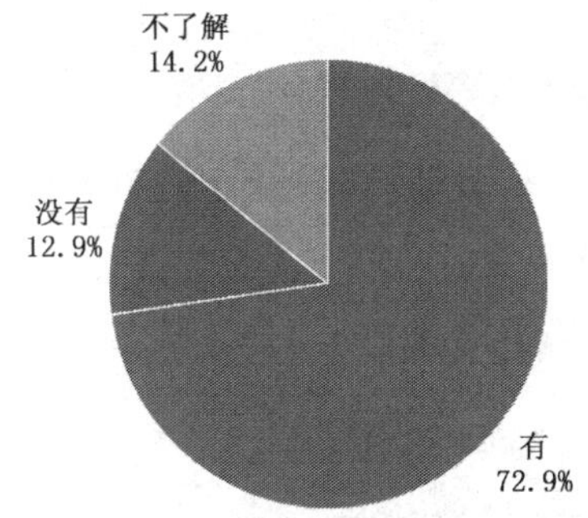

图6－9 企业开展国际出版合作与交流的情况

对中国出版企业在国际竞争中面临的主要问题调查显示，“人才经验方面”、“版权法律方面”、“营销策划方面”、“文化追求”成为企业开展国际竞争中最可能面临的问题。具体调查结果如表6－11和图6－10所示，395位被调查对象（占回答此问题被调查对象总数的58.3%）认为中国企业在国际竞争中面临主要问题是“人才经验方面”，392位被调查对象（57.9%）认为是“版权法律方面”，339位（50.1%）认为是“营销策划方面”；其他的问题，“管理经验的交流”（174位、25.7%）、“技术设备方面”（151位、22.3%）和“资金方面”（123位、18.2%）则排在后三位。可见，目前国内出版企业参与国际竞争面临的问题并不在于技术设备、资金等硬件条件，而是在于人才、法律、文化等“软实力”层面，因此，中国出版企业应尽快提升自身软实力，构建具有特色的企业文化氛围，以更好地应对越来越激烈的国际竞争。

表 6－11　中国出版业在国际竞争中面临的主要问题

我国出版业在国际竞争中面临的主要问题	频数	占比（%）	个案占比（%）
营销策划方面	339	19.0	50.1
版权法律方面	392	21.9	57.9
技术设备方面	151	8.4	22.3
人才经验方面	395	22.1	58.3
管理经验的交流	174	9.7	25.7
资金方面	123	6.9	18.2
文化追求方面	214	12.0	31.6
总计	1788	100.0	264.1

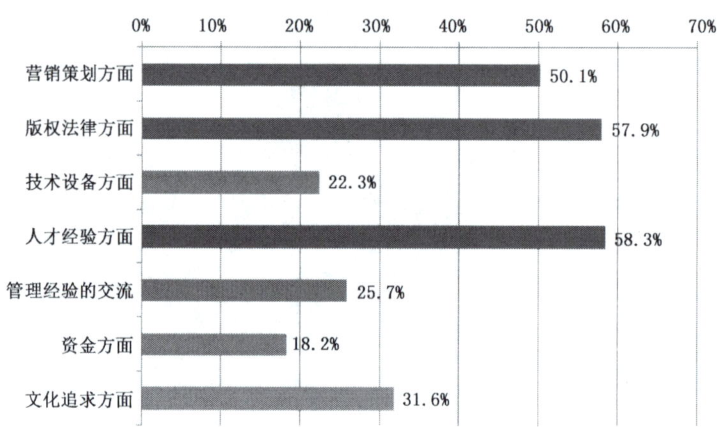

图 6－10　中国出版业在国际竞争中面临的主要问题

6.2.3　资本运营已成为出版企业转企改制后的重要工作

资本运营已经成为现代出版企业日常运营的重要工作环节，对企业从事过的资本经营活动调查显示，576 位被调查对象（占有效调查对象总数的 77.5%）表示所在出版企业从事过资本运营活动，其中“将某些部门或业务独立，并成立公司运作”和“组建出版集团”是当前中国出版企业的从事过的最主要资本运营方式。具体调查结果如表 6－12 和图 6－11 所示，350 位被调查对象（占回答此问题被调查对象总数的 60.9%）认为当前中国出版企业从事过的资本运营方式为“将某些部门或业务独立，并成立公司运作”，163位（28.3%）认为是“组建出版集团”，另外，分别有110位被调查对象（19.1%）和70位被调查对象（12.2%）认为是“收购、合资重组或参股与出版相关的公司或企业”和“吸纳外来资金”。通过调查可知，近八成（76.5%）的被调查者认为所在出版企业已经从事过资本运营活动，资本运营已经成为转企改制后出版企业的重要工作。

表6-12　企业从事过的资本经营活动

企业从事过以下哪些资本经营活动	频数	占比（%）	个案占比（%）
组建出版集团	163	23.5	28.3
收购、合资重组或参股与出版相关的公司或企业	110	15.9	19.1
吸纳外来资金	70	10.1	12.2
将某些部门或业务独立，并成立公司运作	350	50.5	60.9
总计	693	100.0	120.5

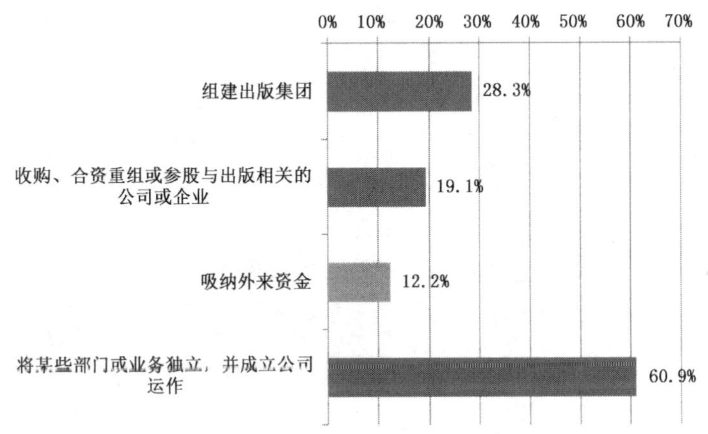

图6-11　企业从事过的资本经营活动

对适合企业资本运营主要方式的调查显示，“收购、合资重组或参股与出版相关的公司或企业”和“组建集团”是当前最适合中国出版企业资本运营的方式。具体调查结果如表6-13和图6-12所示，447位被调查对象（占回答此问题被调查对象总数的64.5%）认为适合企业资本经营的主要方式为“收购、合资重组或参股与出版相关的公司或企业”，282位（40.7%）认为是“组建集团”，254位（36.7%）认为是“异地独资或合资组建公司”，另有91位被调查对象（13.1%）认为是“上市发行股票融资”。可见，目前大部分出版企业为了提升自身实力都在积极推进资本经营活动，组建集团、收购、参股等企业重构是目前较为适用的资本运营方式，而在西方最为常用和易用的资本运营方式是上市发行股票融资，但这一途径尚不能很好地适用于中国出版行业和投融资市场，但无论如何，中国出版企业的资本运营活动已经迈出了实质性一步，这也是与国际接轨、参与国际竞争的重要准备工作。

表 6－13　　适合企业资本经营的主要方式

适合企业资本经营的方式	频数	占比（%）	个案占比（%）
组建集团	282	26.3	40.7
收购、合资重组或参股与出版相关的公司或企业	447	41.6	64.5
异地独资或合资组建公司	254	23.6	36.7
上市发行股票融资	91	8.5	13.1
总计	1074	100.0	155.0

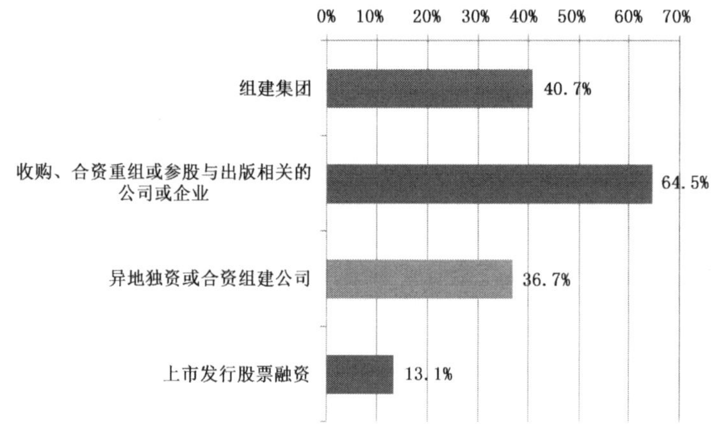

图 6－12　适合企业资本经营的主要方式

6.2.4　出版企业普遍设置了专门的数字出版部门

随着电子信息技术的高速发展，当前读者的数字阅读服务需求较之前有了大幅度的提升，为了更好地满足读者和市场需求，大部分出版企业都设立了专门的数字出版部门。

在对企业设置数字出版部门情况的调查显示，如表 6－14 和图 6－13 所示，在 696 位明确回答该问题的被调查对象中，609 位（87.5%）表示企业目前已经设置了专门的数字出版部门，仅有 87 位（12.5%）表示所在企业尚未设置。可以看到，近九成（87.5%）的被调查者表示所在企业已经设置了专门的数字出版部门，大部分企业正在根据市场需求和调节力量设置所需机构，积极投入到企业的业务扩展和经营当中。

表6－14　　企业设置数字出版部门的情况

企业是否有专门的数字出版部门	频率	有效占比（%）	累积占比（%）
有	609	87.5	87.5
没有	87	12.5	100.0
总计	696	100.0	

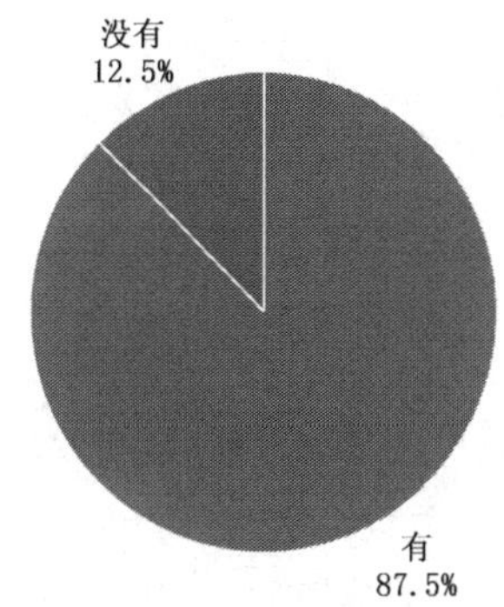

图6－13　企业设置数字出版部门的情况

此外，调查显示这些专门设置了数字出版部门的企业，该部门平均员工数为9人，其中有计算机专业背景平均为5人，有出版专业经验平均为4人，由此可以判断中国当前出版企业数字出版的发展正处于“技术”与“出版”共同推进的状态。

对中国出版企业从事数字化建设的主要困难的调查显示，“缺少经费、技术、盈利模式支持”、“版权保护不规范”和“发行渠道不完善”成为目前阻碍中国出版企业数字化建设的主要障碍。具体调查结果如表6－15和图6－14所示，517位被调查对象（占回答此问题被调查对象总数的75.6%）认为中国出版企业从事数字化建设的主要困难是“缺少经费、技术、盈利模式支持”，338位（49.4%）认为是“版权保护不规范”，253位（34.4%）认为是“发行渠道不完善”；其他的困难，“技术人员缺乏编辑经验”（161位、23.5%）、“领导意见未完全统一”（93位、13.6%）和“其他”（14位、2%）则排在最后三位。可见，中国出版企业开展数字化建设即数字出版业务运营除了要面临经费、技术等硬件困难，更多地还要面对诸如“版权”、“渠道”等传统出版体制遗留下来的制度问题，数字出版作为出版业转型升级的重要领域之一，亟须在软硬件、体制、法律等诸多方面进行完善，建立完善的现代数字出版体制环境。

表 6－15 出版企业从事数字化建设的主要困难

目前从事数字化建设的主要困难包括哪些	频数	占比（%）	个案占比（%）
领导意见未完全统一	93	6.8	13.6
缺少经费、技术、盈利模式支持	517	38.1	75.6
版权保护不规范	338	24.9	49.4
发行渠道不完善	235	17.3	34.4
技术人员缺乏编辑经验	161	11.9	23.5
其他	14	1.0	2.0
总计	1358	100.0	198.5

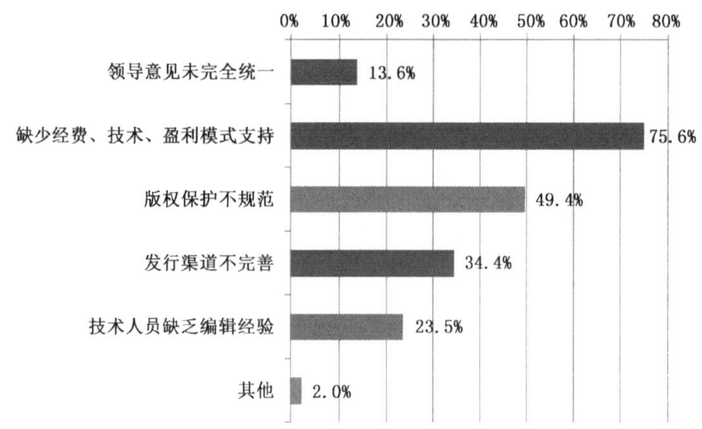

图 6－14 出版企业从事数字化建设的主要困难

6.2.5 企业的管理制度和管理水平有了明显提高

对所在出版企业管理规章制度完备情况的调查显示，如表 6－16 和图 6－15 所示，在 711 位明确回答该问题的被调查对象中，514 位（72.3%）表示企业“有比较完备的规章制度”，166 位（23.3%）表示所在企业“有管理规章制度，但不系统、完备”，仅有 19 位（2.7%）和 12 位（1.7%）表示所在出版企业“有比较完备的不成文的规则”和“没有规章制度，随意性很强”，可见大部分被访者所在企业的规章制度都比较完备。

表 6－16　　企业管理规章制度的完备情况

企业是否拥有比较完备的管理规章制度	频率	有效占比（%）	累积占比（%）
有比较完备的规章制度	514	72.3	72.3
有管理规章制度，但不系统、完备	166	23.3	95.6
有比较完备的不成文的规则	19	2.7	98.3
没有规章制度，随意性很强	12	1.7	100.0
总计	711	100.0	

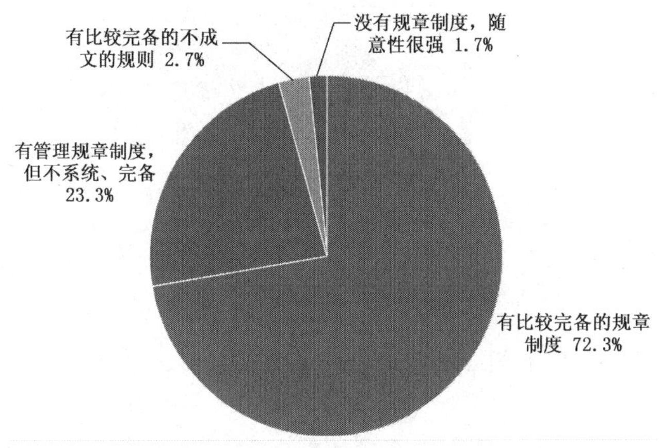

图 6－15　企业管理规章制度的完备情况

对被调查者所在企业管理科学化水平评价情况的调查显示，如表 6－17 和图 6－16 所示，在 717 位明确回答该问题的被调查对象中，56 位（7.8%）表示企业管理科学化水平为“很科学”，280 位（39.1%）表示“科学”，281 位（39.2%）表示“基本科学”，即八成以上（86.1%）的被调查者认为所在企业的管理科学化水平在基本科学以上；仅有 22 位（3.1%）和 78 位（10.8%）表示“不科学”和仍在依靠“传统的经验管理”。通过调查分析可知，目前中国出版企业的管理科学化水平还是比较高的。

表 6－17　　企业管理科学化水平的评价情况

对企业管理科学化水平的评价	频率	有效占比（%）	累积占比（%）
很科学	56	7.8	7.8
科学	280	39.1	46.9
基本科学	281	39.2	86.1

续表

对企业管理科学化水平的评价	频率	有效占比（%）	累积占比（%）
不科学	22	3.1	89.2
传统的经验管理	78	10.8	100.0
总计	717	100.0	

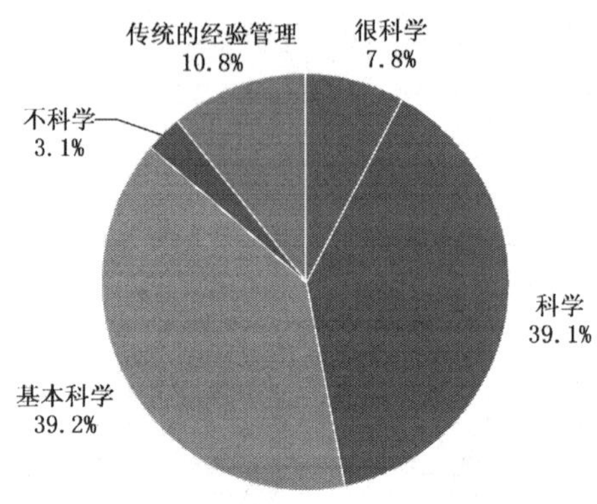

图 6－16　企业管理科学化水平的评价情况

对被调查者所在企业财务管理、人事制度、激励制度科学性评价情况的调查显示，如表 6－18 和图 6－17 所示，在 708 位明确回答该问题的被调查对象中，49 位（6.9%）表示所在企业财务管理、人事制度、激励制度科学性评价为"很科学"，276 位（39.0%）表示"科学"，307 位（43.4%）表示"基本科学"，即近九成（89.3%）的被调查者认为所在企业的财务管理、人事制度、激励制度的科学化水平在基本科学以上；仅有 76 位（10.7%）表示"不科学"。通过调查分析可知，目前中国出版企业的财务管理、人事制度、激励制度科学化水平还是比较高的。

表 6－18　企业的财务管理、人事制度、激励制度的科学性评价情况

企业的财务管理、人事制度、激励制度等是否科学合理	频率	有效占比（%）	累积占比（%）
很科学	49	6.9	6.9
科学	276	39.0	45.9
基本科学	307	43.4	89.3
不科学	76	10.7	100.0
总计	708	100.0	

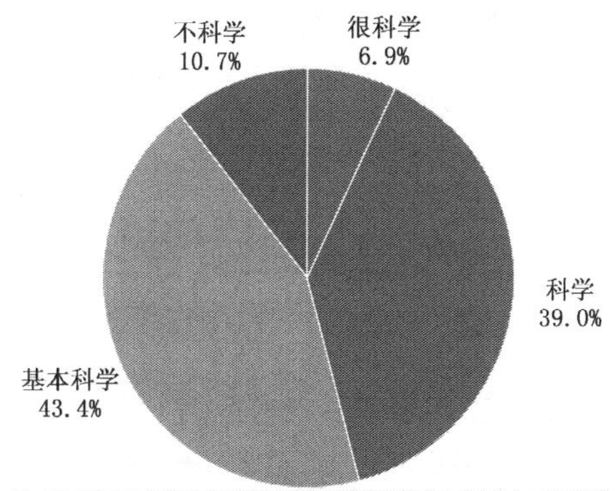

图6－17 企业的财务管理、人事制度、激励制度的科学性评价情况

综合以上三个问题的调查分析，基本上可以判断当前中国出版企业的管理制度和管理水平还是较高的。

6.3 现代出版企业制度中文化特色的培育现状

随着出版行业竞争的加剧，出版企业开始越发认识到文化对提升自身软实力与核心竞争力所具有的积极作用，也开始有意识地进行企业文化的培育，以提升企业内部凝聚力，突出企业自身优势与行业地位。通过调查我们获悉：①企业已经有意识地开展了自身文化特色的培育：大力支持企业重点出版项目以形成自身出版特色；②企业文化特色的培育有较好基础且已初见成效：企业内部员工凝聚力强、企业已形成一定的品牌与竞争优势、出版物文化价值较高、企业文化已形成或正在培育。出版企业正在积极利用现有资源和优势扩大自身品牌效应，形成行业特色与优势，逐步建立具有特色的企业文化，现代出版企业制度中文化特色的培育已初现端倪。

6.3.1 企业已经有意识地开展了自身文化特色的培育

对企业用于重点书出版的资助力度调查显示，如表6－19和图6－18所示，在603位明确回答该问题的被调查对象中，179位（29.7%）表示企业用于资助重点书出版的资金在“30万元以下”，295位（48.9%）表示在“30万—50万元”，129位（21.4%）表示在“50万元以上”，即七成（70.3%）被访者表示其所在企业对重点书出版的资助力度在30万元以上，可见企业用于重点书出版的资助力度还是非常大的。

表 6-19　　企业用于资助重点书出版的资助力度

企业用于资助重点书出版的资金	频率	有效百分比（%）	累积百分比（%）
30 万元以下	179	29.7	29.7
30 万—50 万元	295	48.9	78.6
50 万元以上	129	21.4	100.0
总计	603	100.0	

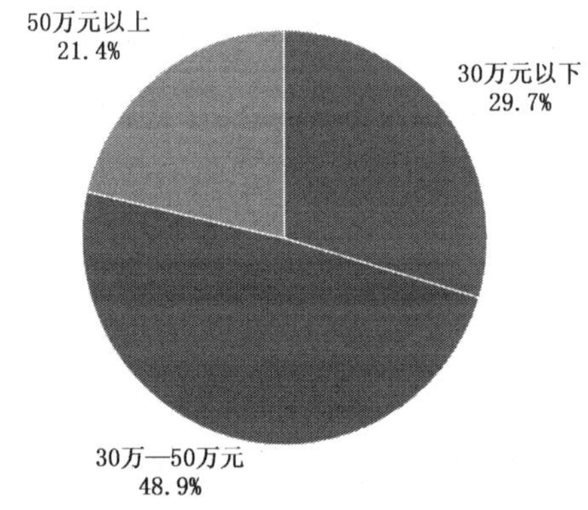

图 6-18　企业用于资助重点书出版的资助力度

同时，对企业资助重点书出版的经费利润占比情况调查显示，如表 6-20 和图 6-19 所示，在 586 位明确回答该问题的被调查对象中，213 位（36.3%）表示企业资助重点书出版的经费利润占比为“20%以下”，279 位（47.6%）表示占比为“20%≤百分比<30%”，83 位（14.2%）表示为“30%≤百分比<50%”，11 位（1.9%）表示为“50%以上”，即超六成（63.7%）的被调查者表示其所在企业资助重点书出版的经费利润占比在 20%以上，可见企业还是非常愿意从利润当中切分出很大一部分经费用于重点出版物的出版支持。

表 6-20　　企业资助重点书出版的经费利润占比情况

企业资助重点书出版的经费占利润的百分比	频率	有效百分比（%）	累积百分比（%）
20%以下	213	36.3	36.3
20%≤百分比<30%	279	47.6	83.9

续表

企业资助重点书出版的经费占利润的百分比	频率	有效百分比（%）	累积百分比（%）
30%≤百分比<50%	83	14.2	98.1
50%以上	11	1.9	100.0
总计	586	100.0	

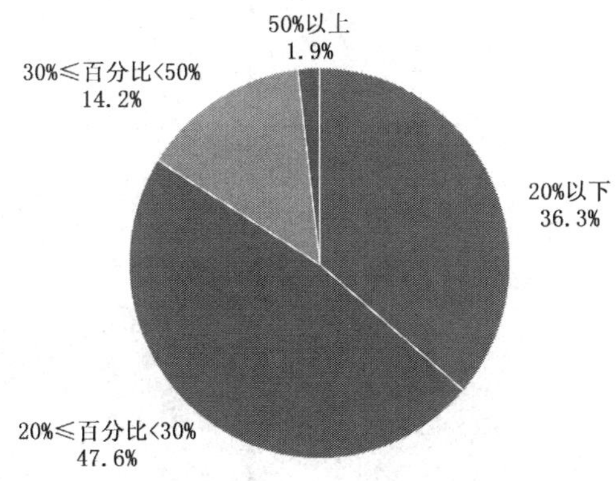

图6－19 企业资助重点书出版的经费利润占比情况

从以上两个调查问题的分析结果可以看出，对于重点出版物的大力资助有助于企业明确出版方向，形成鲜明的出版特色和业务特色，从这个角度而言，企业正在有意识地进行自身文化特色的培育。

6.3.2 企业文化特色的培育有较好基础且已初见成效

1. 企业内部人员之间具有较为一致的目标和方向

对被调查者与同事之间目标和方向一致性情况的调查显示，如表6－21和图6－20所示，在706位明确回答该问题的被调查者中，500位（70.8%）表示“与绝大多数同事拥有一致的目标和方向”，131位（18.6%）表示“大多数时候与同事们拥有一致的目标和方向”，62位（8.8%）表示“与少部分同事拥有一致的目标和方向”，13位（1.8%）表示“偶尔与同事们拥有一致的目标和方向”，即近九成（89.4%）的被调查者认为大多数时候自己与大多数同事拥有一致的目标和方向，可见，目前出版企业内部人员在思想意识层面上具有较高的一致性，有助于企业文化和企业特色的集聚与形成，这也是企业文化特色形成的根基。

表 6-21　被调查者与同事之间目标和方向的一致性情况

您和同事们在工作中是否拥有基本一致的目标和方向	频率	有效百分比（%）	累积百分比（%）
与绝大多数同事拥有一致的目标和方向	500	70.8	70.8
与少部分同事拥有一致的目标和方向	62	8.8	79.6
大多数时候与同事们拥有一致的目标和方向	131	18.6	98.2
偶尔与同事们拥有一致的目标和方向	13	1.8	100.0
总计	706	100.0	

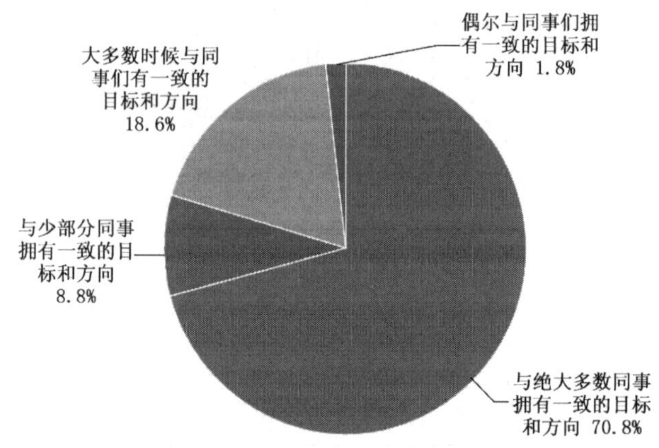

图 6-20　被调查者与同事之间目标和方向的一致性情况

2. 被调查者所在企业的吸引力多样化

目前企业员工选择企业的原因逐渐多样化，工资待遇已不是吸引员工入职的唯一因素。对被调查者企业的主要吸引力的调查显示，“工资待遇高”、“文化氛围浓厚，有利于个人修养提升”、“专业或岗位更符合自身兴趣”成为目前出版企业吸引优秀员工入职工作的主要原因。具体调查结果如表 6-22 和图 6-21 所示，262 位被调查对象（占回答此问题被调查对象总数的 36.9%）认为企业吸引其入职工作的原因为“工资待遇高”，217 位被调查对象（30.6%）认为是“文化氛围浓厚，有利于个人修养提升”，203 位（28.6%）认为是“专业或岗位更符合自身兴趣”，其他的吸引原因，“竞争环境公平”（129 位、18.2%）、“人际关系和谐”（155 位、21.8%）和“其他”（163 位、23.0%）则排在最后三位。可见，当前进入到出版企业的员工并未将工资待遇作为唯一的考虑因素，文化修养、兴趣偏好也成了主要考虑因素，可以判断员工在出版企业中工作生活所追求的目标和需求是基本一致的，这也为营造良好的企业氛围和统一有特色的企业文化打下了基础。

表 6－22　　被调查者企业的主要吸引力

企业哪些方面吸引你	频数	有效占比（%）	个案占比（%）
工资待遇高	262	23.2	36.9
人际关系和谐	155	13.7	21.8
竞争环境公平	129	11.4	18.2
专业或岗位更符合自身兴趣	203	18.0	28.6
文化氛围浓厚，有利于个人修养提升	217	19.2	30.6
其他	163	14.5	23.0
总计	1129	100.0	159.0

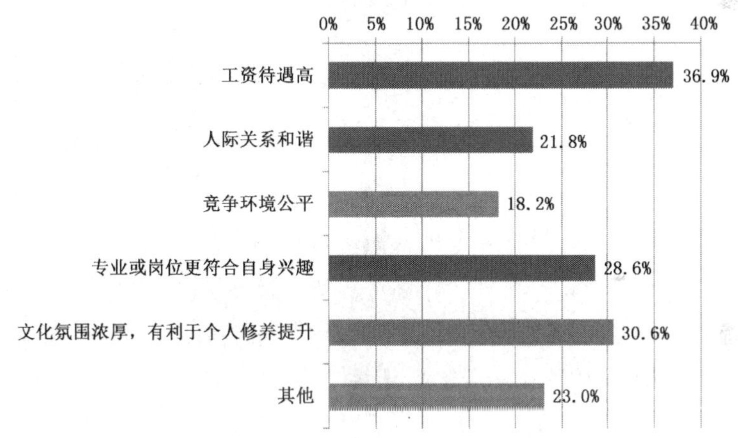

图 6－21　被调查者企业的主要吸引力

3. 被调查者愿意向朋友推荐所在企业

对被调查者是否会向正在求职的朋友推荐所在企业的调查结果显示，如表 6－23 和图 6－22 所示，在 706 位明确回答该问题的被调查对象中，500 位（80.8%）表示“会”将所在企业推荐给正在求职的朋友，仅 13 位（19.2%）表示“不会”，可见目前绝大多数出版企业员工对于所在企业是非常满意的，同时愿意为所在企业进行宣传，说明出版企业员工具有明显的企业归属感和自豪感。

表 6-23　　被调查者向朋友推荐所在企业的情况

您是否会向正在求职的朋友推荐您所在的企业	频率	有效占比（%）	累积占比（%）
会	500	80.8	80.8
不会	13	19.2	100.0
总计	706	100.0	

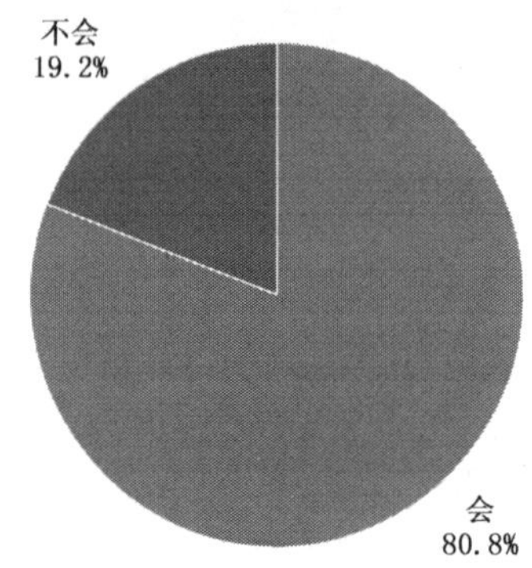

图 6-22　被调查者向朋友推荐所在企业的情况

在问及被调查者认为所在企业值得被推荐的理由时，“竞争环境公平”、“文化氛围浓厚，有利于提高个人修养”和“人际关系和谐”这三种企业氛围和文化因素成为最重要推荐理由，而工资待遇并不是主要因素。具体调查结果如表 6-24 和图 6-23 所示，287 位被调查对象（占回答此问题被调查对象总数的 41.9%）认为企业最值得向求职者推荐的理由是“竞争环境公平”，238 位被调查对象（34.7%）认为是“文化氛围浓厚，有利于提高个人修养”，222 位（32.4%）认为是“人际关系和谐”，其他的推荐原因，“文化企业社会声誉高，体面”（174 位、25.4%）、“工资待遇高”（64 位、9.3%）和“其他”（37 位、5.4%）则排在最后三位。可见，公平、和谐的文化氛围是目前出版企业员工向求职者推荐所在企业的最主要理由，由此可以判断，被调查对象所追求的企业文化是“公平、和谐、文化”，在大部分员工大部分时间都具有一致的目标和方向时，企业就会自发地形成“公平、和谐、文化”的企业氛围，进而转化成企业文化。

4. 出版企业已经形成品牌优势和基本的文化特色

对被调查者所在企业在行业中竞争力的调查结果显示，如表 6-25 和图 6-24 所示，在 713 位明确回答该问题的被调查对象中，43 位（6.0%）表

表 6-24 所在企业值得被推荐的理由

企业最值得您向求职者推荐的理由	频数	有效占比（%）	个案占比（%）
工资待遇高	64	6.3	9.3
人际关系和谐	222	21.7	32.4
竞争环境公平	287	28.1	41.9
文化企业社会声誉高，体面	174	17.0	25.4
文化氛围浓厚，有利于提高个人修养	238	23.3	34.7
其他	37	3.6	5.4
总计	1022	100.0	149.2

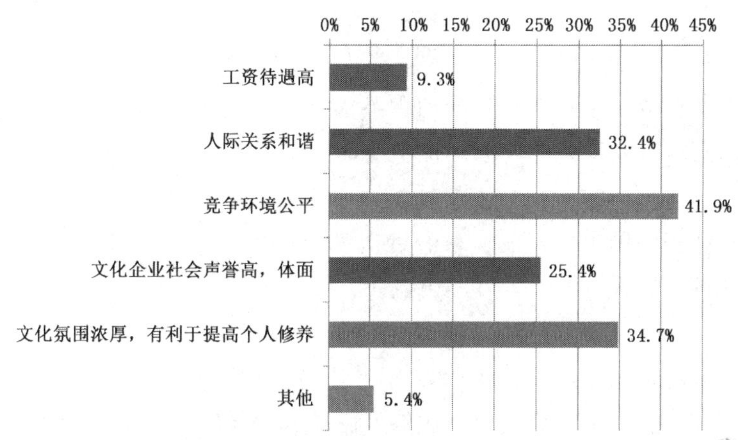

图 6-23 所在企业值得被推荐的理由

示“很强，领袖地位”，473 位（66.4%）表示“已形成一定优势”，184 位（25.8%）表示“一般”，仅 13 位（1.8%）表示“很差”，即 72.3% 的被调查者认为所在企业在同行中已经形成了“优势”。可见，目前绝大多数出版企业员工认为所在企业已经形成了行业优势，这将助推企业品牌和企业文化建设。

表 6-25 企业在同行中的竞争力评价

企业在同行中的竞争力如何	频率	有效占比（%）	累积占比（%）
很强，领袖地位	43	6.0	6.0
已形成一定优势	473	66.4	72.4
一般	184	25.8	98.2
很差	13	1.8	100.0
总计	713	100.0	

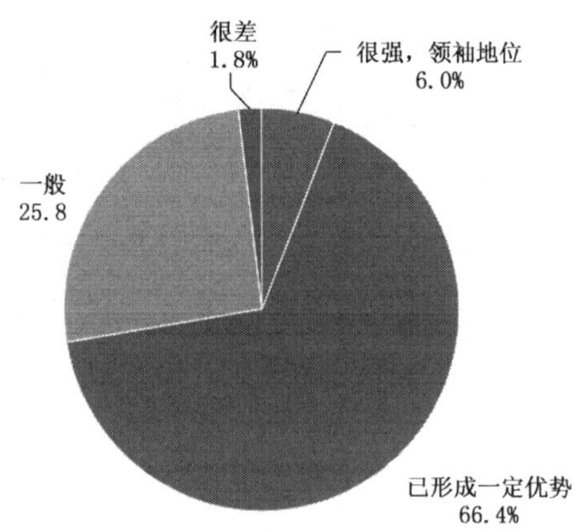

图 6－24 企业在同行中的竞争力评价

对中国出版企业从事经营活动主要优势的调查显示，“品牌地位”成为目前中国出版企业从事经营活动最主要的优势。具体调查结果如表 6－26 和图 6－25 所示，393 位被调查对象（占回答此问题被调查对象总数的 55.4%）认为中国出版企业从事经营活动最大的优势是“品牌地位”，另有 253 位被调查对象（35.7%）认为是“市场规模”，而“主管企业支持”（69 位、9.7%）、“资金雄厚”（36 位、5.1%）和“其他”（51 位、7.2%）的选择比重均未超过 10%。可见，形成企业文化重要一环的“品牌”已经成为大部分企业从事经营的最大优势，而品牌优势带来的市场规模又进一步提升了企业品牌，品牌将有效促进先进企业文化的培育与构建。

表 6－26 企业从事经营活动的优势

企业从事经营活动最大的优势	频数	有效占比（%）	个案占比（%）
品牌地位	393	49.0	55.4
资金雄厚	36	4.5	5.1
市场规模	253	31.5	35.7
主管企业支持	69	8.6	9.7
其他	51	6.4	7.2
总计	802	100.0	113.1

对被调查者所在企业是否已形成鲜明出书方向的调查结果显示，如表 6－27 和图 6－26 所示，在 692 位明确回答该问题的被调查对象中，566 位（81.8%）表示“企业已经形成较为鲜明的出书方向”，82 位（11.8%）表

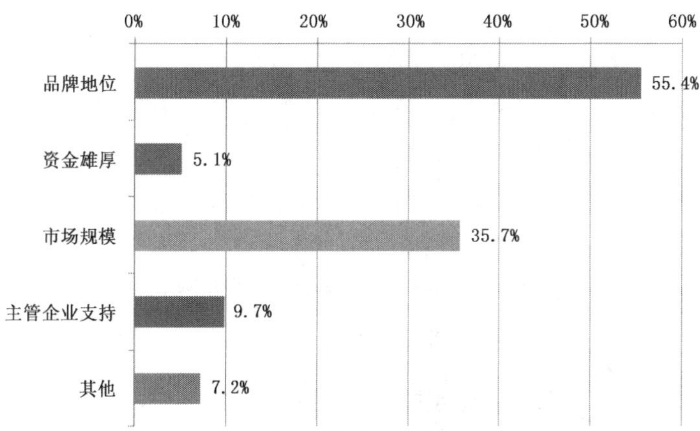

图 6－25　企业从事经营活动的优势

示“尚在培育过程中”，仅44位（6.4%）表示“企业尚未形成较为鲜明的出书方向”。可见，出版企业目前正在有意识地培育自身特色，而且已经初见成效，自身业务特色的显现也将有助于企业文化的培育建设。

表 6－27　企业是否形成鲜明出书方向的情况

企业是否已经形成较为鲜明的出书方向	频率	有效占比（%）	累积占比（%）
是	566	81.8	81.8
否	44	6.4	88.2
尚在培育过程中	82	11.8	100.0
总计	692	100.0	

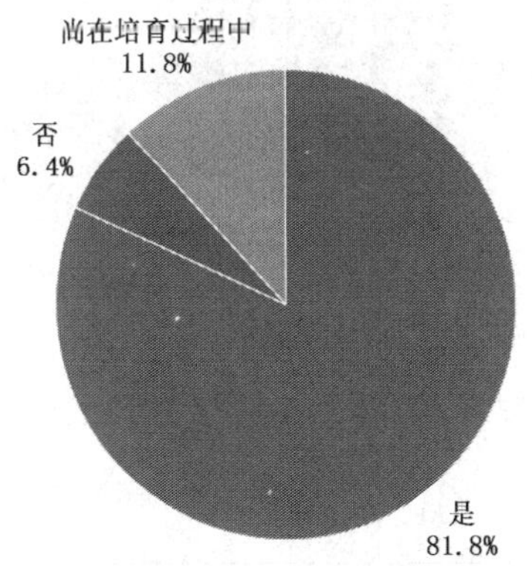

图 6－26　企业是否形成鲜明出书方向的情况

对企业目前的图书产品文化价值的评价调查结果显示，如表6－28和图6－27所示，在694位明确回答该问题的被调查对象中，38位（5.5%）表示所在企业目前的图书产品文化价值为“非常高”，361位（52.0%）表示“高”，263位（37.9%）表示“一般”，而仅有25位（3.6%）和7位（1.0%）表示所在企业图书产品的文化价值为“低”和“非常低”，即近六成（57.5%）的被调查者认为所在企业的图书产品具有较高的文化价值，说明目前作为文化产品生产者的出版企业还是比较重视自身产品文化价值的展现，努力实现自身产品的经济价值与社会价值。

表6－28　对企业目前的图书产品文化价值的评价情况

对企业目前的图书产品文化价值的评价	频率	有效占比（%）	累积占比（%）
非常高	38	5.5	5.5
高	361	52.0	57.5
一般	263	37.9	95.4
低	25	3.6	99.0
非常低	7	1.0	100.0
总计	694	100.0	

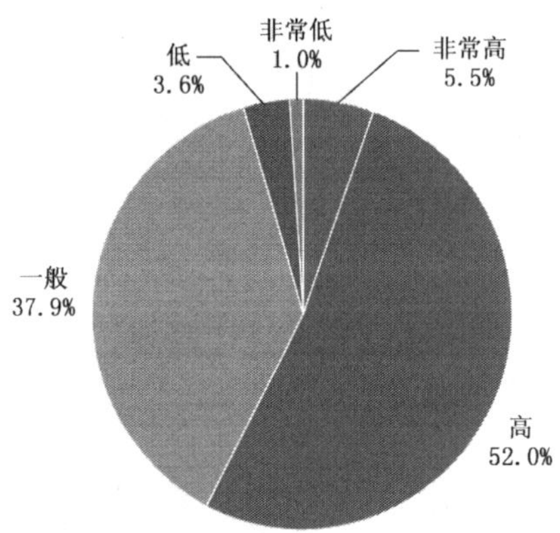

图6－27　对企业目前的图书产品文化价值的评价情况

综上所述，企业的行业优势、品牌地位和产品文化价值的培育将更有利于企业树立自身的行业形象，这无疑是形成优秀企业文化、形成具有文化特色的现代出版企业制度的根基。

5. 出版业企业文化已初具雏形

企业内部员工凝聚力强，企业有意识地大力开发重点出版项目以形成自身出版特色，使得自身获得良好的品牌形象，加之对自身图书产品文化价值的追求，就形成了以“公平、和谐、文化”为基础的企业形象，以此为基础的企业文化已初具雏形。

对被调查者所在企业是否已经形成较为鲜明的企业文化调查结果显示，如表6－29和图6－28所示，在704位明确回答该问题的被调查对象中，372位（52.8%）表示“企业已经形成较为鲜明的企业文化”，254位（36.1%）表示“尚在培育过程中”，仅有60位（8.5%）和18位（2.6%）表示“企业未形成较为鲜明的企业文化”和“不了解什么是企业文化”。可见，绝大部分出版企业已经了解了企业文化及其重要意义，已经有意识地进行了企业文化的培育并有一部分企业已经形成了鲜明的企业文化，这是构建具有文化特色现代出版企业制度的重要基础。

表6－29　企业文化形成情况

企业是否已经形成较为鲜明的企业文化	频率	有效占比（%）	累积占比（%）
是	372	52.8	52.8
否	60	8.5	61.3
尚在培育过程中	254	36.1	97.4
不了解什么是企业文化	18	2.6	100.0
总计	704	100.0	

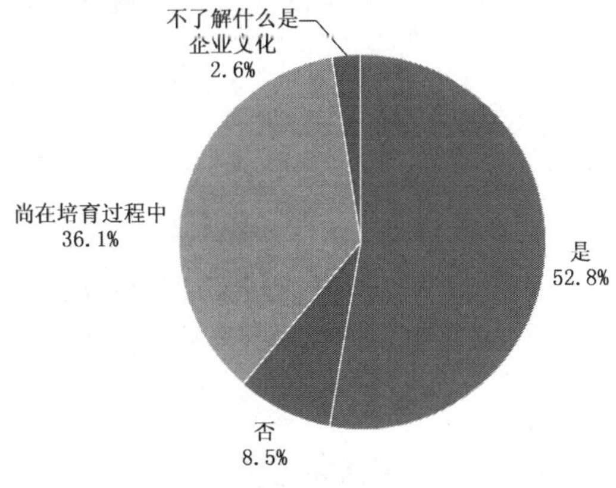

图6－28　企业文化形成情况

6.4 环境与政策评价

企业的发展离不开政府的政策导向，同时还受到地方政策、经济环境以及行业环境的影响，通过本部分的调研，旨在了解目前出版企业的发展环境。通过调查我们获悉：①出版业发展总体导向满意度高；②国家和地方政策总体评价一般；③宏观经济环境较为不利于企业经营发展；④出版行业内部竞争规范性一般。也就是说，目前出版企业所处的整体环境并不是最有利于企业发展的状态，部分政策尚需完善，行业竞争仍有待规范。

6.4.1 出版业发展总体导向满意度高

就出版业发展总体导向层面对被调查者对党和政府推动出版产业化、市场化、国际化的政策满意度调查结果显示，如表 6－30 和图 6－29 所示，在 721 位明确回答该问题的被调查对象中，628 位（87.1%）表示对党和政府推动出版产业化、市场化、国际化的政策“完全赞成”，仅 16 位（2.2%）表示“不赞成”，另有 63 位（8.7%）和 14 位（2.0%）表示“不了解”和“不关心”。可见，绝大部分被调查者支持党和政府对出版业的改革推进，而且在其他调研问题中也显示了出版企业在转企改制后体现出了较之前更强的活力和应变能力，能够更好地适应市场调节以满足读者需求，党和政府对出版业的改革方向是十分正确的。

表 6－30 对党和政府推动出版产业化、市场化、国际化的政策满意度

您对党和政府推动出版产业化、市场化、国际化的政策是否赞成	频率	有效占比（%）	累积占比（%）
完全赞成	628	87.1	87.1
不赞成	16	2.2	89.3
不了解	63	8.7	98.0
不关心	14	2.0	100.0
总计	721	100.0	

6.4.2 国家和地方政策总体评价一般

国家和地方政策方面，被调查者对于国家和地方的各类政策对企业生产

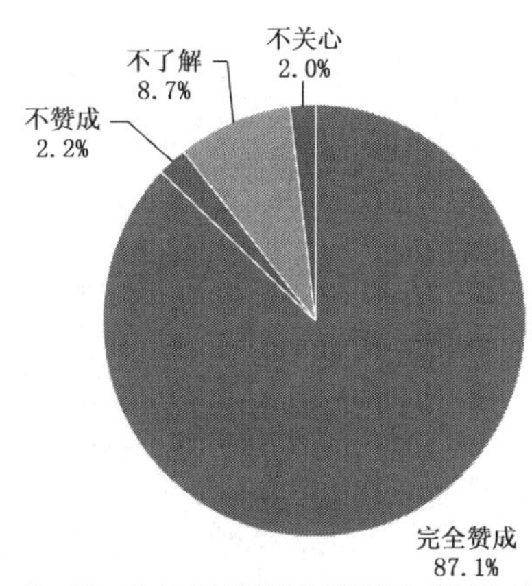

图6－29 对党和政府推动出版产业化、市场化、国际化的政策满意度

经营的影响的判断调查结果显示，如表6－31和图6－30所示，在709位明确回答该问题的被调查对象中，12位（1.7%）表示国家和地方的各类政策对企业生产经营的影响是“非常有利”，137（19.3%）表示“有利”，491位（69.3%）表示“一般”，52位（7.3%）表示不利，另有17位（2.4%）表示“非常不利”。总体而言，从被调查者获得的数据显示，当前国家和地方政策层面对出版企业的支持还应进一步加强。

表6－31 国家和地方的各类政策对企业生产经营的影响

当前国家和地方的各类政策，对企业生产经营的影响	频率	有效占比（%）	累积占比（%）
非常不利	17	2.4	2.4
不利	52	7.3	9.7
一般	491	69.3	79.0
有利	137	19.3	98.3
非常有利	12	1.7	100.0
总计	709	100.0	

通过调研访谈，目前出版企业受到过国家和地方层面的政策支持方式主要是各类基金项目的资助，如出版扶持资金、数字出版国家基金、数字项目支持、文化创意产业基金等项目及资金支持等，减免税这类直接扶植优惠政策虽然也有企业获得过但为数不多，因此为了出版业更好地发展，更好地适应产业化、市场化与国际化，国家和地方政府层面应进一步加强直接扶植政

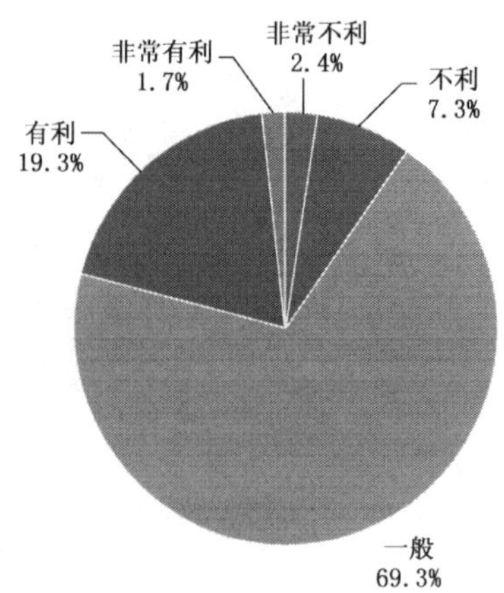

图 6-30　国家和地方的各类政策对企业生产经营的影响

策的投入力度和覆盖范围，为转企改制后的出版企业提供足够的缓冲支持，促进企业成长。

6.4.3　宏观经济环境不利于企业经营发展

当前的宏观环境方面，被调查者对于当前的宏观环境对企业的影响的判断调查结果显示，如表 6-32 和图 6-31 所示，在 705 位明确回答该问题的被调查对象中，73 位（10.4%）表示当前的宏观环境对企业的影响是“非常不利”，337 位（47.8%）表示“不利”，即近六成（58.2%）被调查者认为当前的宏观经济形势不佳；260 位（36.9%）表示“一般”，仅有 33 位（4.6%）和 2 位（0.3%）表示“有利”和“非常有利”。总体而言，从被调查者获得的数据显示，当前宏观经济环境较为不利于出版企业的经营发展。

表 6-32　　当前的宏观环境对企业的影响

当前的宏观环境对企业的影响	频率	有效占比（%）	累积占比（%）
非常不利	73	10.4	10.4
不利	337	47.8	58.2
一般	260	36.9	95.1
有利	33	4.6	99.7
非常有利	2	0.3	100.0
总计	705	100.0	

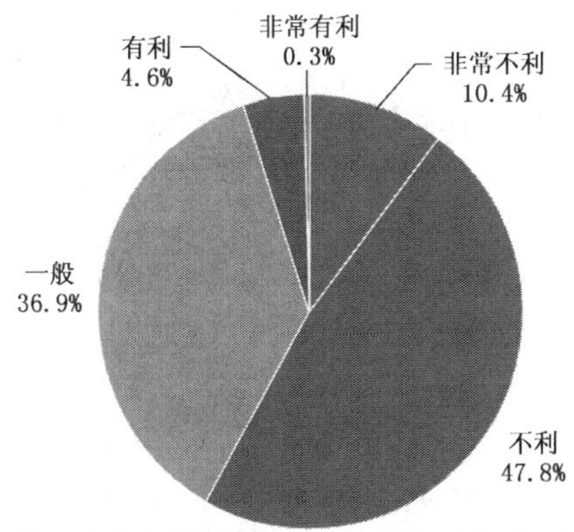

图6-31　当前的宏观环境对企业的影响

6.4.4　出版行业内部竞争规范性一般

行业内部环境层面，被调查者对于同行企业竞争遵守法律法规程度的判断调查结果显示，如表6-33和图6-32所示，在704位明确回答该问题的被调查对象中，24位（3.4%）表示同行企业竞争遵守法律法规的程度是“非常低”，210位（29.8%）表示“较低”，即超三成（33.2%）的被调查者认为同行业企业的遵规守法的程度很低；347位（49.3%）表示“一般”，仅有114位（16.2%）和9位（1.3%）表示同行业企业遵规守法的程度是“较高”和“非常高”。总体而言，从被调查者获得的数据显示，当前出版行业的整体竞争环境还需进一步改善。

表6-33　　行业内企业竞争环境评价

同行业企业竞争遵守法律法规的程度	频率	有效占比（%）	累积占比（%）
非常低	24	3.4	3.4
较低	210	29.8	33.2
一般	347	49.3	82.5
较高	114	16.2	98.7
非常高	9	1.3	100.0
总计	704	100.0	

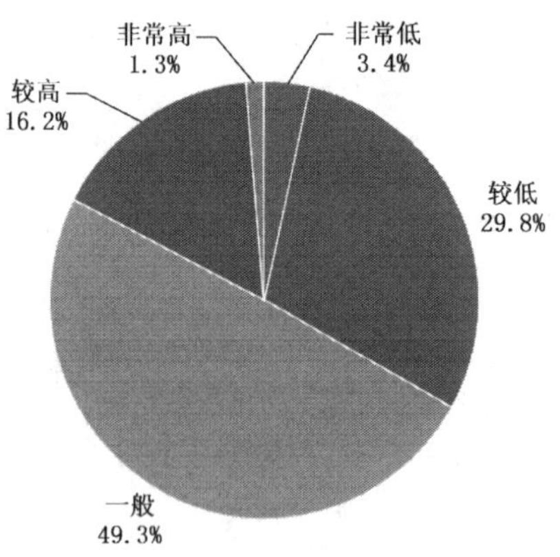

图 6－32 行业内企业竞争环境评价

6.5 现代出版企业制度建设及文化特色培育进程中存在的问题

本部分内容将从主管主办制度、法人治理结构、产权制度安排、企业内部运营、政策环境等方面入手，明晰当前现代出版企业制度建设及文化特色培育进程中存在的问题，为后续问题的解决和对策建议提供实证支持。通过调查我们获悉，当前现代出版企业制度建设及文化特色培育进程中具体存在以下八大问题：

（1）主管主办单位干预过多、效果一般；

（2）主管单位对企业日常运营支持渠道单一、力度不足；

（3）企业出资人制度、法人治理结构、产权制度不规范，亟待完善；

（4）企业转企改制程度有待深化、对市场需求机制关注度尚需提升；

（5）企业国际出版业务交流合作方式单一，亟待多样化；

（6）企业资本运作体制存在桎梏，亟待完善；

（7）企业内部沟通渠道不畅阻碍了企业文化的建设，亟待解决；

（8）政府资助和支持范围有限，有待扩展。

6.5.1 主管主办单位干预过多、效果一般

虽然出版企业在转企改制后的经营管理理应主要基于产业和市场调节，

但其主管主办单位仍然会通过各种行政手段或其他手段干预企业运营，这些干预是否会给企业的运营带来良性影响呢？答案并不是十分肯定的。

对企业在出版经营过程中受到上级职能部门或相关部门干预情况的调查结果显示，如表6－34和图6－33所示，在678位明确回答该问题的被调查对象中，492位（72.6%）表示"企业在出版经营过程中受到上级职能部门或相关部门的干预"，186位（27.4%）表示"没有受到上级职能部门或相关部门干预"，即超过七成的被调查者认为所在企业在经营过程中受到过上级职能部门或相关部门的干预，对于转企改制后本应以市场调节为主要经营决策依据的出版企业目前仍受到过多的干预，这实际上在一定程度上是违背市场规律的，会对出版企业的市场化、国际化发展产生消极影响。

表6－34　企业在出版经营过程中受到上级职能部门或相关部门干预情况

企业在出版经营过程中是否受到上级职能部门或相关部门的干预	频率	有效占比（%）	累积占比（%）
是	492	72.6	72.6
否	186	27.4	100.0
总计	678	100.0	

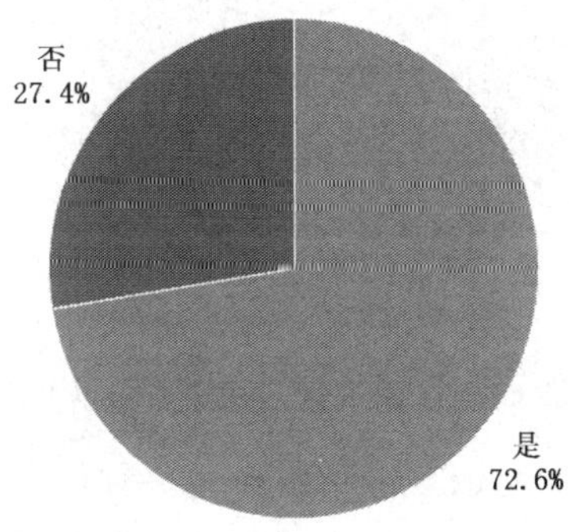

图6－33　企业在出版经营过程中受到上级职能部门或相关部门干预情况

负责人的选聘通常是目前出版企业上级主管部门干预企业经营的主要方式之一。对企业主要负责人产生方式的调查结果显示，如表6－35和图6－34所示，在731位明确回答该问题的被调查对象中，300位（41.0%）表示所在企业主要负责人产生方式为"主管部门派入"，367位（50.2%）表示为"社内选聘"，仅有55位（7.5%）和9位（1.3%）表示所在企业的主要负责人是通过“社会招聘”和“其他”方式产生的。可见，目前由上级主管部门直接“空降”委任企业负责人的现象还是比较普遍的，进一步说明了当前企业上级职能部门和相关部门对企业的干预范围广、影响大，如果出现主要负责人对企业了解程度有限、与企业内部人员沟通不畅、对行业发展状况理解不深刻等一系列问题，极有可能阻碍企业的发展，阻碍市场机制对于企业运营的指导性作用。

表 6－35　　企业主要负责人产生方式

企业主要负责人产生的方式	频率	有效占比（%）	累积占比（%）
主管部门派入	300	41.0	41.0
社内选聘	367	50.2	91.2
社会招聘	55	7.5	98.7
其他	9	1.3	100.0
总计	731	100.0	

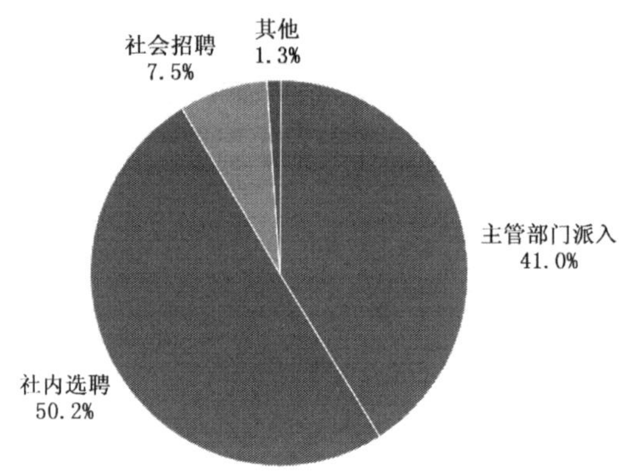

图 6－34　企业主要负责人产生方式

为了更加准确地了解上级职能部门或相关部门干预的总体效果，调研组特别进行了被调查者对上级职能部门或相关部门干预效果评价的调查，结果显示，如表 6－36 和图 6－35 所示，在 680 位明确回答该问题的被调查对象中，仅有 358 位（52.6%）认为职能部门的干预是“有针对性，必要且及时”的。近半数被调查者不认为上级部门的干预会起到良性作用，其中更有 74 位（10.9%）和 44 位（6.5%）明确表示这种干预是“完全没有必要”和“影响正常经营”的。

表6－36 对上级职能部门或相关部门干预的评价情况

对这些职能部门干预的评价是	频率	有效占比（%）	累积占比（%）
有针对性，必要且及时	358	52.6	52.6
完全没必要	74	10.9	63.5
影响正常经营	44	6.5	70.0
其他	204	30.0	100.0
总计	680	100.0	

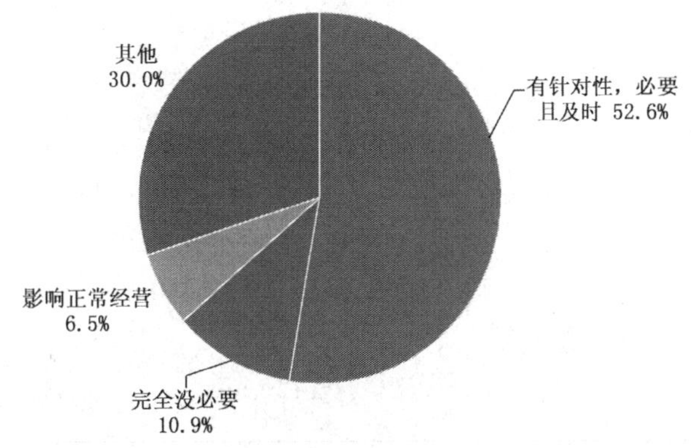

图6－35 对上级职能部门或相关部门干预的评价情况

通过调查分析，我们可以判断，即使在出版企业转企改制后，主管主办单位仍存在干预企业经营的现象，而且这种行政或其他手段的干预并没有收到预期的良好效果，干预效果一般。

6.5.2 主管单位对企业日常运营支持渠道单一、力度不足

企业在受到上级主管部门干预的同时也会从那里获得一定的支持。对主管单位为企业日常运营提供何种支持的调查显示，“一定的政策支持”和“无任何投入”成为被调查对象认为主管单位对企业的主要日常运营支持方式，可以看到这种支持并非想象的那样有力。具体调查结果如表6－37和图6－36所示，330位被调查对象（占回答此问题被调查对象总数的46.7%）认为主管单位对企业日常运营“无任何投入”，297位被调查对象（42.0%）认为主管单位对企业日常运营提供了“一定的政策支持”；仅有77位（10.9%）和32位（4.5%）认为主管单位对企业日常运营进行了“一定的资金投入”和“一定的实物投入”。可见主管单位对出版企业日常运营提供

的支持途径单一，以“政策支持”为主。在出版企业转企改制的适应阶段，企业上级部门和主管单位应在多方面给予企业支持，特别是资金、设备、技术、人才方面的投入，以使企业更好地应对整个行业的产业化、市场化与国际化。

表 6－37　　主管单位为企业日常运营提供的支持

主管单位为企业日常运营提供	频数	有效占比（%）	个案占比（%）
一定的资金投入	77	10.5	10.9
一定的实物投入	32	4.3	4.5
一定的政策支持	297	40.4	42.0
无任何投入	330	44.8	46.7
总计	736	100.0	104.1

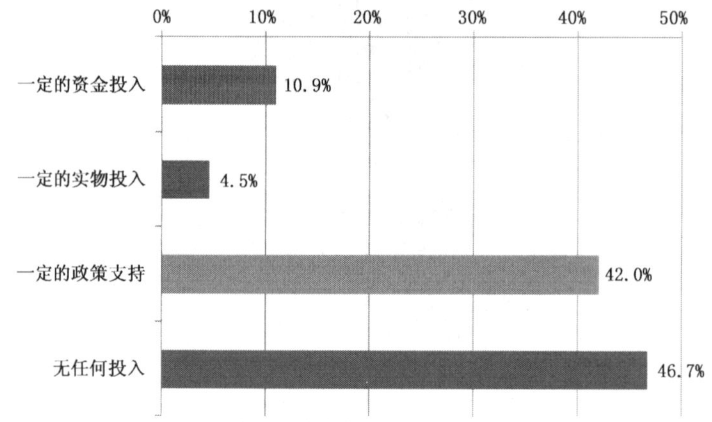

图 6－36　主管单位为企业日常运营提供的支持

6.5.3　企业出资人制度、法人治理结构、产权制度不规范，亟待完善

通过调查分析，目前出版企业的出资人制度、法人治理结构、产权制度尚不规范，亟待完善。

对企业各股东投资协议、投资金额等记载或证明是否明确的调查结果显示，如表 6－38 和图 6－37 所示，在 395 位明确回答该问题的被调查对象中，226 位（57.2%）表示所在企业各股东投资协议、投资金额等都有“明确记载或证明”，169 位（42.8%）表示“没有明确记载”，可见仍有约四成（42.8%）的被调查对象表示所在企业的出资人具体情况没有明确记载。

表 6-38　企业各股东投资协议、投资金额等记载或证明明确情况

企业各股东投资协议、投资金额等，是否有明确记载或证明	频率	有效占比（%）	累积占比（%）
是	226	57.2	57.2
否	169	42.8	100.0
总计	395	100.0	

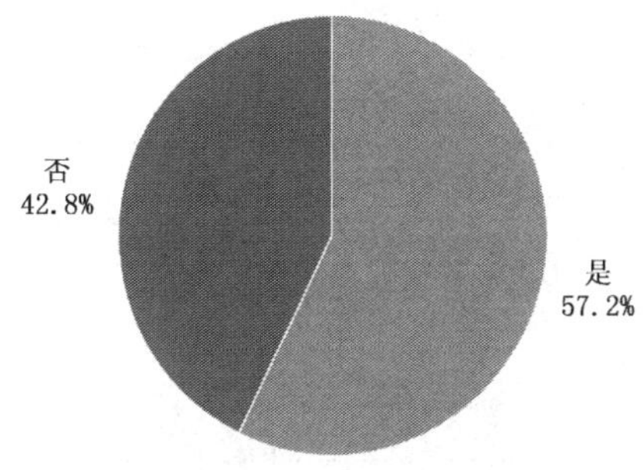

图 6-37　企业各股东投资协议、投资金额等记载或证明明确情况

对企业各股东出资数额和出资比例明确程度的调查结果显示，如表 6-39 和图 6-38 所示，在 367 位明确回答该问题的被调查对象中，224 位（61.0%）表示所在企业各股东出资数额和出资比例“明确”，另有 143 位（39.0%）表示“不明确”，可见，仍有近四成（39.0%）的被调查对象表示所在企业各股东出资数额和出资比例尚不明确。

表 6-39　各股东出资数额和出资比例是否明确情况

各股东出资数额和出资比例是否明确	频率	有效占比（%）	累积占比（%）
明确	224	61.0	61.0
不明确	143	39.0	100.0
总计	367	100.0	

对企业股东是否持有股权证明的调查结果显示，如表 6-40 和图 6-39 所示，在 351 位明确回答该问题的被调查对象中，171 位（48.7%）表示所在企业股东“持有”企业股权证明，另有 180 位（51.3%）表示“未持有”，可见，仍有超半数的被调查对象表示所在企业股东并没有持有股权证明。

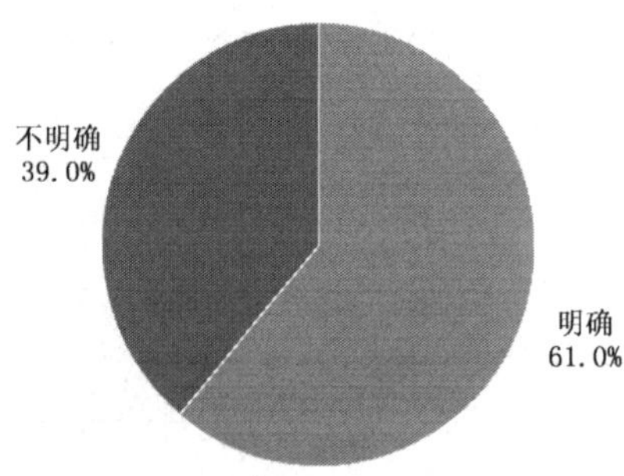

图 6－38 各股东出资数额和出资比例是否明确情况

表 6－40 股东是否持有股权证明的情况

股东是否持有股权证	频率	有效占比（%）	累积占比（%）
持有	171	48.7	48.7
未持有	180	51.3	100.0
总计	351	100.0	

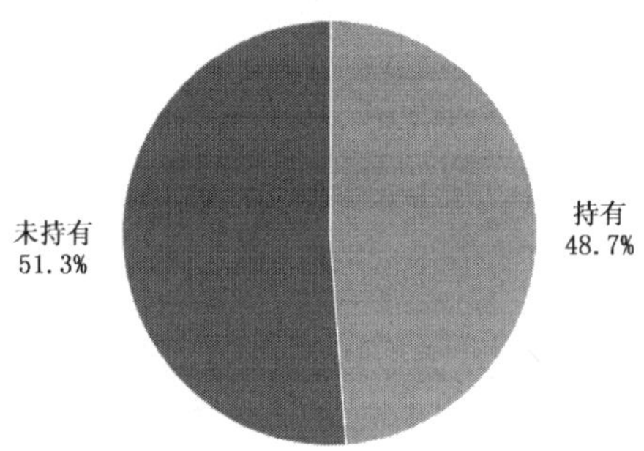

图 6－39 股东是否持有股权证明的情况

由此可以看出，目前出版企业的出资人制度、股东权益等制度还很不规范，转企改制后的出版企业应尽快完善这些制度，尽快建立起现代企业管理制度，规范管理，更好地应对愈发激烈的市场竞争。

6.5.4 企业转企改制程度有待深化、对市场需求机制关注度尚需提升

出版企业转企改制使得企业发展的路径和驱动力发生了本质变化，其运营模式、决策机制也会随之变动，通过对被调查者所在企业推进转企改制的程度进行调查研究，可以从一线工作人员那里了解到企业转企改制的真实进程，调查结果如表 6－41 和图 6－40 所示。

表 6-41 企业推进转企改制的程度

您目前所在的企业是否实现了彻底的转企改制	频率	有效占比（%）	累积占比（%）
完全实现	201	28.6	28.6
有推动但不彻底	315	44.7	73.3
手续完成，实质没变	60	8.5	81.8
不关心	26	3.7	85.5
不了解	102	14.5	100.0
总计	704	100.0	

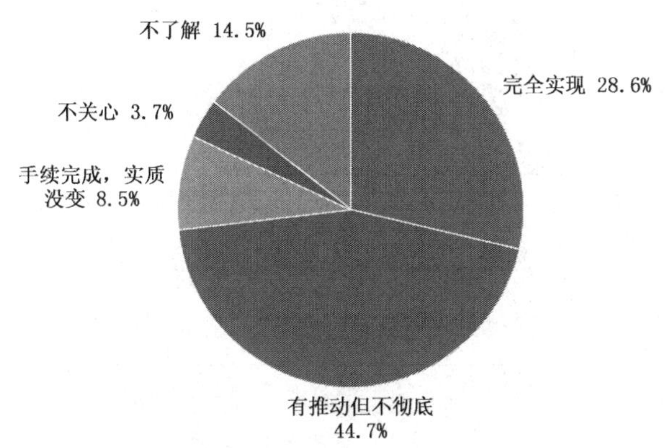

图 6-40 企业推进转企改制的程度

在704位明确回答该问题的被调查对象中，315位（44.7%）表示所在企业转企改制“有推动但不彻底”，60位（8.5%）表示“手续完成，实质没变”，102位（14.5%）表示“不了解”，26位（3.7%）表示“不关心”；仅有201位（28.6%）即不足三成的被调查者表示所在企业“完全实现”了彻底的转企改制。可见，目前出版企业的转企改制进程尚未完成，甚至有近一成（8.5%）被调查者表示所在企业与改制之前没有本质差异，因此，应进一步深化推进出版企业转企改制进程，以保证整个行业的产业化、市场化和国际化。就当前调查反映的实际情况，我国出版企业的转企改制程度不足、有待进一步深化。

此外，对企业数字化建设进行的项目调查显示，如表6-42和图6-41所示，目前出版企业进行的数字化建设项目主要集中于“发行管理信息系统”（528位被调查对象选择，占回答此问题调查对象的75.4%）、“编务管理信息系统”（504位、72.0%）、“财务管理信息系统”（460位、65.7%）

和“网站建设”（450位、64.3%）这四项企业信息化基本项目，可见目前中国出版企业的信息化建设程度还较低，还需进一步提升。而被调查者表示所在企业较少进行的信息化建设项目包括“客户关系管理”（123位、17.6%）、“企业资源管理”（137位、19.6%）和“内容资源管理”（153位、21.9%）恰恰是当前大数据时代企业所必需的信息化建设工作，特别是“客户关系管理”，此项工作是为了维护和开拓客户渠道以更好满足市场需求的必要环节，但是大部分被调查者并不认为企业开展了此项信息化建设工作。可见，我们的出版企业转企改制初期信息化水平还较低，还没有能够完全适应以市场为主要调节机制的行业变化，企业亟待转变思想，提升信息化水平，以满足市场需求为出发点开展经营活动。

表6-42 企业的数字化建设项目

企业在数字化建设上，进行了下列哪些项目的建设	频数	有效占比（%）	个案占比（%）
办公自动化	379	13.8	54.1
编务管理信息系统	504	18.4	72.0
发行管理信息系统	528	19.3	75.4
客户关系管理	123	4.5	17.6
财务管理信息系统	460	16.8	65.7
内容资源管理	153	5.6	21.9
企业资源管理	137	5.0	19.6
网站建设	450	16.4	64.3
其他	8	0.3	1.1
总计	2742	100.0	391.7

6.5.5 企业国际出版业务交流合作方式单一，亟待多样化

对所在企业与国外出版企业的主要业务联系方式调查显示，“版权输出或者引进”成为当前国内出版企业进行国际业务交流合作的最主要方式。具体调查结果如表6-43和图6-42所示，520位被调查对象（占回答此问题被调查对象总数的87.4%）认为目前企业进行国际业务交流合作的主要方式为“版权输出或者引进”，157位被调查对象（26.4%）认为是“合作出版”，其他方式包括“管理经验的交流”（87位、14.6%）、“合资建立新的

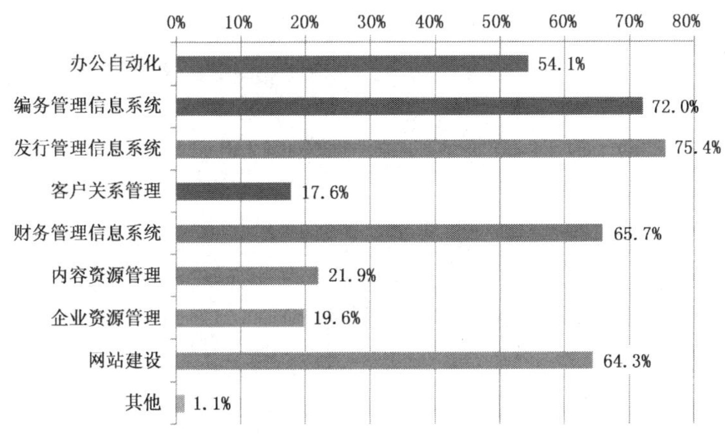

图6-41 企业的数字化建设项目

出版企业”（76位、12.8%）、“人员方面的交流”（73位、12.3%）和“其他领域的交流与合作”（50位、8.4%）均不是目前出版企业进行国际交流合作的主要方式。可见，目前企业进行国际业务交流合作的方式和渠道还比较单一，在出版业国际竞争日趋激烈的形势下，亟待开展多样化的国际交流合作，引进先进管理经验和进行人才交流学习，以提升企业的国际竞争力。

表6-43 企业目前与国外出版企业的业务联系方式

企业目前与国外出版企业的业务联系方式主要有哪些	频数	有效占比（%）	个案占比（%）
版权输出或者引进	520	54.0	87.4
合作出版	157	16.3	26.4
合资建立新的出版企业	76	7.9	12.8
人员方面的交流	73	7.6	12.3
管理经验的交流	87	9.0	14.6
其他领域的交流与合作	50	5.2	8.4
总计	963	100.0	161.8

6.5.6 企业资本运作体制存在桎梏，亟待完善

资本运作已经成为出版企业转企改制后重要的日常工作内容之一，由于我国出版企业转企改制尚未彻底完成，因此，企业参与资本运作还会遇到很多困难。对所在企业从事资本运作遇到的困难调查显示，“出版体制、机制”

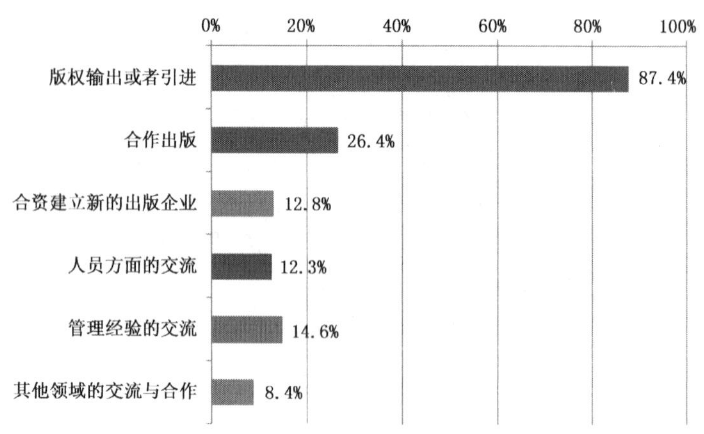

图 6-42 企业目前与国外出版企业的业务联系方式

和“人才”是当前出版企业进行资本运作的最大桎梏。具体调查结果如表6-44和图6-43所示，445位被调查对象（占回答此问题被调查对象总数的65.0%）认为目前企业从事资本运作遇到最大的困难是“出版体制、机制”，150位被调查对象（21.9%）认为是“人才”，其他困难包括“资金”（130位、19.0%）、“品牌影响”（77位、11.2%）和“其他”（41位、6.0%）认为并不是出版企业进行资本运作遇到的主要困难。可以判断，出版企业所处的资本运作整体环境还不是很理想，特别是改制前的传统体制仍然在很大程度上制约着出版企业资本运作的开展和推进，影响了市场经济环境下出版企业的扩张和国际竞争，出版业资本运作机制环境亟待完善；此外，出版业资本运作工作仍处于起步阶段，还欠缺专业人才的支持，因此，做好资本运作的人才储备将是出版企业未来的重要工作。

表 6-44 企业从事资本运作遇到的困难

目前企业从事资本运作遇到最大的困难	频数	有效占比（%）	个案占比（%）
出版体制、机制	445	52.8	65.0
资金	130	15.4	19.0
人才	150	17.8	21.9
品牌影响	77	9.1	11.2
其他	41	4.9	6.0
总计	843	100.0	123.1

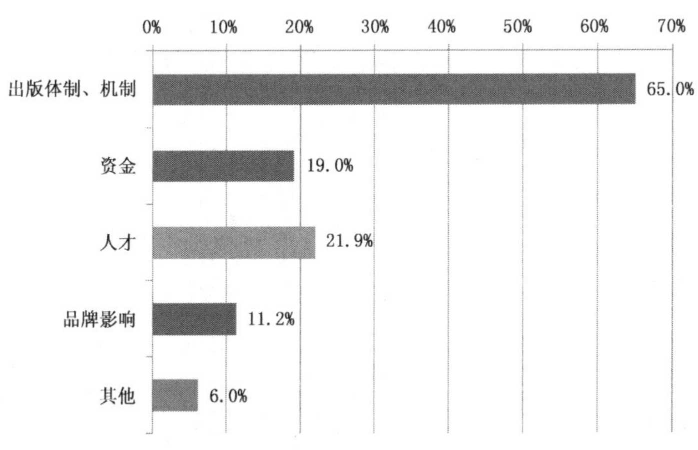

图6－43 企业从事资本运作遇到的困难

6.5.7 企业内部沟通渠道不畅阻碍了企业文化的建设，亟待解决

企业内部信息沟通不畅可能降低组织内部人员的凝聚力，严重阻碍企业文化的建设，为此要深入挖掘企业中信息沟通不畅的主要原因。关于企业中信息沟通不畅的主要因素调查显示，“程序繁琐”、“信息失真”和“沟通机制不科学”成为主因。具体调查结果如表6－45和图6－44所示，289位被调查对象（占回答此问题被调查对象总数的42.5%）认为造成目前企业中信息沟通不畅的主要因素是“组织结构过于庞大，信息传递需要经过繁琐的程序”，各有275位被调查对象（40.4%）认为是“各级主管部门将接收到的信息进行主观上的甄别过滤，造成信息失真”和“未建立科学的信息沟通机制，未设立专门机构和专业人员”；而“企业管理者对内部信息沟通的认识存在误区，日常工作中以自上而下的单向沟通为主”（184位、27.1%）和“员工在企业非正式组织中的口头传播造成信息失真”（123位、18.1%）则排在原因的最后两位。

企业文化建设是构建具有文化特色的现代出版企业制度的重要一环，而顺畅的信息沟通有助于组织内人员形成一致的认识，更容易培育具有相同目标的企业氛围和企业文化。因此，出版企业的当务之急是应尽可能简化信息传递程序、避免信息失真、同时设置专门的宣传机构建立科学的信息传递机制，以通畅企业内的信息沟通，促进企业文化的培育，加速构建具有文化特色的现代出版企业制度。

表 6-45 企业中信息沟通不畅的主要因素

企业中信息沟通不畅的主要因素	频数	占比（%）	个案占比（%）
组织结构过于庞大，信息传递需要经过繁琐的程序	289	25.2	42.5
员工在企业非正式组织中的口头传播造成信息失真	123	10.7	18.1
各级主管部门将接收到的信息进行主观上的甄别过滤，造成信息失真	275	24.0	40.4
企业管理者对内部信息沟通的认识存在误区，日常工作中以自上而下的单向沟通为主	184	16.1	27.1
未建立科学的信息沟通机制，未设立专门机构和专业人员	275	24.0	40.4
总计	1146	100.0	168.5

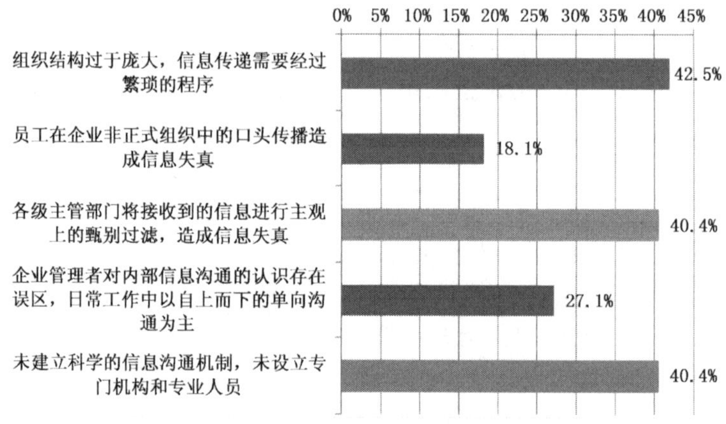

图 6-44 企业中信息沟通不畅的主要因素

6.5.8 政府资助和支持范围有限，有待扩展

政府的资助与扶持在出版企业转企改制初期阶段发挥了不可忽视的作用，为出版企业适应新的行业环境、市场环境和竞争环境提供了缓冲，间接地支持了现代出版企业制度的构建。但并非所有出版企业都享受到了政府的资助和支持，对企业无法获得政府资助和支持的限制条件调查显示，“经营范围”、“企业性质”和“企业规模”成为限制出版企业获得政府资助和支持的主要原因。具体调查结果如表 6-46 和图 6-45 所示，121 位被调查对象（占回答此问题被调查对象总数的 39.9%）认为目前企业无法获得政府资助和支持的限制条件是“经营范围”，120 位被调查对象（39.6%）认为

是“企业性质”，101位被调查对象（33.3%）认为是“企业规模”，这三项成为限制企业获得政府资助和支持的主要原因。另有49位被调查对象（16.2%）和33位被调查对象（10.9%）认为是“市场准入”和“地区差异”。可见，目前政府资助和支持是有一定条件和范围的，受到重点资助和支持的企业将在转企改制过程中获得更好的发展机会，而那些不在资助范围内的企业很可能无法适应全新的市场环境和经营体制造成发展滞后甚至经营失败，这种不均衡的资助和支持也很可能造成行业发展的不均衡，使很多未获得资助的出版企业无法尽快建立起现代出版企业制度，造成企业发展和制度建设的滞后。因此，政府资助和支持的广度和范围应进一步扩大，使尽可能多的出版企业能够获得资助和支持，尽快彻底实现企业的转企改制，构建具有文化特色的现代出版企业制度。

表6－46　企业无法获得政府资助和支持的限制条件

没获得政府资助和支持，认为是受到了以下哪些条件的限制	频数	占比（%）	个案占比（%）
企业规模	101	22.5	33.3
企业性质	120	26.7	39.6
经营范围	121	26.9	39.9
地区差异	33	7.3	10.9
市场准入	49	10.9	16.2
其他	25	5.6	8.3
总计	449	100.0	148.2

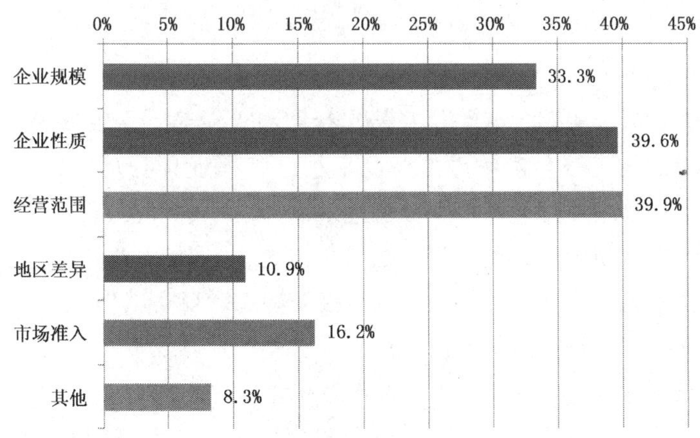

图6－45　企业无法获得政府资助和支持的限制条件

第7章 典型案例剖析

7.1 改制后的出版业如何顺势而为——人民邮电出版社转企改制的启示

7.1.1 引言

长期以来，作为文化产业重要组成部分的出版业被当作国家意识形态和上层建筑的重要组成部分，实行高度集中的计划管理体制，出版业体制机制改革关乎文化产业的改革和发展，出版业不但要做文化体制改革的“排头兵”，更要做建设文化强国的“排头兵”。

改革开放后，中国出版单位开始实行“事业单位，企业管理”的体制，在这样一个计划经济色彩浓重的体制下，出版社不具有真正的市场主体地位，不能够进行自主经营、很难真正进入市场之中的事实证明，不改革，出版业就有可能在市场经济的大潮中成为一个相对封闭的“孤岛”。解决这一矛盾的办法就是出版单位企业化。除了根据特殊需要可以保留部分事业性质的出版社之外，应按照市场经济条件下出版产业自身发展的客观要求，使绝大多数出版社成为真正的企业，成为市场竞争主体。2003 年，党中央、国务院决定对文化体制改革进行试点。在所确定的 35 个文化体制改革试点单位中，新闻出版单位就有 21 家，占了近 2/3，因此，新闻出版业的体制改革创新应是中国文化体制改革的主流和核心。

北京作为全国政治经济文化的中心，北京出版业在全国占有重要位置。据统计资料，目前在全国581家出版社中，北京有238家，占全国出版社总量的41.36%；报刊出版单位3062家，约占全国的三分之一；音像、电子出版单位225家，占全国的45%；网络出版单位43家，占全国的26%。北京出版资源高度聚集，已形成了比较完整的出版产业集群。北京地区的出版业代表了中国出版业的最高水平，同时在体制改革方面也走在了全国的前列。

案例中的人民邮电出版社，历史悠久，作为中国出版界具有旗舰性质的出版企业，基本上代表了中国出版业的发展方向，具有风向标的意义。因此，北京地区的出版业体制改革在全国具有引导和示范作用，成功的改革案例对全国其他出版社顺利推进转企改制无疑提供了参考和借鉴。

基于如上考虑，我们选取了人民邮电出版社转企改制的成功案例，总结并梳理了人民邮电出版社转企改制过程中遇到的问题和积累的经验，以案例研讨的方式科学认识中国出版业转企改制的必要性，并由此引申出出版社转企改制后出现的问题，进而探讨如何科学定位并有效发挥政府在推动出版业发展过程中的作用。

7.1.2 案例

1. 人民邮电出版社：辉煌的历史、广泛的影响

人民邮电出版社成立于1953年10月1日，是新中国成立后最早成立的出版社之一，历史悠久、影响广泛，是工业和信息化部主管的、集图书、期刊、音像电子出版物和网络出版为一体的、具有自身专业特色和品牌影响的大型出版社，在国内外出版业中享有盛誉。

经过长期的积累，人民邮电出版社拥有了一支素质高、能力强、善于创新的员工队伍，拥有了遍及全国的发行渠道，也拥有了遍及国内外众多的合作伙伴。

1988年后，该社成为自收自支的事业单位。2003年，该社被中宣部确定为中央文化体制改革试点单位，以体制机制改革为动力，以发展为目的，不断探索创新，进一步建立和完善现代企业制度，重塑文化市场竞争主体，着力推进各项机制改革，资产规模和经营效益得到大幅提升，实现了跨越式发展。2010年5月，该社顺利完成了原事业编制的核销和原事业单位的注销登记工作，从身份上已经完全转变为企业。

建社 50 多年来，该社坚持“立足信息产业、面向现代社会、传播科学知识、服务科教兴国”的出版宗旨，锐意改革探索，不断发展壮大。经过长期的发展与改革，该社已成为集图书、期刊、数字出版等多媒体出版业务为一体的、有品牌影响力的中国出版行业的龙头企业和综合性科技出版传媒大社。根据国家新闻出版总署《2009 年新闻出版产业分析报告》，在全国图书出版单位总体经济规模的综合评价中，该社排名第十；在中央各部门各单位图书出版社总体经济规模的综合评价中，该社排名第六。2009 年，全社出版物的销售规模达到 8 亿元，业务总收入突破 5 亿元，出版新书 2000 种，出版期刊 13 种。2010 年，该社出版物销售码洋突破 9 亿元，业务收入达到 5.3 亿元；2014 年，该社出版物销售码洋突破 12.4 亿元，业务收入达到 7 亿元，根据第三方公司的监控报告，在全国图书零售市场上该社图书的市场占有率综合排名第二。其中，通信、电子、计算机、摄影、少儿图书等已在国内读物中形成质优物美的品牌特色。

该社现有 25 个内设机构（含下属全资及合资公司），主要分为以下三类：14 个业务部门（包括 9 个图书出版分社或公司、2 个期刊出版公司、1 个音像电子部、1 个新媒体事业部、1 个多业务事业部），4 个业务支撑部门和 7 个职能部门。形成由业务分社和独立公司为成员单位的经营格局，现有在职员工 680 人（含合资公司聘用员工），平均年龄 35 岁；离退休员工 207 人，平均年龄 71 岁。

2. 改革起步：艰难的探索、成功的转型

（1）国家新闻出版总署视角：开弓没有回头箭，“改革没有退路”：

进入 21 世纪以来，电子出版、数字化技术、网络传输等开始应用于出版领域，中国出版业赖以生存的经济基础、传播技术、运行机制和国际环境发生了变化，出版业的体制管理、机制运行、生产方式、经营模式等各个方面都在发生着深刻的变动和转型。整个经济都是市场机制起作用了，而唯独出版业还没有彻底改变以往计划经济的传统模式。事实证明，不改革，出版业就有可能在市场经济的大潮中成为一个相对封闭的“孤岛”。因此，要按照建立社会主义市场经济体制的要求，用现代企业制度改造出版社，推动出版单位企业化。除根据特殊需要可以保留部分事业性质的出版社外，应按照市场经济条件下出版产业自身发展的客观要求，使绝大多数出版社成为真正的企业，成为真正的市场竞争主体。只有建立适应社会主义市场经济的出版体制，出版业才能有所依托，才有广阔的发展前途，出版社改制势在必行。

改革是国家的要求，是事业发展的需要，同时也是既有利益的再调整。在许多出版社的转企改制过程中都存在着或多或少、或大或小的阻力，主要还是集中在职工及出版社对改革的认识上以及观念的转变上。一些改革矛盾比较大的出版社是这样认识改革的：

（2）职工视角："身份"变了，原有的稳定就不复存在了：

改制启动初期，一批职工对改制的意义认识不够，思想还停留在传统的"吃皇粮"上，躺在国家这个大"保险箱"里日子好过，"转企后一旦身份改变了，原有的稳定势必不复存在，如何获得保障很难说。"一时间，议论纷纷，一些职工甚至产生消极的思想，个别职工趁没改制之前提前退休。部分事业编制的在职职工担心今后退休待遇没有保障，之前事业单位的工龄不被养老保险认同；部分离退休职工担心自身的福利待遇改制后没了保障，医疗等基本待遇失去国家的保障等等，他们不断找到社领导反映担忧和意见诉求。

（3）"从正式工到合同工，压力剧增"。改制前，出版社员工不仅社会地位高，部分职工为国家干部，享受国家规定的各种稳定的福利待遇，而且收入稳定，旱涝保收，从事着令人羡慕的职业，而改制之后，出版社成为企业，员工要从正式的事业编制变成企业编制，要从"正式工"变成"合同工"，工资要靠自己去挣，压力剧增。

（4）出版社视角："不改制有国家管，改制了市场风险太大"：

改制之前，出版社属于典型的国家事业单位，非自收自支的出版社职工工资属于财政拨款，衣食无忧。出版社干好干坏一个样，有国家的保护不会破产，如果进行改制，出版社要直接面对市场，变成独立核算、自负盈亏的市场主体，要承受来自市场的激烈竞争和各种挑战，风险加大，职工利益不好保障，经营不好还可能破产。

（5）社领导角色的转换，"从领导干部到企业经营者"：

从社领导方面看，以往属于正规的国家干部，享受一系列干部待遇，只要维持好稳定团结的大好局面，挣不挣钱、挣多挣少并不重要，改制后，出版社成为真正的企业，员工工资的高低、奖金的多少全成为变数，出版社能否在激烈竞争的市场环境中生存下去更成为压力巨大的新问题。

人民邮电出版社自被列为全国文化体制改革试点单位以来，改革工作大致可分为两个阶段，第一阶段从2003年7月到2006年8月，完成了改制试点工作；第二阶段从2006年9月到2010年，全面完成了改制任务。作为市场化较早和市场化程度较高的自收自支出版社，该社在改制过程中也存在一些矛盾。主要体现在：一是思想观念的转变需要一个过程，尽管原来也有竞争也有压力，但职工还是有“退路”，有“靠山”；二是改革初期，尤其是试点阶段，国家对出版社转企改制的配套政策尚未完善，比如没有明确与社会养老保险的接续问题，导致职工有较大顾虑。

3. 持续发展：文化引领、机制保障

面对矛盾，如何处理好改革和稳定之间的关系，摆在了出版社领导班子面前。该社领导班子首先统一认识，统一思想，广泛听取员工意见，按照国家新闻出版总署的统一部署，艰难地迈开了改革的步伐。

（1）改制确保稳定。在推动体制改革的过程中，该社以稳定为前提，坚持一手抓改革，一手抓发展，努力实现改革促发展，发展助改革。正确处理好改革和稳定的关系，在改革试点过程中全力维护全体员工（特别是事业编制职工）的思想稳定，这是该社推进改革试点工作的重要基础，也是班子成员的一致认识。为此，该社从五个方面开展了工作：

一是广泛宣导。认真对职工宣传、讲解中央的有关改革精神和政策，使职工充分理解中央开展文化体制改革的重要意义和具体政策。

二是职工深度参与。该社改革改制方案、职工权益保障等重大事项均要征求职工的意见，并由职工代表大会或常设机构审核通过，由此激发职工参与改革的积极性。

三是保障职工利益。在遵守国家法律和改革有关规定的前提下，最大限度地保障职工权益，从而使职工（含离退休职工）的思想得到稳定，为推进改革奠定坚实的基础。

四是把握导向。反复向干部员工强调，出版产业的意识形态属性决定了不论是事业单位性质还是企业性质，都必须牢牢把握正确出版导向，确保出版物不出政治、民族、宗教问题。

五是适时而动。转企改制试点阶段，该社在政策允许的范围做了积极尝试，为中央各部门各单位出版社转企改制探索了路子；同时，以审慎的态度对待一些配套政策尚未完善的事项，没有盲动。比如事业编制员工加入社会养老保险的问题，待配套政策出台后，该社按中央要求及时行动，在完成转企改制要求的同时，较好地化解了矛盾。截至目前，该社转企改革按要求完成，干部员工（特别是离退休职工）思想稳定、没有出现因改革而上访等不稳定现象，为转企改革的顺利推进提供了保障。

（2）改制促进发展。体制改革的目的是为了推动发展。因此，该社狠抓机制的转换与创新，提升了发展的活力。

一是建立发展机制。适应市场变化，调整了内部组织结构；利用改革发展的成果，建立了出版社发展基金和新领域开发基金，支持了信息技术、工业技术方面的学术著作出版，支持了教育出版业务和数字出版等新领域的开发。自2007年以来，人民邮电出版社共投入2000万元资金，一方面强化了为中心工作服务的能力，另一方面促进了出版社新领域的拓展。

二是深化干部人事制度改革。打破了干部终身制，实行聘用任期制，改革了干部选拔制度。打破了以身份定薪酬的方式，采取以岗定薪，以绩效考核结果定奖金的方式，使得干部员工的工作积极性和主动性明显提高。

三是建立现代企业管理制度。围绕着市场变化，人民邮电出版社调整了内部组织结构，建立了全面的绩效考核体系和全面预算管理体系，建立了年度、季度经营分析机制和每月生产协调机制，建立并逐步完善职工代表大会制度，按照公司法的要求完善了对下属独立法人的管理制度，使得经营管理更加科学和规范，提高了效率，提升了发展活力。

（3）改制拓展业务。不断提升为行业服务的能力。自工业和信息化部成立以来，不断研究如何为工信部中心工作服务，为此，人民邮电出版社专门成立了工业技术图书出版分社，围绕“推进工业化与信息化融合，走中国特色新型工业化道路”组织选题，以策划或引进的方式出版了一批以新能源、技术改造、节能环保为重点的工业技术类图书，拓宽了该社对工信部中心工作的服务面。

做精优势出版领域，开拓业务发展增长点。该社在保持计算机、通信、电子电工等领域的书刊出版优势的基础上，根据读者需求的热点变化，开发出版领域。近年来，该社开发了摄影类图书、旅游类图书，加强了少儿类、教材类图书的出版，改创了5种期刊，2016年开始又重点开发了科普图书和军事类图书，都取得了良好的市场效果，得到了读者的认可。

（4）改制引领新的企业文化。在进行企业改制过程中，该社的领导班子首先对企业文化在推动出版社发展中的重要性达成了共识。在分析了出版业的特点和自身的实际情况后，提出了“企业和员工共同成长”的文化建设内核：把“努力了解并满足读者的文化需求，为读者不断提供优质的文化产品；致力于共同创建和谐社会并不断提升全社会的文化生活质量；为出资者提供持续的投资回报，并体现出良好的发展势头；为员工提供有前景的工作机会和激励性的报酬，使员工在和谐融洽的氛围中充分实现和提升自我价值”作为发展的使命。

(5) 改制结出硕果。通过7年的转企改制，该社积累了丰富的经验，取得了巨大的成效。通过改制，该社员工的思想观念进一步解放，劳动生产率不断提升，经济实力显著增强：图书出版品种由1600种增长至5100种；出版物销售码洋由4.5亿元增长至12.4亿元，增长275%；业务收入由3亿元增长至7亿元，增长230%；人均业务收入由55万元增长至90万元以上，增长163%。在全国零售图书市场占有率排名中，该社排名由第六位上升至第二位。

7.1.3 案例分析与政策建议

人民邮电出版社转企改制过程中存在的问题，既有该社发展过程中形成的历史问题，也有文化体制改革过程中呈现的新问题，带有普遍性，其核心问题就是如何使发展与职工利益有效统一起来。妥善解决这些问题，是我国出版业顺利完成转企改制、健康发展的前提。

(1) 改制的目的是促进发展，首先要解决社会效益与经济效益的关系问题。从本质上看，出版业作为文化产业的重要组成部分，也是国民经济的重要产业部门之一，出版物既具有不同于一般物质产品的特殊属性即意识形态属性，又具有商品属性。因此，要坚持把社会效益放在首位，避免市场机制的自发性、盲目性造成出版产业低俗化现象。处在变革与社会转型期，新旧两种道德观念、道德价值的冲突，渗透到社会公共生活、职业生活、个人生活甚至家庭生活的各个方面。社会心态出现浮躁现象，文化传播过程中存在主旋律与多元化之间的矛盾。一些出版单位在体制改革中还没有很好地将经济效益和社会效益结合起来，没有把社会效益放在首位，有的过分看重经济利益。一些文化产品样式追求新奇刺激，价值内涵流于庸俗，甚至明显背离道德底线，但由于可能获得颇为可观的市场效益，便呈现泛滥的趋势。因此，出版业的改革和发展必须处理好经济效益和社会效益的关系。

(2) 解决企业改制转型带来的观念问题，发展才能给职工带来安全感。政府相关职能部门必须针对转企改制过程中以及改制后出现的矛盾或问题及时制订相应政策，确保改制成果的延续。在现行体制中，事业单位的性质就意味着铁饭碗。虽然有些新闻出版单位早就实行了自收自支，但在理论上与实质上，却仍然是政府在编机构，也就是说不存在破产的危险，即使发生最差的情况，工作人员也有饭吃，至少换个单位安排个岗位照样能混日子。改制过程使得新闻出版业人员队伍发生大幅振荡，转企改制迫使一批资深的专业人士提前退休或调离，一部分人流向了大学、政府机关、科研机构。

转企改制是不可逆行为，不再是事业单位，也就不在编制内，不言而喻，就只能靠自己挣饭吃，倘若经营不善，真的无法盈利或亏损，那么，等待着员工的，便只有下岗、失业，不可能再有调到其他事业单位或党政机关的退路。以现有新闻出版单位的经营状况论，转企改制之后，如果没有根本性的改革与调整，那么十有八九会亏损甚至破产。从这个角度来说，新闻出版单位的民营与国有性质就不再有区别，出版社与书商站在了同一起跑线，或者说，出版社集体被推下了海。只有出版社事业发展了，才能在市场大潮中立于不败之地，职工才能有安全感。

（3）优惠政策延续问题，要切实让职工得实惠。扶君上马，再送一程。人民邮电出版社改制工作的顺利完成，以及其他出版社改制工作的及时推进，都得益于国家文化体制改革及新闻出版体制改革政策的有力支撑。随着政策的逐步明晰和到位，体制改革的进程得到明显提速。结合人民邮电出版社改制过程中出现的问题，建议国家相关部门在财政、税收上给予足够的支持，制定政策，加大扶持力度。中央制定的针对文化体制改革转制单位的优惠政策，对该社的发展起到了强有力的推动作用。关于所得税减免的政策，目前做了减半的规定，希望五年优惠期满后能继续延续，放水养鱼，做大做强；关于增值税返还的政策，建议对科技类出版社恢复全额返还增值税，让出版社得发展，职工得实惠。

（4）制定新闻出版产业发展政策，促进出版业可持续发展。由于出版法规体系的不完善，特别是管理的法治化程度不高，在客观上增加了出版产业的投资风险；市场在出版资源配置中的基础性作用远未得到充分发挥，存在垄断限制竞争和无规则竞争的现象。统一、规范、竞争、有序的市场体系尚未真正形成，出版社的创新和动力机制还不健全。因此，要在遵循新闻出版产业发展的内在规律基础上，综合运用经济、法律、行政等手段规划、引导新闻出版企业发展，促进出版业可持续发展，让出版社大发展，让从业人员得实惠，实现由新闻出版大国向新闻出版强国转变的宏伟目标。

7.2 发展文化特色，实现双效并进——中国传媒大学出版社转企改制的启示

7.2.1 引言

根据国家新闻出版广电总局产业司最新公布的数据，截至2014年底，全国共有出版社580余家，其中，高校出版社110家，这其中又包括104家大学出版社和4家教育部所属出版社以及2家地方高校联合出版社。从数量比例来看，高校出版社占全国出版社总量的19%，接近五分之一。同时，高校出版社具备得天独厚的科研学术背景，拥有丰富的出版资源，是中国出版业不容忽视的重要发展力量。与一般出版社不同，高校出版社有一个身份是校办企业，高校出版社在参与市场竞争获得盈利的同时，还承担着为高校科研教学服务的任务。在中国出版业转企改制的实践中，作为校办企业的高校出版社与一般出版社同样被视作经营性的出版机构而由原来的事业单位改制为企业，但是，由于大多数高校出版社其主管主办单位依然为各大学及其所在的教育系统，其改革相较于一般出版社的转企改制，更加强调和突出出版业的文化特色。

北京作为全国政治、文化和经济的中心，拥有众多高等学府和出版单位。中国传媒大学出版社等一大批高校出版社在改革的浪潮中各显其能。中国传媒大学出版社以其专业化发展路线走出了一条改革之路，使其从一个濒临破产的小社逐步壮大成长为一个颇具实力的专业化出版社，其成功的改革案例对全国诸多高校出版社乃至其他出版社顺利推进转企改制具有参考和借鉴的价值。

因此，我们选取了中国传媒大学出版社转企改制的成功案例，总结和梳理该出版社转企改制过程中面临的问题和积累的经验，以案例研讨的方式科学认识中国出版业转企改制中的制度建设，认识具有文化特色的现代出版企业制度在凸显出版文化本质、提高出版企业社会效应中的重要性，并观察和思考制度建设中的问题与困境，进而探讨如何科学定位并有效发挥政府在推动出版业发展过程中的作用。

7.2.2 案例

1. 改革的缘由：出版社发展面临困难

中国传媒大学出版社的前身是北京广播学院出版社，成立于1985年，是改革开放后最早成立的大学出版社之一。其上级主管单位是中国传媒大学，业务上受国家教育部社科司和国家新闻出版总署指导。2004年9月改称现名。可以说，中国传媒大学出版社的发展壮大是伴随着出版业转企改制而发生的。自1985年成立，该出版社常年年出书品种不超过一百种，年出书码洋只有几百万元，每年实现上缴利润约10万元，期间还曾出现过因政策违规而险遭停办等严重影响生产经营的情况。到2001年，该社只有一间100多平方米的办公室，全社财务账面余额只有80万元，持续拖欠工厂账款超过一年。改革前，从中国传媒大学出版社的实际情况来看，困难主要有以下三个方面：

（1）人员结构不合理，编辑队伍薄弱，办公条件差。2001年底，整个出版社共有员工18人，其中正式编辑4人、退休返聘2人、财务人员5人。固定办公面积100多平方米。员工人均收入无论在学校内部各单位，还是在大学出版社系列中，排名都很靠后。

（2）企业产能低，历史债务过多。出版社每年自主生产30—40个品种（核定书号80个），码洋700万—800万元，但销售收入只有200万—300万元。长期依靠学校补贴，最多一年向学校上缴10万元；至2001年底，外债有180多万元。

（3）经营缺乏特色，人心涣散。出版社平常出版一些学校指令性的书，其他基本依赖买卖书号。1998—1999年因买卖书号，被新闻出版总署停业整顿，差点被吊销执照。出版社自1985年成立以来，平均两年换一任社长，社长职位空缺最长时间达8个月之久。

在如此严峻的形势下，改革既是一条不得不尝试的路径也是整个产业政策为出版社提供的难得机遇。中国传媒大学出版社在转企改制之前存在的诸多发展问题并非全部为该社独有。事实上，在文化体制进行大刀阔斧的改革之前，整个出版业都存在较为严重的人员、库存压力，同时，行业内缺乏竞争与活力已经到了令人无法回避的严重程度，体制机制的改革亟待进行。

2. 改革措施与成效：发展文化特色，实现双效并进

（1）改革措施的制定与实施。如果按照出版业各类绝对指标进行排名，

改革前的中国传媒大学出版社在当时全国570多家出版单位中，只能排在队尾。但正是因为基础薄弱，其改革反而不会有负担，对于一个走投无路的出版单位而言，改革是挑战更是机遇。出版社与其主管单位中国传媒大学协调组成改革领导小组，主要采取了以下四个方面的措施，全面启动出版社的市场化改革。

首先，制定发展战略，依托文教资源，坚定不移地走传媒特色的专业发展之路。经过对外部环境和内部资源的分析，全社形成统一认识，决定依托中国传媒大学的学科优势，走具有传媒特色的专业发展之路，由此形成“致力传媒教育的专业化出版”理念。小而强，小而特，小而专，走高端路线，靠质量制胜，靠品牌提升，这些慢慢形成了全社上下全面的、统一的、持续的战略性认识。

其次，调整组织结构，培养专业出版人才，走专业化发展道路。制定战略后，进一步措施就是按照专业出版的思路来配置资源，完善组织结构。由原来一个编辑部逐渐裂变成现在的语言艺术、播音主持、媒体管理、新闻传播、影视文化五个编辑室，以及高等教育和职业教育两个专题编辑部。鉴于基础较差，先抓生产，出版社90%的人员被赶到业务前沿，集中在编辑部门和市场中心。

与此同时，出版社开始进行团队建设，加快人才引进与培养的步伐。根据专业出版发展模式的特点，出版社严格按设计的程序，每年向北大、清华、人大、北师大以及传媒大学定向招聘有跨学科优势以及传媒学术背景的应届硕士博士毕业生。进社以后，一方面鼓励新员工旁听本校编辑出版专业研究生的部分课程，鼓励他们参加各类学术会议，强制性组织他们到印刷厂实习，让他们走出去开阔眼界；另一方面把专家请进来，请业内领导、知名出版人讲解出版法规政策，讲编辑出版经验，甚至请民营书商来讲实战案例。

再次，将制度化建设置于至关重要的位置，制定并落实《目标管理责任制》与《全员竞聘管理办法》。在劳动、人事与分配制度改革的过程中，《目标管理责任制》与《全员竞聘管理办法》在出版社发挥着“宪法”的作用。《目标管理责任制》确定了各部门岗位职责、考核办法，实现工资收入与岗位职责、工作业绩等直接挂钩，发挥激励功能。《全员竞聘管理办法》规定，依照各岗位所确定的职责、工作目标和聘用条件，个人自主选择岗位参加竞聘，保证人员能进能出，职务能上能下，待遇能升能降。

最后，打通社会资源，延伸产业链，实现双效并进。一是与新闻出版总署合作编辑出版《海外新闻出版动态》月刊，与大学出版协会合作主办《现代出版》（原《大学出版》）双月刊，以此凝聚出版资源，提升品牌。二是与学校合作，建立中国传媒大学编辑出版研究中心，协助学校的编辑出版学的学科建设，借用渠道整合学校资源。三是与社会资本合作。绝对控股中传嘉艺文化传播公司，主要业务为传媒类职业培训；绝对控股南京学海文化传播公司，主要为传媒大学分校的教材配送提供专业化服务，以及校园内的图书零售。

（2）改革效果评价。围绕“致力于专业化教育出版，打造传媒类精品图书”的特色出版理念，在长期的改革探索中，中国传媒大学出版社逐渐形成独具特色的专业出版发展模式，形成了传媒领域的专业出版优势和品牌效应。依托学校优质文化教育资源，该社出书全品种的90%以上为传媒类高等教育类图书，其中70%是学术专著。图书出版涉及播音主持、新闻传播、影视艺术、媒体管理、文化创意、广告、动漫等传媒领域的各个学科，设有新闻传播、语言艺术、影视文化、媒体管理、播音主持、传媒文化等六个编辑部，同时还有市场中心、出版部、总编室、储运部、财务部、读者服务部等部门。出版内容涵盖从理论到实践的各个层面，广泛团结了传媒学界和业界的专家学者以及一线业务骨干。目前全社员工40余人，其中35岁以下的占80%，编辑部门人员全部拥有硕士以上学历，其中博士及高级职称人员占50%，是一支拥有高学历的年轻化、专业化的出版团队。全社年生产码洋5000多万元，年出书360余种，实现销售收入3000多万元，利润率稳定维持在20%以上，创收的同时为学校学科建设和学术研究的转化做出重要贡献。同时，中国传媒大学出版社下属的图书出版单位有：电子音像出版社、编辑出版研究中心、《海外新闻出版动态》、《现代出版》杂志社，其中编辑出版研究中心协助传媒大学出版社的编辑开展出版学学科建设，以及编辑出版学硕士、博士、专业硕士研究生的培养工作，还承担了多项国家社科基金、教育部人文社科基金、211工程学科建设等重大研究课题。中国传媒大学出版社由此也发展壮大为一个真正意义上集产、学、研为一体的出版组织。具体而言，改革效果体现在以下三个方面：

首先，发展迅速，实力明显增强。经过五六年的改革与发展，到2008年业务基本稳定下来，出版社的实力大大增强。全社包括储运、读服、卫生等，不到40人，但每年生产图书300多个品种、5000多万元码洋，销售收入3000多万元，年利润率多年维持在20%以上，员工平均年收入较改革之前增长了4倍以上，人均利润、收入等主要指标的增长速度走在大学出版社乃至全国出版社前列。

除还清外债，出版社近几年向学校各类贡献累计近2000万元。在没有贷款的情况下，购置了3000多平方米的现代化办公用房，外加2000多平方米的库房。全社使用ERP系统，实现了现代化信息化管理。

其次，探索出独具特色的专业出版发展模式，产品结构合理。出版社90%的图书为传媒类高等教材和专业学术著作，纯学术专著占到全部品种的60%—70%。在产品结构上，不依赖教材，基本没有中小学的教材、教辅。

销售渠道平衡。出版社营销网络遍布全国2000多个销售点，50%左右的图书走图书馆馆配，不依赖哪一家大型书城。

编辑队伍学历高，专业性强。编辑均有硕士以上学历，其中博士、副高职称以上占50%，100%具有传媒学术背景，都是生产链条上的一个个结实的环节，但绝不依赖哪一个人物。

最后，形成真正意义上的集产、学、研于一体的出版组织，实现独具价值的社会效益。出版社主体不到40人的团队，运营了中国传媒大学出版社、中国传媒大学电子音像出版社、中国传媒大学编辑出版研究中心、《海外新闻出版动态》月刊、《现代出版》学术双月刊，并且控股中传嘉艺文化传播公司、南京学海文化传播公司。其中编辑出版研究中心不但培养硕士、博士研究生，还承担了多项国家及省部级的研究课题。

7.2.3 案例分析与政策建议

中国传媒大学出版社是全国大多数中小型出版社特别是类似规模的高校出版社中极具代表性的一个企业。论码洋、论营收，该出版社都不是处在金字塔塔尖的超级大社和强社。但从自身发展来看，中国传媒大学出版社最终走出了一条具有鲜明特色的专业出版发展之路，形成核心竞争力。分析其改革的经验与教训，能够为出版业同行以及出版业决策者提供思路。

1. 尊重出版规律，牢牢抓住出版的文化本质

所谓出版，是指编辑、复制作品并向公众发行，以传播科学文化、信息和进行思想交流为目的的一种社会活动。从这一表述出发，我们可以看到，编辑、复制、发行是出版活动的三个要素，而在出版活动中，这三个要素分别体现在精神产品生产、物质产品生产和出版物流通三个环节。在数字出版

环境下，物质产品的生产和流通合二为一，每一个使用终端在打开数字产品进行阅读的同时，一并实现了出版物的复制和传播。而不论在传统出版业还是数字出版业中，出版活动中的编辑、复制和发行所指向的都是承载一定物质形态和精神文化内容的出版物。出版物兼具物质属性和精神文化属性，由此，出版活动具备精神文化与物质双重属性，而精神文化属性则是其本质属性。

但凡事物都具有诸多属性，这其中决定事物本质的、将该事物与其他事物区别开来的属性就是事物的本质属性。出版活动与一般商品生产活动一样，都生产具有一定物质形态的产品，这一过程需要投入必要的物质资料、人力资源，这与一般物质产品的生产过程并无二致。物质属性是出版活动具有的一种属性。但是，出版还具有一般产品生产所不具备的属性，即精神文化属性，它是出版活动的本质属性。事物的本质属性是该事物所特有的属性，具有不可替代性。出版活动首先要选择、优化加工、提炼知识与信息，出版活动为人类所需要，并非因为有形的物质产品，而是因为蕴含其中的精神文化内容能够满足人类的精神需求。出版活动通过生产精神产品，不断积累和丰富知识信息，推动科技文化的进步，影响人们的思想观念和道德情操。

在市场经济条件下，出版业围绕商品生产和交换进行一系列的商业活动，出版除了具备一般商业活动所具备的商品属性，还具有精神文化属性。出版的这一本质属性决定了在现代出版企业制度建设中，文化特色不可或缺。构建具有文化特色的现代出版企业制度正是出版体制改革对于出版本质属性的体现。出版所具有的精神文化属性决定了出版工作以为人民服务、为社会主义建设服务为原则，坚持百花齐放、百家争鸣，最终实现出版的经济价值和社会价值。2015 年 9 月，中共中央、国务院印发《关于推动国有文化企业把社会效益放在首位、实现社会效益和经济效益相统一的指导意见》，其中明确提出："以建立有文化特色的现代企业制度为重点，以落实和完善文化经济政策、强化国有文化资产监管为保障，建立健全确保国有文化企业把社会效益放在首位、实现社会效益和经济效益相统一的体制机制，打造一批具有核心竞争力的骨干文化企业，推动社会主义文化大发展大繁荣。"这一意见，正是党和政府对于文化企业发展坚持其精神文化本质属性的要求。

中国传媒大学出版社在改革的进程中较为准确和清晰地把握住出版的精神文化属性，在具体的实践中做到了以下三点：

（1）有耐心、抓质量。出版的核心是内容，加上学术出版品牌积累期较长，很难在短期内见效益，也很难在一本书上见效益，所以要有坐“冷板凳”的功夫，必须坐在内容和质量的“冷板凳”上，逐步形成核心竞争力。

（2）学会舍弃。坐“冷板凳”中，不要贪大求全，不符合战略范围的，要学会舍弃。找准自己的优势和特色后，要“有所为，有所不为”，不该出的图书切不可因为钱多就冲动。否则，一旦自己的产品结构乱了、失衡了，编辑就没有了方向，更谈不上品牌积累。

（3）市场化手段。这是一只看不见但很神奇的手，很管用。这一点体现在中国传媒大学出版社的《目标管理责任制》与《全员竞聘管理办法》中，各编辑室相当于事业部，独立经营，自负盈亏；销售人员严格按发货、回款、退货定量考核。全社按专业出版的发展模式配置调整资源。

2. 在发展中解决问题

事物的发展呈现螺旋式上升的过程。就出版业在现代企业制度建设中的表现来看，问题也是显而易见的。不可否认，改革使出版业经济增长的数据不断刷新，转企改制后的出版企业以前所未有的激情与活力进行商品的生产和财富的积累，然而，作为出版企业核心竞争力的精神文化属性在出版业对于经济发展的奋勇追求中并没有得到与之相匹配的重视，由此导致出版企业的文化特色有所流失。就出版物商品而言，大量同质、重复出版物充斥市场，造成出版资源的极大浪费；许多格调不高、内容平庸的读物不断占领市场，给人们带来阅读的困扰。就出版企业而言，过分追求经济利益使得一些出版企业不能很好地履行自身应有的社会责任，企业内部资源的分配不能够实现导向合理的社会价值，致使从编辑选题到印刷发行各环节都可能出现价值取向的偏差。精神文化属性是出版的本质属性，对于精神文化属性的忽视并非企业社会责任一时的缺席，长此以往，甚至会影响到企业的生存。对于在经济价值的实现上已获得丰硕成果的我国出版企业来说，构建具有文化特色的现代企业制度势在必行，既是重申其文化企业本质属性的根本举措，也是实现企业长久发展的必经之路。

改革过程中出现矛盾，这是一个常态。中国传媒大学出版社的经验告诉我们，面对矛盾，需要给人一个心理调适的过程，不要采取简单、过激的方式。最有效的方式就是“在发展中解决问题”。比如：实行全员竞聘中，通过扩大发展目标来增加岗位，对于解聘人员，“人不下岗，可转岗”；收入分配改革时基本工资都不降，但加大绩效工资涨幅的力度。员工一旦享受到了改革的成果，原来存在的问题就已经不是问题了。

3. 向制度化管理要效益

邓小平在改革开放之初曾针对党和国家领导制度的改革问题指出："制度好可以使坏人无法任意横行，制度不好可以使好人无法充分做好事，甚至走向反面。"这一表述生动地揭示了制度在社会生活中的重要作用。制度是对人行为的稳定、有效的规范，制度规定了组织中人员行为的边界，事实上，这一表述同样能够帮助我们去认识企业制度建设的重要性。

企业作为市场经济环境下独立存在的组织，其运行是在对各类经济关系的调整与平衡中进行的。企业制度便是在一定的历史条件下企业所建立的经济关系，它包括企业运行、发展中的成文规定、规则流程以及企业成员的行动准则等。产权清晰、权责明确、政企分开、管理科学是我国经济体制改革提出的现代企业制度所具有的特点，也是我国经济体制改革对企业发展提出的现实目标。

建立现代企业制度是我国企业改革的核心。一方面，现代企业制度是我国企业发展中需要遵循的行为规范。企业制度是一系列复杂的正式、非正式规则及其运行机制的组合，在不违背国家法律规定的前提下，不同的企业都要通过一系列的制度建设来规范企业以及企业内部员工的行为。企业制度是企业正常运行的行为准则，也是企业经营活动稳定有效的保障。我国企业改革就是在市场环境下建立符合经济规律的产权制度，规范企业的经营管理，使企业在成为市场主体的同时成为国家经济发展和社会进步当中负有担当的组成部分。另一方面，企业制度保障企业组织的运行效率。有学者指出"科学求真，制度求效"，制度建设对于每一个企业组织的发展而言，最大的意义在于提高其管理的效率。高效的管理是科学、稳定而卓有成效的。企业制度作为一种人为的设定，决定企业组织内部人员之间的相互作用。在我国企业改革的过程中，存在诸如管理者个人权力超越企业制度甚至法律规定的情况，现代企业制度的建设正是要将企业以及企业管理者的经营活动以符合市场要求和法制进行的调整，只有不因人员变动而随意改变的规则才是符合企业发展利益的规则，才能够体现出制度的力量和尊严，只有恪守经济规律的企业制度才能够确保企业发展决策的合理合法，才能够有效调动企业组织内部成员的积极性，从而激发企业活力，维护企业平稳运行。

中国传媒大学出版社在通过制度化管理寻求企业效率方面有如下表现：

（1）制度化管理与人性化管理相结合。制度化管理最重要的，一是制订程序要民主、合法，中国传媒大学出版社的基本制度是全体人员举手表决的，之后还要报校长批准；二是要严格执行，即使有偏差，也要执行。同时制度化管理要“以人为本”，如果发现问题，年终总结时，要修改过来，以便下一年度执行的是更科学的方案。同时，企业还努力营造宽松和谐的工作环境，比如多采用奖励先进的办法，以鞭策后进；从绩效工资中预留一部分资金，让员工每年都有机会到国外休闲度假等，这些有利于员工身心健康，更有利于增进相互交流、增强自豪感与凝聚力。

（2）定量管理与定性管理相结合。业务部门采取定量考核的方法，编辑部和市场中心以利润指标和销售回款进行定量核算；职能部门采取定量与定性相结合的方式，与全社效益挂钩，采用多级主观评定方法（四三三考核平分）。设立岗位绩效津贴，向优秀人才和关键岗位倾斜。

（3）宏观管理与微观管理相结合。对成本的管理，该社关注微观层面，如在生产环节引入招标、末位淘汰等方式。同时在宏观层面，管理者从战略上下手，从组织结构上切入，靠机制运作来合理配置资源、取得大的效益。

（4）公平与效益的辩证法。这在不同的发展阶段实现方式是不一样的。在改革起步阶段，家穷、底子薄，首先要抓生产，效益是第一位的。而当出版社解决了生存问题，发展到一定阶段时，就要用公平促进效益的提高。企业目标管理是一个动态的过程，根据企业发展状况不断调整，尤其是在知识分子成堆的文化企业，处理好公平与效益的关系更重要。

总而言之，出版业的每一步发展都伴随着更大范围内中国经济体制改革的开展与进步。改革开放三十余年来，中国经济沿着中国特色社会主义道路不断向宽广和纵深的领地拓展，改革成果丰硕。出版业在这一过程中适时把握改革节奏，面对行业自身发展需要以及人民群众不断增长的物质文化需求，锐意进取、开拓创新，取得令人瞩目的成就。在诸多改革措施当中，出版单位转企改制是出版业由计划经济走向市场经济的关键举措。转企改制的推行以改革的力量将脱离于市场竞争的出版单位推向市场，解放和发展生产力，使出版单位成为市场主体，积极参与竞争，激发企业活力。出版业改革以“区别对待、分类指导、循序渐进、逐步推开”方针为指导，全国在保留少数公益性出版单位的同时，完成了绝大多数经营性出版单位的由事业单位向企业的转变。转企改制塑造了一大批新型市场主体，大大增强了中国出版企业的竞争力。政企分开、管办分离的不断推进为出版企业进一步明晰自身市场定位、自主开展经营活动提供条件。最新的数据来自中国新闻出版研究院《2013年新闻出版产业分析报告》，该报告显示，2013年全国出版、印刷和发行服务业营业收入18246.4亿元，较2012年增加1611.1亿元，增长9.7%；利润总额1440.2亿元，较2012年增加122.8亿元，增长9.3%。改革开放以来，反映新闻出版产业增长的主要指标持续平稳增长，数据背后是产业规模的不断扩大和体制改革的不断深入。新闻出版产业在改革中保持强劲的发展势头，制度建设功不可没，建设具有文化特色的现代出版企业制度在当前及未来都将继续是出版业改革的重点。

第8章 构建具有文化特色的现代出版企业制度的路径与对策

要成为真正独立、合格的市场主体，出版企业必须建立科学的现代企业制度，同时，强调构建企业文化和文化管理机制，借企业文化弘扬出版精神、完善出版理念、提高经济效益、实现社会效益，最终形成既尊重现代企业科学发展规律，又符合文化企业特殊属性的现代出版企业制度。

8.1 坚持把社会效益放在首位，实现社会效益与经济效益相统一

出版企业提供精神产品，传播思想信息，担负文化传承使命，必须始终坚持把社会效益放在首位、实现社会效益和经济效益相统一的发展理念。出版企业作为我国文化产业的重要力量，必须着力建设有文化特色的现代企业制度，充分发挥示范引领和表率带动作用，走在推动两个效益相统一的前列。这是新形势下打造文化创新主体、满足群众精神文化需求、活跃文化市场的客观需要，是提升文化软实力、参与国际文化竞争、维护国家文化安全的必然选择。要进一步增强责任感、紧迫感和使命感，深化改革、创新发展，确保出版企业始终坚持正确文化立场，推出更多思想性艺术性俱佳的文

化作品，提供更多有意义有品位有市场的文化服务，切实发挥文化引领风尚、教育人民、服务社会、推动发展的作用。

正确处理社会效益和经济效益、社会价值和市场价值的关系，当两个效益、两种价值发生矛盾时，经济效益服从社会效益、市场价值服从社会价值，越是深化改革、创新发展，越要把社会效益放在首位。正确处理文化的意识形态属性与产业属性、出版企业特点和现代企业制度要求的关系，把加强党的领导与完善公司治理统一起来，加强分类指导，创新资产组织形式和经营管理模式，建立健全把社会效益放在首位、实现社会效益和经济效益相统一的考核评价标准。正确处理党委、政府与出版企业的关系，统筹制度设计和政策配套，明确谁主管谁负责和属地管理，尊重企业法人主体地位和自主经营权，强化政策引导，严格依法监管，坚守社会责任，把两个效益相统一的要求落到实处。

出版企业必须牢固树立为人民服务的理念，始终把满足人民群众日益增长的精神文化需求作为出发点和落脚点。市场经济条件下，新闻出版业要追求经济效益、提升经济实力，这是文化竞争、传媒竞争的重要方面，也是自身发展的重要基础。要把两个效益相统一作为衡量新闻出版改革发展成效的重要标准。只有这样，才能正确履行职责、更好地发挥职能作用，才能真正做强做优做大新闻出版业，大大提升思想舆论引导力、文化民生服务力、市场经济竞争力和中华文化软实力。

要强化理论引导，坚持用中国特色社会主义理论体系，牢固树立马克思主义新闻观、出版观、历史观，始终坚持正确立场，自觉履行崇高职责。要完善政府与市场相协调的机制。推进出版业的持续发展，要发挥市场在文化资源配置中的积极作用，同时也要发挥好政府的主导作用。对于面向市场的经营性产业来说，政府的作用主要体现在导向的把握、市场的规范与引导，体现在营造良好的政策环境、法制环境和市场环境，要努力把公益性出版和经营性出版紧密结合在一起，统筹考虑、统一运作，通过壮大经营性出版来支撑和促进公益性出版业的发展，实现两个效益的双丰收。要改进宏观调控，改进出版管理制度，抓好内容产品综合评价体系的建立。把坚持正确导向作为评价一切内容产品的基本前提，把人民满意与否作为评价一切出版物的最高标准。要突出社会效益指标考核。必须坚持把社会效益放在首位，建立健全两个效益相统一的评价考核机制。

8.2 构建具有文化特色的现代出版企业产权制度

现代产权制度是企业的基本制度，是法人治理结构建立并发挥作用的基础，也是出版企业建立完善的现代企业制度的前提条件。加快产权制度改革不仅是出版企业改革躲不过、绕不开的一道关口，更是新一轮改革的重点和突破口，同时也是摆在出版企业面前刻不容缓的紧迫任务。加快出版企业产权制度的改革，对于出版企业改革和发展来说，不仅是推动出版企业真正成为市场竞争主体，搞活出版企业的重要途径，而且对提升出版企业公司治理水平、加快建立完善的现代企业制度的步伐、做大做强出版企业具有十分重要的战略意义：

首先，通过产权制度改革，有利于出版企业建立“归属明晰、权责明确、保护严格、流转顺畅”健全的产权制度，完善市场化资源配置机制，加快促进出版企业转变经济发展方式，实现产业升级和经济转型。

其次，通过产权制度改革，有利于出版企业建立完善的现代企业制度，从根本上割断或弱化出版企业政企不分的现象，使得出版企业在坚持正确导向的前提下，排除非市场经济方面的干扰，调动各方面积极性，最大限度地提高市场占有率，追求出版企业经济效益和社会效益。

最后，通过产权制度改革，有利于保证国有财产法定权利的完整性和有效性，逐步消除体制性障碍，推动出版企业打破企业边界、行业边界、内部条块，通过人才、技术、资本、知识、信息、市场、管理等多种渠道和要素的合理流动，以实现内外资源的合理配置，从而争取以更低成本实现更快的发展速度。

产权制度改革不仅是出版企业改革的焦点，也是一个复杂而棘手的问题，它是出版企业更深层次、更高境界的改革。对于出版企业来说，要充分地认识到出版业具有不同于普通产业的特殊属性，具有传播思想文化、意识形态的独特功能。因此，在产权制度改革中，不能一味照搬一般企业的模式，更不能急功近利，毕其功于一役，只有通过实践不断探索，立足当前、着眼长远，克难攻坚、有序推进，方能见效。

8.2.1　理顺产权关系

理顺产权关系，是出版企业产权制度改革的首要前提。按照现代公司制企业的制度构架，出版企业产权主要包括三个层次的权利形态：一是国家作为投资主体拥有的出资人所有权；二是由出资人出让的所有权聚合而成的出版企业法人产权；三是由经营管理者行使的出版企业经营权。鉴于出版企业在产权制度安排方面存在的问题，特别是考虑到当前出版企业法人治理结构建设面临的任务和要求，对产权制度的调整与重构应着眼于上述产权结构，在理顺出资人所有权、法人产权、经营权三者关系的基础上，着重解决好以下三个层面的问题。

（1）对出版企业中占绝对优势的国有资本地位应予以明确。在出版企业进行股份制改造的过程中，国有资本应当作为股东的出资而展现，万万不能把国有出资与出版企业的财产混为一谈。

（2）在科学界定出资人所有权和出版企业法人产权关系的同时，出版企业必须改变目前国有资本委托代理关系中过分浓厚的行政化特征，按照市场原则建立起国有资本出资人所有权—出版企业法人产权—出版企业经营权三者之间的委托代理关系，并以此建立起真正有效的经营者选择和约束机制，推进出版企业行为的规范化和理性化。

（3）从经营权环节上明确经营管理者的权利、责任和利益。同时，必须强化对经营管理者的报酬激励，实现经营管理者的剩余控制权与剩余索取权的统一，使经营管理者真正着眼于出版企业的长远利益，推进出版企业的制度建设。总之，在产权结构中，只有理顺国有资本出资人所有权、出版企业法人产权和出版企业经营权之间的关系，使出版企业产权在各个层面上都达到明晰化，才可能形成出版企业的“激励兼容”机制，进而在规范出版企业各类相关人员行为的同时，使他们积极地去追求出版企业的长久利益。这样，出版企业完善的现代企业制度建设，才能因科学有效的产权制度而真正收到成效。

8.2.2　优化产权结构

（1）产权所有者在经营过程中要拥有强有力的产权约束力，国家作为产权最终所有者应建立国有资产经营预算以核查国有资产的盈亏状况。在出版企业的国有产权授权制度中，应建立健全国有产权代表的选拔委派制度、激励约束制度和考核监督制度的有机体系，保证各级国有产权代表熟悉和遵守国家的国有资产管理法律、法规；熟悉和了解出版企业的经营管理及财务状况；掌握出版市场的发展规律和管理方式；能够代表出资者履行公司章程规定的义务，并正确行使权利，依法维护国有资产出资者权益；掌握金融知识，了解资本市场，具备出版产业发展要求的资本运作能力。

（2）出版企业要改变“国有独资一股独大”的现状，解决产权主体单一的问题，必须通过股份制等多种形式的改革，实现产权主体多元化。多元化的产权主体不仅使出版企业产权关系更加明晰，产权界定更为明确，而且由于产权来源的社会化和股份的高度流通性，出版企业的产权关系将实现更高层次的社会化，从而较好地实现国有财产所有权与经营权的分离，便于实施现代的公司治理形式并形成出版企业所有者与经营者相互制衡机制。出版企业构建产权结构多元化可选择如下路径：

第一，增资扩股。因考虑到出版企业的意识形态属性和国家文化安全的特殊性，可通过资本市场引入业绩优秀的业内国有资本参股，使出版企业由绝对控股改为相对控股，并通过股东之间的相互制约解决“内部人控制”问题，使出版企业法人治理结构更加符合市场经济的要求。

第二，探索员工持股制度。通过实施经营管理者和职工持股，利用个人股权这种终极所有制形式的资本内在增值机制及对整个产权关系所有的边际调节力，使国有出版资本与个人人力资本有机结合，切实解决出版企业普遍存在的“动力缺乏症”与“急功近利症”等问题，增强出版企业内部自我约束和相互监督力度。

第三，设置优先股。根据国家有关政策，可将出版企业国有股部分转化为优先股。优先股不同于普通股的地方在于它是基于事先的承诺，先于普通股而获得收益分配，这类似于给予国有股一个固定的收入，这样国有资产的风险会大幅下降。虽然优先股的收益可能比普通股小，但可调动更多形式的资产投资于出版企业。同时也促使政府文化资产管理部门不能再以行政化方式支配出版企业，只能以国有资本出资人的身份经营和管理出版企业股权中的国有股。

8.2.3 加强产权的流动性

出版企业产权不但要明晰，还应具有流动性，这是市场经济价值运动的本质要求，它能够促进资产从低效、无效经营者流向高效经营者，从而促进价值运动，发挥资产的最大效益。出版企业应在国家政策法规允许的范围内，对于出版企业产权的小规模流动通过资本市场这一平台，通过出让出版企业股权的方式来保障产权在二级市场的可流动性。而对于大规模的产权流动，就需要建立出版企业的破产退出机制，以此来实现更大范围和规模的产权流动及资源的优化配置。同时，为保障出版企业资产存量的合理流动，还需要建立配备专业人员和不受任何利益集团影响、符合中国国情、与国际惯例接轨、独立规范的职业评估组织和机构，确保资产评估的真实性、公正性、公平性、权威性和科学性，防止出版企业国有资产流失或损害其他股东的利益。在探索出版企业产权制度改革的同时，可以借鉴国外一些国有资本改革的经验，这其中较为成功的是20世纪70年代英国的国有资本市场化改革。20世纪70年代，英国的国有企业效率低、缺乏竞争力，每年都要政府进行财政补贴。1979年撒切尔政府上台后，通过交易出售、中长期特许经营以及股票上市等方式对国有资本进行市场化改革，减少政府干预，让市场自主运行，从而增加了市场的活力，促进了经济的发展。

8.3 完善具有文化特色的公司法人治理结构

按照《关于推动国有文化企业把社会效益放在首位、实现社会效益和经济效益相统一的指导意见》的要求，作为文化企业的重要组成部分，出版企业应当科学设置企业内部组织结构。这要求：第一，企业党委成员以双向进入、交叉任职的方式进入董事会、监事会和经营管理层，党委书记兼任董事长，切实履行内容导向管理第一责任人职责。党委、董事会、未设董事会的经理班子等决策机构要依据各自的职责、权限和议事规则，讨论决定涉及内容导向管理的重大事项及企业运营与发展的重大决策、重要人事任免、重大项目安排和大额度资金使用等事项。第二，出版企业从事内容创作生产传播，应当建立和完善编辑委员会、内容审查委员会等专门机构，强化总编辑等内容把关岗位的职责，对涉及内容导向问题的事项具有否决权。党报党刊、通讯社、时政类报刊等新闻出版和传播单位，可以依法依规开展有关经营活动，但必须做到事业与企业分开、采编与经营分开，禁止采编人员与经营人员混岗。

另外，出版企业要构建既符合市场经济要求又符合出版产业特点的创新式法人治理结构，就必须要按照国家有关法律法规，健全股东会、董事会、监事会和经营班子，形成权责统一、运行协调、有效制衡的法人治理结构。对于一般意义的企业来说，构建法人治理结构的着力点是严格界定决策管理、执行管理和监督管理之间的关系和权限，建立董事会、监事会和经理层之间相互制衡的治理结构，防止决策失误、执行错位、监督失灵。

对于出版企业来说，除了要考虑一般企业的要求外，还必须考虑其意识形态属性，确保正确的出版导向，确保出版方针政策的贯彻执行，确保实现两个效益的统一。因此，出版企业在构建法人治理结构的同时，不仅要在制度上保证上述两个目标都得以实现，还必须注意以下三个方面：首先，要彻底改变政府行政主管部门以国有企业领导干部管理模式来管理现代公司管理者的做法。其次，要科学地配置公司的控制权。要保证股东会的最终控制权，保证董事会的独立决策权，保证经营管理者的自主经营管理权力。杜绝出版企业董事会成员与经营管理者过分重合的现象，以确保董事会不被经理层所控制，能以出版企业和股东利益为取向主持公司的经营和决策，确保出版企业可持续发展。最后，要建立起科学的长效激励和监督机制。只有出版企业的所有者、经营管理者、监督者恪尽职守，不越位管理，才能形成良好的运行机制，使出版企业富有活力。

除了完善出版企业国有资产委托机制，弱化国有产权虚置带来的一系列问题之外，纠正公司治理结构实践中的种种形式主义，也同样至关重要。董事会的建设不能搞“一刀切”，要根据不同企业的产权结构和产权关系因社制宜。

另外，要纠正机构重叠、职能错位和角色冲突等问题。首先，企业可试行内部员工持股制度，形成风险共担、利益共享的利益共同体及与之相适应的约束机制。其次，创新党组织工作方式。党组织在企业内部具有核心地位，但党委不是国有资产出资人代表，不能代替董事会或监事会行事。再次，重新界定监事会的人员组成，并建立相应的权责机制，使监事会真正发挥监督作用。最后，创新经营者选拔任用机制，将行政化、官员化、终身化的上级任命制改为市场化、职业化、专业化的董事会聘任制。

在解决以上问题中，创新产权激励方式是重要的环节。出版企业要避免重蹈国有企业改革中曾经重“物”轻“人”的覆辙，建立人力资本产权激励机制。人力资本产权的界定不能流于管理层一律持股的内部人控制结构，也不能“一刀切”，采取员工集体持股的表面股份多元化。只有当拥有公认业绩能力的人才资源享有产权时，产权激励政策才能真正产生效益。

8.4　创新具有文化特色的现代出版企业经营管理机制

在经济全球化和竞争全球化时代，创新被视为企业永续经营、基业常青的关键。经营管理机制的创新作为出版企业改革的内在力量，与体制创新遥相呼应，共同演绎现代出版企业的企业革命。

8.4.1　建立创新机制

（1）产品创新是对出版企业最基本的要求，主要体现在选题的思想创意和形式创新上。出版集团要注重集团公司选题布局创新与所属企业选题结构创新的呼应；还要注重年度选题创新与重点选题创新的有序衔接；要建立优秀选题评价机制、选题投资机制，寻求版权金融服务，将创意之“货币”付诸资本现实。

（2）出版企业应建立流程创新机制，推动出版流程再造和业务形态创新。要在信息技术基础上创新出版办公流程、生产流程、发行和物流平台，实现智能化、连锁化、国际化目标；要开拓新媒体业务形态，形成配套商业模式，延伸出版产业价值链。

（3）市场是创新的起点，也是创新的归宿。营销创新机制是出版企业实现从被动适应市场到主动创造市场的保障。出版企业要建立科学的营销决策、渠道、服务、品牌、模式创新等机制。

8.4.2　更新人才机制

企业人才一靠引进，二靠培养。转企改制后，“良禽择木而栖”现象将更加突出。调查显示，相当一部分投身出版事业的人都有着浓厚的文化情结，知识追求是出版业和从业人员的共同特征。出版企业应尊重这一特征，构建学习型组织，将个人知识追求付诸企业知识追求，将个人智慧汇总为企业文化生产力。出版企业应根据员工特点，主动协助员工设计职业远景，将个人职业生涯规划与企业发展蓝图契合，最终形成个人和企业的共赢。

企业不仅要引进、培养人才，更需要用有效的淘汰和激励机制来管理人才。淘汰机制和绩效考核紧密相连，出版企业应该根据自身战略目标和发展规划制定科学的绩效考核制度，设定短期与长期、个人与团队、部门与集团不同层次的考核目标，在双效基础上进一步细化考核指标，并建立绩效考核反馈制度，充分发挥考核意义。产权激励是企业内部最直接、最有效的激励。出版企业可逐步推行高级人才持股制度，将企业未来与个人未来紧密结合，将企业风险和个人责任紧密结合，从而有效提高企业效率。

8.4.3 强化文化管理机制

文化管理是现代企业管理的最高境界，包括两个层面：其一，管理企业文化；其二，用企业文化管理企业。出版企业的企业文化比一般意义上的企业文化有更丰富的内涵和外延，即出版文化。出版文化有四个层面：一是出版物承载的精神内容；二是出版从业人员的知识结构、知识水平、思想内涵、价值取向等心理内容；三是出版机构的出版结构、出版理念、企业文化等；四是体现在社会每一段进程中出版的传统、理念、原则、价值取向等方面的内容及其演变。鲜明的企业文化是飘扬在员工心中的旗帜，也是刻印在读者心中的名片。

企业文化最终要体现在文化产品和服务上，尤其对于出版企业，其企业文化与自身产品具有高度相关性。在转企改制之后，出版企业文化管理显得尤为重要。一旦企业使命、企业核心价值观、企业核心经营理念深入人心、渗入工作，企业上下就什么是“正确的事”、如何“正确地做事”达成共识，企业文化就形成了生产力。

8.5 构建具有文化特色的人力资本激励机制

当今世界经济正逐步由工业经济向知识经济过渡，拥有高超素质技能的人可以据此成为“知本家”，可以和物质资本的所有者一起分享企业治理权。在美国当今企业的董事会中，不带有财力资本的独立董事已占到60%以上，其他发达国家也大体如此。当前国内图书市场已由卖方市场转向买方市场，传统出版业正在向数字出版转变，这种转变对出版企业的生存和发展提出了更高的要求。其中主要的就是看出版企业是否具有较强的创新能力，而出版社创新的关键是靠人才，所以人才管理制度的创新尤为重要。出版企业人力资本管理主要包括对企业管理层和策划编辑等关键岗位人员所凝聚的人力资本进行科学开发和合理使用。

在兼顾社会效益和经济效益的双效统一方面，出版企业应当健全绩效考核办法，实行差异化考核，对直接涉及内容创作的部门和岗位要以社会效益考核为主，收入分配和奖励也要适当予以倾斜。

8.5.1　建立充满活力的人力资本激励机制

美国哈佛大学心理学家威廉·詹姆士在对人的激励研究中发现：缺乏激励的员工仅能发挥其实际工作能力的20%—30%。因为只要做到这一点，就足以使自己保住饭碗。但是受到充分激励的员工，其潜力则可以发挥到80%—90%。对人力资本进行有效的激励，必须从物质利益和非物质利益两个方面入手。

（1）建立人力资本分享企业所有权的物质利益激励机制。物质利益激励是出版企业对人力资本最基本的激励形式，主要体现在薪酬上能更多地分享与人力资本相适应的企业剩余索取。根据出版企业规模大小和发育成熟程度的不同，薪酬模式大体可以分为三类：一是年薪制。年薪制是指年初通过目标业绩评价或职务期望评价来确定企业家一年总收入额的薪酬制度，主要适用于已改制为股份有限公司或有限责任公司的出版社，适用对象主要是社长和总编辑。年薪一般应分为基本薪金和风险薪金两部分，基本薪金为出版社经营者的基本生活保障金，风险薪金主要根据出版企业的经济效益和社长总编辑的责任、承担的风险等因素确定。由于年薪额由出版社年度经营业绩确定，所以考核指标和评价体系必须科学公正、规范合理，既要防止经营者人为操纵、追逐出版社短期效益，又要防止人力资本价值的严重低估，激励力度不够，挫伤经营者的积极性。二是通过出资认股、分红股或按劳折股等方式让人力资本所有者持股，以体现人力资本的价值。可以让中高层管理人员、策划编辑、营销骨干人员持股，也可以扩大范围让一般员工持股。持股份额主要依据对出版社发展所起作用的大小来确定，持股期限应该是长期持有。管理人员持有的股份应限制其调离出版社后一定时期内不可转让，以规避其经营的短期行为。三是对公司制出版企业高管和骨干人员实行股票期权制。这种管理方式是规定员工在一定期限内按预先规定的价格享有购买一定数量股票的权利，期满后可以获得市价与预先规定价格之差的奖励。它同持股方式一样属于长期激励，不同的是持股分享的是红利，期权享有的是市价与规定价之差。此外，针对出版社大都为国有独资或国有控股的实际，可对国有出版企业进行虚拟股份制改造，确立企业劳动者的虚拟股权，通过虚拟股权参与生产经营过程的监督和控制，参与企业利润的分配获取相应的股利。

（2）建立以人为本的精神激励机制。仅仅对人力资本进行物质利益的激励是不够的，根据马斯洛的需求层次理论，物质利益的满足只能消除员工的不满意，并不能强有力地激发员工的兴趣和努力。出版企业员工主要从事内容生产，追求的是更高层次的满足：自尊、归宿感、荣誉与成就感和自我实现。企业要创造出有利于员工获得更高层次满足的机会。一是搭建创业平台，对策划编辑、营销骨干人员的职业生涯进行管理规划，在充分考虑其兴趣、爱好、特长和能力等综合因素的前提下，为他们量身定做一条符合自身志趣和出版社发展需求的职业道路。二是充分授权。策划编辑作为出版企业的人力资本主体，往往是某一领域或某一方面的专业人才，拥有比出版社管理人员更多的专业知识和技能，因此在确保出版正确导向的前提下，应给予他们在选题调研、策划、编辑出版等环节上更大的自主权，让他们在工作中应对机遇和挑战，体验成就感。三是构建企业文化。出版企业要在从事精神文化产品生产的过程中，根据所处的外部环境和内部员工综合素质的实际情况，不断构建和完善基于知识和能力的企业文化，这种企业文化涵盖企业生产经营宗旨、价值观念和道德行为准则等诸多方面，有利于形成极强的向心力和凝聚力，更好地激励出版企业的人力资本主体。

8.5.2 打造学习型企业

现代社会，人才综合素质的提高，对经济社会发展所起的作用，比资本和劳动的增加所起的作用要大得多，而人的知识、才能基本上是受教育和培训的产物。面对激烈的市场竞争，出版企业只有根据自身战略发展规划的要求，不断地加大对人力资本主体的培训力度，才能使人力资本保值增值，巩固和提高出版社的核心竞争力。

（1）注重岗前培训与在职培训。岗前培训与在职培训是出版社自己组织的旨在改善和提高员工某些局部知识水平和技能的不脱岗短期教育，包括编、印、发等各出版环节公共知识技能的一般培训和对某出版环节或领域专门知识技能的特殊培训。出版企业要对新聘员工开展系统的岗前培训。只有培训考核合格，具备必要的岗位技能与素质，才能领证上岗。对在职员工也应分期分批开展在职培训，特别是对管理人员、策划编辑、市场营销人员要加快培训的节奏，不断提高其综合素质，满足企业发展的需要。

（2）有选择地开展正规教育。主要是指出版社选择部分领军人才和骨干到国内外院校脱产接受正规教育，获得系统专业技术知识。随着出版行业改革和发展的加快，对跨学科、复合型人才的需求越来越大，从出版社选送有发展潜力的业务骨干到高校接受本科（跨学科）和研究生教育，获得系统的公共知识和工作技能，是出版企业开发人力资本的有效方式。

出版企业的员工培训和受教育不是一种随意性、权宜性或一次性的活动，而是一种计划性、战略性和连续性的活动，是出版社人力资本管理战略的具体实施，这种培训可以极大地巩固、提高、更新员工的知识和技能，为出版社提供不竭的智力支持和人才支撑，有助于出版社短、中、长期目标的实现。

8.6　创造良好的具有文化特色的现代出版企业制度外部环境

企业、政府、市场是现代市场经济的三大支柱。其中，政府和市场共同组成企业运行的外部环境。在“后转企”阶段，政府应进一步转变自身职能，为出版企业建立现代出版企业制度创造良好的外部环境。

8.6.1　适当放松经济规制，逐步建立退出机制

调研显示，随着出版集团的建立，集团可对内部不同专业分工出版社的书号或出版资源进行调控与配置，这实际上已经打破了长期限制出版社发展的瓶颈。但对不少非集团化的出版企业而言，“做什么事，出多少书”的限制还在制约企业发展。因此，政府应进一步打破按部门、行政区划和行政级次分配资源的体制，对于那些已成为真正市场主体、具备一定经济实力的出版企业，在坚持以社会效益为首位、依法经营的前提下，应逐步减少对其经营范围、生产数量的限制，鼓励它们根据自身能力和市场需求开展多媒体兼营、调整产品结构、重组企业实力。

企业退出机制是保证优质企业聚拢资源和市场竞争活力的重要因素。自20世纪80年代以来，中国500多家出版社除少数因严重违规被吊销营业执照外，还没有一家出版社因为资不抵债而“退出江湖”。转企改制后，政府应逐步规范出版企业淘汰退出机制，强化业内竞争意识，鼓励优秀企业兼并

资不抵债的企业，盘活国有资产，重置出版资源。

8.6.2 形成公共产品资助机制，加大财政扶持力度

任何一家出版企业都无法回避公共出版物的生产。在市场失灵的状况下，就需要政府这只“看得见的手”来进行干预，解除出版企业承担文化使命时力不从心的忧虑。首先，政府应给予溢出效应明显的出版企业一定的税收减免，即以税收形式将外部性内在化，调节市场行为。其次，政府应给予具有较强社会影响力和文化传承性的出版物充分的资助和补贴。同时，在基金的分配和使用上，应建立相应的审查、监管机制，杜绝权力寻租，保证基金用到实处、发挥应有的效应。

8.6.3 拓宽投融资渠道，加大金融扶持力度

中国出版企业多数存在资金短缺的问题，因此外部资金的注入就成了出版业得以发展的必要条件。受我国投资、信贷政策的影响，出版企业的融资渠道一直受到限制。转企改制后，不少出版企业亟待新产品开发、技术流程改造，流动资金不足的现象更加凸显。因此，国家应加大对出版企业在投资和信贷方面的支持，鼓励引进境内外战略投资，鼓励骨干企业上市融资，鼓励出版企业与金融机构的战略合作，建立和发展中小出版企业信用担保机制，允许投资人以知识产权等无形资产评估作价出资组建出版企业，为出版企业提供更加良好的融资环境。

8.6.4 完善市场规则，营造良好市场环境

（1）要进一步完善市场规则，运用市场规则改造并重塑出版管理体制和运行机制，规范政府和企业行为。市场规则包括体制性市场规则和运行性市场规则。前者是市场经济有序运行必不可少的基本社会制度环境和体制框架，包括产权规则、市场要素规则、市场理念规则和市场法制规则。后者是国家运用市场运动的内在规律制定的市场行为规范，包括市场进出规则、市场竞争规则、市场交易规则、解决市场争端规则这些规则能够给作为市场主体的出版企业提供一个责罚分明的行为选择空间。

（2）营造良好市场环境。随着改革的深化、技术的发展，出版市场环境也在发生变化。因此政府不仅需要制定市场规则，也需要不断完善、及时修订市场规则，为企业发展营造良好的市场环境。

参考文献

［1］［法］弗雷德里克·马特尔：《论美国的文化：在本土与全球之间双向运行的文化体制》，周莽译，北京：商务印书馆2013年版。

［2］北京市新闻出版局课题组：《出版企业建立现代文化企业制度研究》，《现代出版》，2012（1）：5－10。

［3］课题组：《出版企业建立现代文化企业制度研究》，《现代出版》，2012（1）。

［4］丁鹏：《出版企业人力资本管理探析》，《科技与出版》，2010（12）。

［5］光明日报、中国传媒大学联合调研组：《走进生活　接轨国际　掌控渠道关于北京市文化“走出去”的调查》，《光明日报》2011－10－13（13）。

［6］光明日报评论员：《推动文化产业跨越式发展——六谈推动社会主义文化大发展大繁荣》，《光明日报》2011－10－24（10）。

［7］何丽云：《出版企业实施现代企业制度的主要问题与对策》，《现代出版》，2012（7）。

[8] 黄先蓉、刘菡：《传统出版业数字化转型的政策需求与制度、模式创新》，《中国编辑》，2011（1）。

[9] 赖政兵：《中国出版业制度创新研究》，江西财经大学，2012 年。

[10] 李欧：《事业单位改革与管理》，天津大学出版社 2007 年版。

[11] 李阳：《试论出版企业激励性薪酬体系的设计》，《现代出版》，2011（2）。

[12] 梁凯峰：《出版集团建立现代企业制度的总体思路》，《出版发行研究》，1999（3）。

[13] 刘军：《按现代企业制度组建和运作出版集团》，《科技与出版》，2006（3）。

[14] 刘延东：《充分认识新形势下推进文化改革发展的重大意义》，《人民日报》2011－10－31（5）。

[15] 刘益：《出版社经营管理》，北京：中国书籍出版社 2009 年版。

[16] 刘玉珠：《我国现在文化产业供求失衡现象严重》，《北京日报》2011－10－24（19）。

[17] 柳斌杰：《出版体制改革与改革中的出版业》，《出版科学》，2007（5）。

[18] 柳士发：《建立有文化特色的现代企业制度》，《人民日报》2015－10－09。

[19] 陆颖：《关于当前出版企业深化产权改革的思考》，《现代出版》，2014（4）：11－14。

[20] 毛立言：《关于现代企业制度的新思考》，《经济纵横》，2012（11）：12－19。

[21] 聂震宁：《出版业新常态：观察与思考》，《出版发行研究》，2015（4）。

[22] 孙瑛：《出版企业建立现代文化企业制度研究》，《现代

出版》，2012（1）。

[23] 孙志军：《把牢国有文化企业改革的正确方向》[J]，《求是》，2015（20）。

[24] 汪宜晔、刘辉、黄道见：《关于转企改制后大学出版社深化改革的探讨》，《编辑之友》，2014（8）：14－17。

[25] 王关义：《中国出版业体制改革研究》，中国财政经济出版社2008年版。

[26] 王关义：《中国出版业改革思路探析》，《科技与出版》，2008（9）：63－64。

[27]《文化自觉·文化强国·民族复兴——学者纵论“建设社会主义文化强国”的战略意义与现实要求》，《北京日报》2011－10－24（17）。

[28] 吴娜：《站在新的历史起点——新闻出版总署署长柳斌杰谈贯彻落实十七届六中全会精神》，《光明日报》2011－10－24（9）。

[29] 吴江江：《出版企业制度创新》，《出版经济》，2001（12）。

[30] 肖新兵：《出版企业文化的构建》，《出版科学》，2003（1）。

[31] 熊瑜、李航星：《出版业的新趋势与高校出版社专业发展的思考》，《现代出版》，2014（6）。

[32] 杨东星：《中国出版企业现代治理结构研究》，东北财经大学，2013年。

[33] 杨晓洁：《转企改制与出版责任》，《编辑之友》，2012（8）。

[34] 杨英杰：《文化建设支撑中国经济可持续发展》，《学习时报》2011－11－07。

[35] 张贺：《出版业要做文化强国“排头兵”——出版界人士热议党的十七届六中全会》，《人民日报》2011－10－28。

[36] 张玉玲：《文化产业：国家战略的新境界》，《光明日

报》2011－10－07。

［37］约翰·B. 汤普森著：《数字时代的图书》，张志强译，译林出版社2014年版。

［38］章潮：《浅析出版企业产权制度的改革》，《出版科学》，2014（2）。

［39］郑豪杰：《出版企业治理与建立现代企业制度的思考》，《中国出版》，2012（11）。

［40］中国传媒大学出版社：《中国传媒大学出版社改革经验》，内部资料。

［41］中国传媒大学出版社：《中国传媒大学出版社体制改革实施方案》，内部资料。

［42］周鹍鹏：《出版企业建立现代企业制度的思考》，《编辑学刊》，2015（5）。

［43］朱静雯：《现代书业企业管理学》，苏州：苏州大学出版社2003年版。

［44］王关义：《中国出版业转型与升级战略研究报告》，中国财政经济出版社2016年版。

［45］王关义：《中国出版业素质升级研究报告》，中国财政经济出版社2016年版。

［46］王关义：《中国出版业体制改革与发展研究》，中央编译出版社2017年版。

第2部分

课题研究专题报告

为深入了解当前中国出版企业现代出版企业制度的构建及其文化特色的培育现状，分析存在的问题和原因，提出进一步构建具有文化特色的现代出版企业制度的对策建议，为中国出版企业转企改制后更好地适应产业化、市场化、国际化的发展环境提供支持，课题组开展了“现代出版企业制度构建及其文化特色培育现状调查”。课题组对所处北京、河南、重庆的15家不同规模、不同出版主营业务类型的典型出版企业展开了走访和调查，涉及图书、杂志期刊、报业等出版行业核心业务领域的企业一线工作人员和管理者。调查共发放问卷900份，回收有效问卷743份，并做实地访谈。现将主要调研结果分6期报告如下，供参阅。

专报之一

中国出版业计划色彩依然浓厚、财税扶持政策不配套

内容摘要：

- 近半数的被调查者认为中国出版企业还没完成彻底的转企改制；三分之一的被调查者认为应该发挥市场调节的作用
- 超过六成的被调查者认为所在单位仍受到政府主管部门的干预。其中主要包括新闻出版行政主管部门、文化市场管理部门、税务部门、工商管理部门、公安部门等
- 将近三分之一的被调查者认为单位从没享受过政府在推动出版产业发展和技术创新方面所出台的一系列优惠和财税政策
- 出版基金补助和政府对出版业发展的补贴覆盖面不大，有九成的被调查者认为所在单位没有享受过出版基金的资助，而高达99%的被调查者则认为自己所在单位没有享受过政府补贴

随着社会主义市场经济体制的不断完善，出版业的繁荣和发展越来越离不开市场，越来越需要发挥市场在资源配置中的积极作用。出版业作为中国文化产业的重要组成部分，必须加快构建统一开放竞争有序的现代出版市场体系，进一步打破市场条块分割、地区封锁、城乡分离的传统格局，完善市

场准入和退出机制，鼓励各类市场主体公平竞争、优胜劣汰，促进出版资源在全国范围内流动。党的十七届六中全会提出了推进文化体制改革，促进社会主义文化大发展大繁荣，努力建设社会主义文化强国的重要任务。事实证明：出版业强，则国家强；出版业弱，则国家弱。只有壮大出版业，才能促进国民经济快速、健康和全面发展。近年来，在国家政策的推动下，中国出版业进行了一系列的改革，取得了显著的成效。但在宏观管理体制方面仍然存在一些问题，如缺乏出版业市场竞争意识、财税扶持政策配套不完善等。

一、中国出版业发展中计划行政的色彩依然浓厚

经过近年来的一系列改革，尽管经营性出版单位基本完成了转企改制任务，但中国出版业宏观管理体制方面仍存在一些问题。主要表现在如下几个方面。

一是公有制垄断出版市场。在计划经济时期，出版单位以单一的公有制形式，在政府部门的领导下运营，出版单位没有自由经营的自主权，资源浪费比较严重，市场竞争力很弱。如今，尽管政府推动出版单位进行转企改制，以上问题得到了改善，但公有制的垄断地位依然没有改变，其他所有制的企业所占比重很小。

调查发现（见图 1）：有超过八成的被调查者认为单位的性质是公有制，而不足两成的被调查者则认为单位是非公有制或其他所有制。此外，年营业额在 5 亿元以上的出版企业当中，超过八成的属于公有制企业，而其他所有制所占的比例则不到两成。也就是说，就出版行业的性质来看，公有制企业处于垄断地位。而在美国，目前有出版公司 9000 多家，这些公司不归国家所有，而是股份制企业或是私营企业，公司有业务经营上的绝对自主权。业务范围大多全球化，不少公司是跨国公司。其中，年销售额在 3000 万美元或雇用员工达 150 名以上的大型出版社约 40 家，其余绝大多数是年出版图书 1—3 种的小型出版社。其中，美国规模较大的前 20 家出版社的年销售收入占了全美出版总销售收入的 75%，利润的 50%。除了少数出版机构由政府管理以外，基本上是私营企业或股份制企业，其出版活动不受政府干涉，政府通过法律和经济手段规范出版企业行为，进行宏观调控。

二是出版业市场化程度较低。在市场竞争日趋激烈，经济全球化进一步加快的情况下，企业只有建立健全竞争机制，才能在激烈的市场竞争中获得生存的空间。目前，中国不少出版企业现代企业制度还没有建立起来，且市场化程

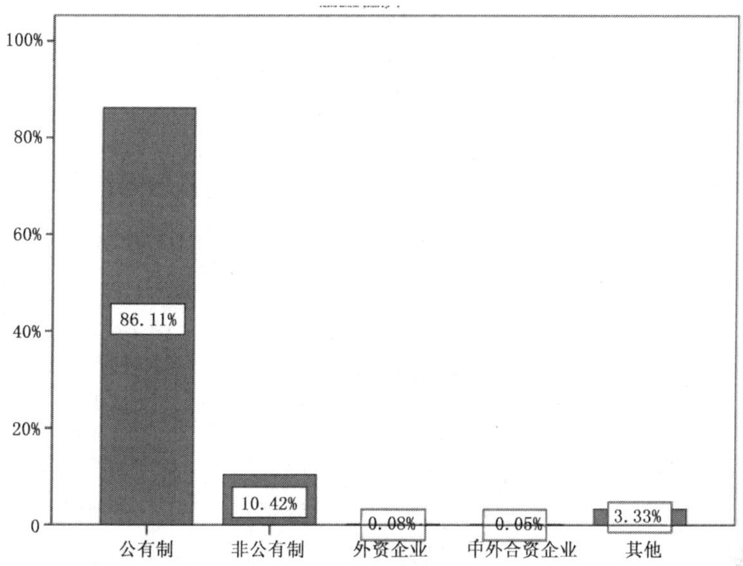

图1 出版单位各种所有制占行业比例

度较低。调查表明（见图2），仍然有将近两成的被调查者认为所在单位的主要业务依靠行政部门调节，超过半数的被调查者认为单位主营业务的市场化程度不到五成，超过七成的被调查者认为主营业务的市场化程度在70%以下。

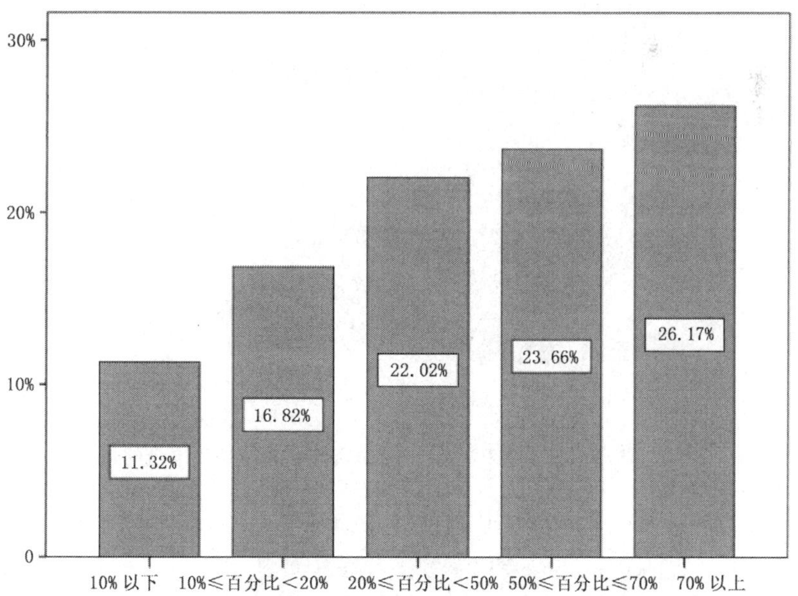

图2 出版行业主营业务市场化程度占行业比例

另外，中国出版业的市场准入条件较高，比如出版单位需要取得书号才能出版发行图书，且每年出版发行所需的书号数额有限，出版企业必须向相关的行政部门申请，获得审批后才能取得书号资格。但在申请和审批方面存在“歧视”现象，书号名额分配主要偏向于公有制企业，有些地方相关部门甚至只把书号分配给公有制企业，而民营企业则没有这样的待遇，它们分不到书号，在发行图书时得依赖于公有制企业，假借它们的名称来发行。

在书号分配方面，民营企业被排斥在外，这样无形中限制了市场的竞争，而且会产生书号买卖等问题。调查发现（见图3），在关于取消书号所持态度时，高达七成的被调查者持赞成态度。相比较而言，在西方发达国家，出版业生产和再生产的所有环节，都是通过专业分工和社会化生产来完成的，市场化程度非常高。比如作者方面，西方国家出版社签约作家制比较成熟，出版社可以按照本社的专业特点和出版特征，有选择地和专业作家签约，作家按出版社的要求创作出适合市场需求的产品。而中国出版社签约作家制远远不够成熟，市场化程度是极低的。

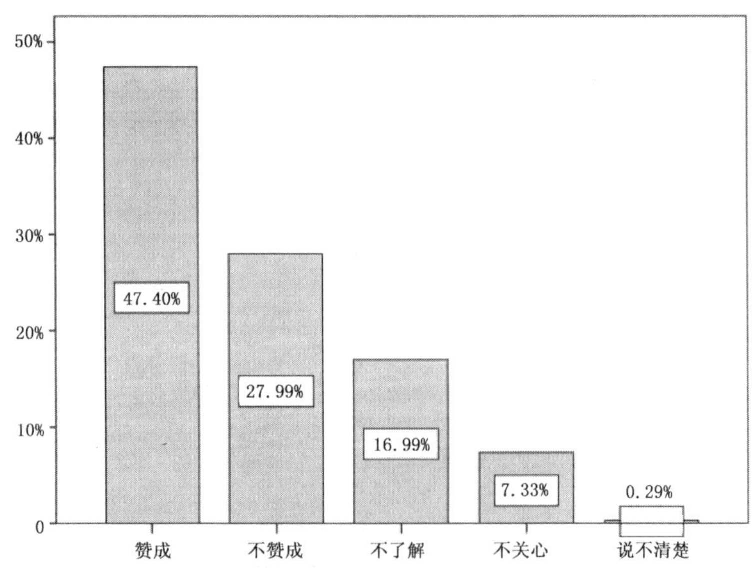

图3 对政府主管部门取消书号限制的政策所持态度占比例

三是行政部门过度干预。长期的计划经济体制导致出版管理部门行政权力过度膨胀，政府行政主管部门紧紧抓住手中的权力不放，行政人员随意干预出版单位经营活动的现象比较普遍。经调查发现，超过六成的被调查者认为所在单位在出版经营过程中受到了上级职能部门或相关部门的干预；由表1至表4可知，超过50%的被调查者认为主要受到新闻出版行政主管部门干预；将近30%的被调查者认为单位受文化市场管理部门的影响；约有20%的被调查者认为受到税务部门的影响；超过13%的被调查者认为单位受到工商管理部门的影响；超过6%的人员认为单位受到了公安部门的影响；另外还有部分调查者则认为还受到其他部门的影响，这表明行政部门对出版行业干预依然比较普遍。

表1 关于出版单位是否受新闻出版行政主管部门的影响

		频数	百分比	有效百分比	累计百分数
有效	否	2766	45.2	45.2	45.2
	是	3353	54.8	54.8	100.0
	总计	6119	100.0	100.0	

表2 关于出版单位是否受工商管理部门的影响

		频数	百分比	有效百分比	累计百分数
有效	否	5312	86.8	86.8	86.8
	是	807	13.2	13.2	100.0
	总计	6119	100.0	100.0	

表3 关于出版单位是否受文化市场管理部门的影响

		频数	百分比	有效百分比	累计百分数
有效	否	4747	77.6	77.6	77.6
	是	1372	22.4	22.4	100.0
	总计	6119	100.0	100.0	

表4 关于出版单位是否受税务部门的影响

		频数	百分比	有效百分比	累计百分数
有效	否	5249	85.8	85.8	85.8
	是	870	14.2	14.2	100.0
	总计	6119	100.0	100.0	

二、传统的计划经济体制转型不够、市场观念淡薄、相关市场体系尚未形成

在出版企业生存的宏观环境中，行政主体、企业法人等思想观念方面的

计划色彩依然浓厚，出版行业的规则尚未健全，相关的监管机制运行缺位等是制约我国出版行业发展的主要原因。

一是市场经济体制转型不够。受长期计划经济的影响，出版行业在转企改制中仍然表现出比较浓厚的行政色彩。在产权制度方面仍然是以事业单位形式存在的公有制占主要地位，出版单位的转企改制过程比较缓慢，产权制度在改革过程中并没有触及，在科学化管理体制方面很多单位仍然存在多头管理。

调查结果表明，约40%的被调查者认为自己所在单位彻底实现了转企改制，而超过20%的认为单位有推动但不彻底。另外约30%的被调查者认为单位还是老样子，没变化。在调查中，11%的被调查者认为在转企改制后，单位对政府职能部门的依赖性更强，60%以上的被调查者认为所在单位的主要业务主要不是靠市场调节，超过30%的被调查者认为单位的主要业务主要依靠政府和市场同时发挥作用。这表明行政部门对出版单位的干预依然存在，也在一定程度上束缚了出版企业的发展空间，套住它们的“脚镣”没有变，变的只是“铁链”的长度和“笼子”的大小。而在西方国家，除了少部分公益性出版企业受政府或其他公共组织扶持和管理外，其他营利性出版企业都很少受到政府直接干预管理。

二是市场观念淡薄。企业之所以弱小，重要的原因是没有树立起市场观念和市场竞争意识。缺乏创新、市场竞争意识等企业家精神是制约出版行业发展的重要因素。此外，行政主体的观念落后，对出版业过度干预也是制约出版企业市场化的重要原因，而且这些干预大多也是无效的。调查结果显示，近30%的被调查者认为上级政府主管部门对出版单位的管理制度过多过死，不够科学；约有30%的被调查者认为应更多地发挥市场调节的作用。

三是监管体制不够健全。在长期的计划经济中，出版单位处在行政部门的管理之下，与市场严重脱节。出版单位主要是在行政部门的计划和指令下运营，缺乏自由发挥的空间。出版单位间的竞争归根到底是地区之间、政府之间的较量，这就没有必要制定市场化的出版法律法规，导致相关的出版市场的法律体系是比较欠缺。调查结果显示，30%左右的被调查者认为这些部门的干预完全没有必要或纯属瞎指挥。60%以上的被调查者对上级主管部门推动产业发展的绩效不满意，本该由市场调控的事情，政府部门却插手管，造成经济无效。经过转企改制，尽管逐步出台了相关的出版法律法规，但长期的计划经济的影响很难在短时间内使出版业脱胎换骨，相关的监督管理机制不健全，监督渠道不畅，导致出版企业频繁受行政部门干预。

三、进一步推动出版业市场化转型，完善财税扶持政策体系

为加快出版行业的转企改制，推进市场化转型，《中共中央关于全面深化改革的若干重大问题的决定》中提到要加快形成企业自主经营、公平竞争、商品和要素自由流动、平等交换的现代市场体系，着力清除市场壁垒，提高资源配置效率和公平性。进一步深化文化体制改革，完善文化管理体制，推动政府部门由办文化向管文化转变，继续推进国有经营性文化单位的转企改制。

一是进一步推动出版业市场化转型。继续推进转企改制和推动发展才是硬道理，通过自由竞争，优胜劣汰，实现社会资源的优化配置。因此，在出版业转企改制中，政府放权是关键。西方诸多发达国家的出版行业管理比较成熟，值得借鉴和学习。

二是加大政府投入，完善财税等相关配套措施。在转企改制的关键时期，推动机制转型是主要的。同时，因为出版单位由过去的计划经济体制转向市场经济体制，在财力、物力、经验丰富的经营管理人员等方面比较欠缺，需要政府予以扶持。因此，政府应进一步制定和出台有利于出版行业发展的相关政策，加大对该行业的投入，在资金予以支持，在技术予以引导，在政策予以保障。应充分利用税收政策对出版业进行宏观调控。通过对不同的出版企业、不同的出版物采取不同税率的方式，优化出版资源配置，引导出版业向符合国家利益的方向发展。另外，要营造良好的市场环境，制定一系列的激励政策和法规，建立和完善出版基金制度，保证出版基金得到良性管理。

三是完善监管体系。当前，部分行政主体忽视法律的存在，肆意干预出版企业，扰乱出版市场秩序，阻碍市场有序运行。有些甚至滥用职权，谋取私利。为此，应该针对这些问题制定相应的法律，进一步规范行政主体的权利和义务。同时，政府机构应确保法律的制定者和执行者分离。另外，出版管理应坚持以法律为准绳，做到有法可依、有法必依、执法必严、违法必究。要实现政府职能的顺利转换，也有赖于法律机制的完善。对出版业的管理需要在法律的规制下进行，同样，出版业也享受法律带来的利益。法律机制在出版业中发挥的作用主要有如下几个方面：第一，规范市场行为，建立公平公正的市场环境，健全市场体系；第二，净化出版物市场，保证出版阵

地的纯洁，维护文化安全；第三，为行政执法提供准则，使执法行为有法可依；第四，保障相关权利人利益，促进出版业和谐发展。健全出版业市场运行的法律体系，只有完善该行业的法律网络，才能确保出版业有章可循，同时要按照政企分开、政事分开原则，推动政府部门由办文化向管文化转变，推动党政部门与其所属的文化企事业单位进一步理顺关系，不断强化政策调节、市场监管、社会管理、公共服务职能。转变政府职能，需要统筹“放”和“管”的关系，做到简政放权和加强监管齐推进、相协调。创新文化行政管理方式，善于综合运用法律、行政、经济、科技等多种管理手段，加快文化立法，加强行业自律，做到科学管理、依法管理、有效管理，只有这样才能为我国出版行业的快速发展提供基础保障。

专报之二

现代出版企业制度和企业文化基本成形，制度构建和文化特色培育有待进一步深化

内容摘要：

- 被调查出版企业均已经完成转企改制手续，仅28.5%的被调查者认为所在企业完全实现了彻底的转企改制
- 72.3%的被调查者表示所在企业具有比较完备的规章制度，86.1%的被调查者认为所在企业的管理科学化水平在基本科学以上
- 52.8%的被调查者表示所在企业已经形成较为鲜明的企业文化，36.1%表示企业文化尚在培育过程中
- 87.1%的被调查者表示对党和政府推动出版产业化、市场化、国际化的政策完全赞成
- 70.6%的被调查者认为当前政府对出版业改革取向是市场对出版社经营调节的作用日益突出

现代企业制度是适应社会化大生产和社会主义市场经济要求，以公司制企业为主要形式，以有限责任制度为保证，以完善的企业法人制度为基础，以企业产权制度为核心，产权清晰、权责明确、政企分开、管理科学的新型企业制度。在当前国家制度环境不断变迁、互联网等科技技术发展迅猛、出

版业国际化程度不断加深的复杂背景下，历史长期形成的传统的出版产业无论在外部体制机制还是在内部治理结构、产权结构、管理体制、内控和激励机制等方面均无法适应环境变革的需要，构建具有社会主义文化特色的现代出版企业制度已成为实现出版业可持续发展和提高出版企业核心竞争力的根本途径。

一、现代出版企业制度和企业文化基本成形，但还需进一步完善与深化

一是出版企业内部规章制度比较规范且管理水平比较科学。对企业内部管理的两个重要方面（管理规章制度完备性和管理科学化水平）调查发现，72.3%的被调查者表示所在企业具有比较完备的规章制度，23.3%的表示所在企业有管理规章制度，但不系统、不完备，仅有2.7%和1.7%的表示所在企业有比较完备的不成文的规则和没有规章制度、随意性很强；同时，7.8%的被调查者表示所在企业管理科学化水平为很科学，39.1%的表示科学，39.2%的表示基本科学，86.1%的被调查者认为所在企业的管理科学化水平在基本科学及以上，仅3.1%和10.9%的被调查者表示企业内部管理不科学和仍在依靠传统的经验管理。这表明，绝大部分企业员工认为所在企业还是具有较为完备的规章制度和较高的管理水平的，现代出版企业制度的核心要素已基本具备。

二是出版企业转企改制的实质工作推进程度不足。调查表明，28.6%的被调查者表示所在企业完全实现了彻底的转企改制，44.7%的表示所在企业转企改制有推动但不彻底，8.5%的表示所在企业虽然已经完成了转企改制手续但实质并没有变化，另有14.5%和3.7%的被调查者表示对转企改制不甚了解和不关心。这表明，73.3%的被调查者认为所在企业确实推进了转企改制工作，仅有28.6%的表示转企改制彻底完成，即我国出版企业转企改制工作的实质性仍需提高，不仅要在手续上完成转企改制还应落实到企业的日常运营和管理当中。

三是企业文化基本形成但不完善。调查表明，52.8%的被调查者表示所在企业已经形成较为鲜明的企业文化，36.1%的表示所在企业的企业文化尚在培育过程中，8.5%和2.6%的表示所在企业未形成较为鲜明的企业文化和不了解什么是企业文化。通过对企业一线员工和管理者的调查表明，绝大部分出版企业已经了解到了企业文化及其重要意义，已经有意识地进行了企业文化的培育并有一部分企业已经形成了鲜明的企业文化，这是构建具有文化

特色现代出版企业制度的重要基础。目前仅有52.8%的被调查者表示所在企业已经形成了鲜明的企业文化，即虽然大部分出版企业正在开展企业文化的培育工作，但仍有近半企业的企业文化仅具有雏形而尚未完善。

四是市场已逐渐成为主导企业发展的核心力量。调查表明，70.6%的被调查者认为当前政府对出版业的改革取向是市场对出版社经营调节的作用日益突出，同时，15.1%的认为是计划经济色彩进一步减弱，仅有15.9%的被调查者认为是政府管控力进一步加强，另有3.9%表示对于政府对出版业的改革不了解。这表明，出版业从业人员在实际工作中确实感受到了政府对于出版行业的市场化改革，以及行业环境的整体变化，说明当前出版业的转企改制工作已使中观行业层面发生了一定变化。

二、宏观经济环境不利、政策支持力度不足以及行业内部竞争无序是阻碍具有文化特色的现代出版企业制度构建的主要桎梏

一是当前的宏观经济环境对出版企业的发展较为不利。调查表明，10.4%的被调查者表示当前的宏观经济环境对于企业的影响是非常不利的，47.8%的被调查者表示当前的宏观环境对企业的影响是不利的，36.9%表示宏观环境一般，仅有4.7%和0.3%的被调查者表示当前的宏观环境对企业的发展是有利和非常有利的。这表明，近58.2%的被调查者认为当前的宏观形势不佳。出版企业转企改制以后，在内部管理体制、经营决策机制、日常运营活动等诸多方面都会发生诸多变化，这种“改革”是需要企业付出一定成本并适应一段时间的。宏观环境的不利使得企业在改制后需要更长的适应期，传统体制滞留在企业当中就不足为奇了，这是现代出版企业制度和企业文化的构建培育遇到阻碍的重要因素之一。

二是国家和地方的政策对企业生产经营支持不足、覆盖面有限。在对国家和地方的各类政策对企业生产经营的影响调查表明，仅1.7%的被调查者表示国家和地方的各类政策对企业生产经营的影响是非常有利的，19.3%的被调查者表示有利，69.3%的被调查者表示一般，另有7.3%和2.4%表示不利和非常不利。这表明，当前国家和地方政策层面对于出版企业的支持力度不足。政府的资助和支持在出版企业转企改制初期阶段发挥的作用不可忽视，将为出版企业适应新的行业环境、市场环境和竞争环境提供缓冲，间接地支持现代出版企业制度的构建。但并非所有出版企业都享受到了政府的资助与支持。调查表明，40.8%的被调查者认为所在企业并未获得国家和政府

的各类政策支持，其中39.9%的被调查者认为企业无法获得政府资助和支持的原因是自身的经营范围有限，39.6%的被调查者认为是所在企业的企业性质限制其获得国家和政府的各类政策支持，33.3%的被调查者认为是企业规模，经营范围、企业性质、企业规模成为当前限制出版企业获得各类资助和支持的最主要原因。这表明，目前政府资助和支持是有一定条件和范围的，受到重点资助和支持的企业将在转企改制过程中获得更好的发展机会，而那些不在资助范围内的企业很可能无法适应全新的市场环境和经营体制造成发展滞后甚至经营失败，这种不均衡的资助和支持也很可能造成行业发展的不均衡，很可能使很多未获得资助的出版企业无法尽快建立起现代出版企业制度，造成企业发展、制度建设、企业文化培育的滞后。

三是出版行业内部竞争无序。对于同行业企业竞争遵守法律法规程度的调查结果表明，仅有1.3%的被调查者表示同行业企业遵规守法的程度非常高，仅16.2%的被调查对象表示同行业企业遵规守法的程度较高，而49.3%的被调查者表示一般，更有29.8%和3.4%的被调查者认为同行业企业的遵规守法的程度较低和非常低。这表明，仅17.5%的被调查者认为同行业企业的遵规守法程度在较高及以上，当前中国出版行业内部的竞争还是处于较为无序的状态。无序的行业竞争将严重破坏现代市场机制在企业中的调节作用，迫使企业仍要沿用传统的管理体制和企业运行机制，使得现代出版企业制度无法适应无序的行业环境，从而使转企改制后的出版企业无法有效地建立起现代企业制度；同时，无序的竞争将破坏市场经济中的公平、公正、公开原则，使得企业内部人员对市场调节机制产生质疑，无法有效建立起健康积极的基于“公平、和谐、文化”的企业文化。

三、建立健全政策支持体系制度、提升政策支持精准度、规范行业竞争，为出版企业营造良好的制度和企业文化构建环境

一是要健全政策支持体系制度。中国出版企业的转企改制以及行业的产业化、市场化、国际化是出版业的一次改革，其性质犹如国有企业改革，其本质是要改变传统的管理体制，构建现代出版企业制度，以提升企业运行效率，适应竞争愈发激烈的市场环境。这将是一个持续时间较长的试错过程，特别是转企改制手续完成后的适应阶段，企业将遇到宏观环境、中观行业、微观企业多层面的诸多问题与困难，此时，国家、地方、上级主管单位各层面应对企业提供有效支持，以帮助企业度过改革困难期，尽快适应市场变革

后的行业环境。鉴于当前国家、地方以及主管部门对出版企业支持力度缺乏，应尽快建立健全科学的政策支持制度。所谓科学的政策支持制度并不是统一大面积同等力度的支持，应是根据宏观环境、行业发展态势和企业自身状况而设定的动态支持制度，这样既可以降低政策支持部门的总体投入，又能获得企业较高的满意度。要构建此类政策扶植机制，需要国家、地方以及企业主管部门深入调研了解管辖范围内的出版企业实际情况，结合自身资源禀赋进行科学扶植，帮助企业度过最为艰难的改革适应期，推动现代企业制度的建立及企业文化特色的培育。

二是要提升政策支持精准度，扩大政策覆盖范围。除了要建立动态科学的政策支持制度以外，在政策支持的精准度和广度方面也需要进一步提升。通过获得政策支持企业的反馈，可以说当前各类政策对出版企业生产经营的支持效果非常一般，即国家、地方及主管单位的政策支持并没有企业急需的实质性内容。鉴于此，一方面，提供政策支持的相关部门应把握企业真实所需，提升政策支持投入的精准度。另一方面，鉴于目前仍有相当一部分出版企业在改制以后没有获得任何的政策支持，致使这些企业在推进现代企业制度建设和企业文化培育进程中遇到诸多困难与阻碍，因此，政策支持提供部门还应加大政策支持的覆盖范围，使得扶植政策惠及更多出版企业，缩短企业改制的适应期与过渡期，为企业提供有力缓冲，推动企业内部快速建立现代企业管理制度和健康积极的企业文化，促进出版行业的整体转型升级。

三是要提升市场竞争公平性。现代市场经济的特点包括五个方面，即独立的企业制度、规范的政府职能、有效的市场竞争、良好的社会信用和健全的法制基础。转企改制后的出版市场应具备这些最基本特征。鉴于当前出版业内市场竞争的无序性，当务之急是建立起健全的法制基础以保证市场竞争的公平公正。公平公正的市场环境，将促进出版企业摒弃现有的基于传统出版市场环境的违规举措，自发建立起适应现代市场机制的运营体制，这将有效地促进企业自觉构建适应产业化、市场化、国际化产业环境的现代企业管理制度，同时也能促进基于公平竞争的健康积极的企业文化的培育，助推具有文化特色的现代出版企业制度的构建与培育。

专报之三

中国出版企业体制机制、企业微观运行与管理方面存在诸多问题，应着力解决

内容摘要：

- 72.6%的被调查者表示所在企业在出版经营过程中受到上级职能部门或相关部门的干预，其中仅有52.6%认为职能部门的干预是有针对性、必要且及时的
- 仅10.9%和4.5%的认为主管单位对所在企业日常运营进行了一定的资金投入和一定的实物投入
- 认为所在企业不具备完善的企业出资人制度、法人治理结构和产权制度的被调查者所占比例分别为42.8%、39.0%和51.3%
- 65.0%的被调查者认为目前企业从事资本运作遇到最大的困难是出版体制、机制
- 近87.4%的被调查者认为目前企业进行国际业务交流合作的主要方式为版权输出或者引进

现代企业制度是以市场经济为基础，以企业法人制度为主体，以有限责任制度为核心，以产权清晰、权责明确、政企分开、管理科学为条件的新型企业制度。调查发现，出版企业目前存在上级职能部门干预多、效果不理

想，出资人、产权、法人治理结构制度不完善、国际合作交流方式单一等阻碍现代企业制度构建的问题，亟待解决。

一、上级职能部门干预多、效果不理想，出资人、产权、法人治理结构制度不完善、国际合作交流方式单一

1. 企业经营受上级职能部门和相关部门干预过多但效果不理想

调查显示，72.6%的被调查者表示所在企业在出版经营过程中受到上级职能部门或相关部门的干预，27.4%的被调查者表示没有，即七成以上的被调查者认为企业的日常经营受到过上级职能部门和相关部门的干预，这一比例是相当大的；而这其中仅有52.3%的被调查者认为这些来自上级部门的干预是有针对性、必要且及时的，即近47.7%不认为上级部门的干预会对企业经营起到良性作用，更有10.9%和6.5%的被调查者明确表示这种干预是完全没有必要且影响正常经营的。企业上级职能部门和相关部门过多的且效果不尽理想的干预很大程度上背离了市场规律和现代企业制度的基本特征，会对转企改制后出版企业面对和适应产业化、市场化、国际化的竞争环境带来非常不利的影响。

2. 企业出资人制度、法人治理结构、产权制度不规范

对于出版企业出资人制度完善性的调查显示，57.2%的被调查者表示所在企业各股东投资协议、投资金额等信息具有明确记载或证明，即仍有超42.8%的被调查者表示这些出资人信息企业并没有明确记载；对于企业各股东出资数额和出资比例明确程度的调查显示，仅61.0%的被调查者表示所在企业各股东出资数额和出资比例明确，仍有近39.0%的被调查者表示所在企业各股东出资数额和出资比例尚不明确；对企业股东是否持有股权证明的调查显示，仅有48.7%的被调查者表示所在企业股东持有企业股权证明，51.3%表示所在企业股东并没有持有股权证明。这表明，目前出版企业的出资人、股东权益等制度还很不规范，背离了现代企业制度的基本特征，转企改制后的出版企业应尽快完善这些制度，尽快建立起现代企业管理制度、明晰权责、规范管理，提升运营效率，以更好面对产业化、市场化、国际化的行业环境。

3. 企业国际业务合作交流方式单一，亟须扩展国际化交流渠道

调查显示，87.4%的被调查者认为目前所在企业进行国际业务交流合作的主要方式为版权输出或者引进，26.4%的被调查者认为是合作出版，认为企业进行国际业务交流合作的其他方式还包括管理经验交流的被调查者比例

占到 14.6%、合资建立新的出版企业的被调查者比例占到 12.8%、人员方面交流的被调查者比例占到 12.3%，这些均不是目前出版企业进行国际交流合作的主要方式。这表明，目前企业进行国际业务交流合作的方式和渠道还比较单一，核心的交流合作还集中在版权领域，而对于企业提升内在管理科学性和国际竞争力具有重大意义的先进管理经验、人才等交流环节还很欠缺，从这一层面考虑，基于产业化、市场化、国际化的现代企业制度和经营体制尚未完全建立。

二、上级单位空降企业负责人、投入支持不足，资本运作体制存在缺陷，企业对行业发展认知有限，是影响现代企业制度构建的主要因素

1. 出版企业负责人空降现象比较普遍

调查显示，41.0% 的被调查者表示所在企业主要负责人的产生方式为主管部门派入，50.2% 的被调查者表示为社内选聘，仅有 7.5% 和 1.2% 的被调查者表示所在企业的主要负责人是通过社会招聘和其他方式产生的。这表明，目前由上级主管部门直接空降委任企业负责人的现象还是比较普遍的，进一步说明了当前企业上级职能部门和相关部门对企业的干预范围广、影响大，违背了现代企业制度非常关键的政企分开这一重要特征，如果出现主要负责人对企业了解程度有限、与企业内部人员沟通不畅、对行业发展状况理解不深刻等一系列问题，极有可能阻碍企业的发展，阻碍市场机制对于企业经营决策的指导性作用。

2. 上级主管部门对企业日常经营支持方式单一，实质性支持投入力度不足

调查显示，46.7% 的被调查者认为主管单位对所在企业日常运营无任何支持与投入，42.0% 的被调查者认为主管单位对企业日常运营提供了一定的政策支持，仅有 10.9% 和 4.5% 的被调查者认为主管单位对所在企业日常运营提供了资金和实物这类实质性支持。这表明，当前主管单位对出版企业日常运营提供的支持途径单一，以政策支持为主，甚至有近半被调查者认为没有获得任何投入。支持范围小、实质支持力度不足是当前的普遍现象，支持广度、力度不足使得当前很多企业构建现代企业制度工作的推进较为艰难，企业日常运营尚无法适应产业化、市场化、国际化的新环境。

3. 出版企业资本运作体制机制不完善

调查显示，65.0% 的被调查者认为目前所在企业从事资本运作遇到最大

的困难是受制于出版体制、机制，21.9%的被调查者认为企业从事资本运作遇到最大的困难是人才，另有19.0%的被调查者认为是资金，11.2%的被调查者认为是品牌影响。这表明、出版体制、机制不完善和缺少专业人才是当前出版企业进行资本运作活动的最大桎梏。可以判断，出版企业所处的资本运作整体环境还不是很理想，特别是改制前的传统体制现在仍然在很大程度上制约着出版企业资本运作的开展和推进，影响了市场经济环境下出版企业的扩张和国际竞争能力，出版业资本运作机制环境亟待完善。

4. 出版企业对现代行业发展认知有限，企业信息化基础薄弱

调查显示，75.4%的被调查者认为所在企业进行的数字化建设项目是发行管理信息系统，72.0%的被调查者认为是编务管理信息系统，65.7%认为是财务管理信息系统，64.3%认为是网站建设，仅有17.6%的被调查者认为所在企业的信息化建设当中进行了客户关系管理项目，19.6%的被调查者认为进行了企业资源管理项目，21.9%的被调查者认为进行了内容资源管理项目。这表明，当前出版企业主要进行的数字化建设项目基本上都是企业信息化基本项目，这些工作在发达国家10余年前就已经完成了。而较少进行的信息化建设项目包括客户关系管理、企业资源管理和内容资源管理恰恰是当前大数据时代企业所必需的信息化建设工作，特别是“客户关系管理（Customer Relationship Management，以下简称CRM）”，此项工作是为了维护和开拓客户渠道以更好满足市场需求的必要工作，但是大部分被调查者并不认为企业开展了此项信息化建设工作，致使我们的出版行业管理体制、运行机制整体落后于西方发达国家，在国际业务交流合作中也只能选择版权类的传统领域，使得企业的国际竞争力严重不足。

三、减少主管单位不必要的干预、加大支持力度，完善资本运作机制，加强企业国际交流合作、谙熟市场规律，构建现代出版企业制度

1. 上级主管部门应减少不必要的干预并加大对企业的支持力度，实现从管理者向服务者的角色转变

现代企业制度的重要特征就是政企分开，企业依照市场规律进行经营决策，市场调节成为企业和行业发展的核心指导力量。然而当前的出版企业经营普遍受到（原）上级主管部门的干预，上级主管部门委派企业主管领导直接干预企业经营的现象仍普遍存在，而这种违背市场规律的干预效果通常不理想。一方面，产业化、市场化、国际化是出版业的整体发展方向，上级部

门应对行业规律有全新的理解和把握，尊重行业发展和市场运行规律，转换自身角色，即由原来企业的管理者向企业服务者转换，减少对企业不必要的、违背行业和市场发展规律的干预；另一方面，出版企业在转企改制后将面对全新的行业环境和运营机制，初期将会遇到很多困难，此时作为企业服务者的上级主管部门应积极给予支持，除了在政策方面进行支持外，还应在资金、设备、技术等诸多实质层面加大投入和支持力度，帮助企业尽快度过转企改制适应阶段，促进企业运营早入正轨，尽快建立起现代出版企业制度，从实质上彻底实现转企改制。

2. 要完善出版企业资本运作体制机制

资本运作是现代企业日常工作非常重要的一环，优秀的资本运作将会极大提升企业实力。对于处于转企改制初期的出版企业而言，资本运作尚属于全新课题，成熟现代企业应具备的出资人制度、法人治理结构、产权制度尚不完善，专业人才储备不足，这表明当前的出版企业还没有做好资本运作活动的准备工作。我国出版行业的整体改革尚未完成，在现代企业运行的机制体制方面存在诸多缺失，其中就包括资本运作体制机制。一方面，在转企改制以前的出版企业乃至整个行业都较少涉及资本运作工作，如今面对产业化、市场化、国际化的行业环境，行业层面应尽快建立起现代企业资本运作体制机制，为出版企业的资本运作提供政策支持，减少体制制度方面的阻碍，使出版企业尽快参与到资本运作当中，提升自身实力，从容应对愈加激烈的市场竞争；另一方面，当前出版企业应着力做好资本运作人才引进、培养和储备工作，形成专业化的企业资本运作团队或部门，尽快建立起企业资本运作体系，从企业层面更为有效地进行资本运作工作，以提升自身实力。

3. 企业应加强国际交流，熟悉市场运行状况

发达国家出版业的产业化、市场化、国际化已经非常成熟，而我国的出版企业才刚刚介入这种模式的行业环境，因此，从我国行业层面和企业微观层面都对这种新模式的行业环境不甚了解，只有更好地把握行业发展规律才能更好地获得发展。最快了解发达国家出版行业规律的渠道即是开展全方位的国际交流与合作，这种交流合作不能只局限于单一的版权领域，应在专业人才、管理经验、经营理念、前沿技术等方面开展交流合作，多多借鉴先进出版企业发展运营经验，深入了解成熟的出版产业运营规律和市场调节机制，以全新的视角审视全新的行业形态和发展环境，推动现代出版企业制度在企业乃至全行业的整体构建。此外，当前我国出版企业的信息化水平整体

偏低，对于大数据、客户关系管理等成熟现代出版企业的日常决策支持技术还很欠缺，以至于企业无法迅速把握市场需求变动，无法完全适应以市场为主要调节机制的行业变化，鉴于此，我国出版企业亟待转变思想，提升信息化水平，利用现代决策支持技术代替传统的经验式决策机制，以满足市场需求为出发点开展经营活动，提升企业的行业地位和国际竞争力。

专报之四

中国出版企业已形成自身优势、特色和企业文化基础，企业文化仍需进一步培育

内容摘要：

- 72.3%的被调查者认为所在企业在行业中已经形成了优势
- 81.8%的表示所在企业已经形成较为鲜明的出版方向
- 89.4%的被调查者认为自己大多时候与大多数同事拥有一致的目标和方向
- 80.8%的表示会将所在企业推荐给正在求职的朋友
- 42.5%的被调查者认为造成目前企业中信息沟通不畅的主要因素是组织结构过于庞大、信息传递需要经过烦琐的程序
- 部分被调查者对所在企业基本信息尚不熟悉，企业缺乏科学的宣传体系，企业文化无法自发自觉地形成

企业文化，是一个企业由其价值观、信念、仪式、符号、处事方式等组成的特有的文化形象，是构建和培育具有文化特色现代企业制度的重要一环。调查发现，虽然有的企业文化基础已基本形成，但仍存在信息沟通不畅、宣传工作不力等阻碍企业文化自发形成的障碍，亟待清除。

一、行业优势形成、出书方向鲜明、同事目标一致、企业员工认同，企业文化基础基本形成

1. 企业在行业中已经形成一定优势

调查显示，6.0%的被调查者表示所在企业在行业中具有很强的竞争力并处于领袖地位，66.3%的被调查者表示所在企业在行业竞争中已经形成一定优势，另有25.8%的被调查者表示所在企业行业竞争力一般，仅有1.8%的被调查者表示很差。这表示，目前绝大多数企业员工均认为所在企业在行业竞争中已经形成了所谓的行业优势，这种行业优势将有助于推动企业品牌建设以及企业文化的构建。

2. 企业已经普遍形成了鲜明的出版方向

调查显示，81.8%的被调查者表示所在企业已经形成较为鲜明的出版方向，另有11.8%的被调查者表示所在企业的重点特色出版方向尚在培育过程中，仅6.4%的被调查者表示企业尚未形成鲜明的出版方向。这表明，出版企业目前正在有意识地培育自身经营特色，而且已经初见成效，自身业务特色的显现也将有助于企业文化的培育建设。

3. 企业内部同事之间的目标和方向具有较强一致性

调查显示，70.8%的被调查者表示在企业中与绝大多数同事拥有一致的目标和方向，18.6%的被调查者表示大多数时候与同事们拥有一致的目标与方向，8.8%的被调查者表示与少部分同事拥有一致的目标和方向，1.8%的被调查者表示偶尔与同事们拥有一致的目标和方向。这表明，89.4%的被调查者认为自己大多时候与大多数同事拥有一致的目标和方向，可以判断，目前出版企业内部人员在思想意识层面上具有较高的一致性，有助于企业文化和企业特色的集聚与形成，这也是企业文化特色形成的根基。

4. 员工对于所在企业具有较高的认同感

调查显示，80.8%的被调查者表示会将所在企业推荐给正在求职的朋友，仅19.2%的被调查者表示不会将自己所在的企业推荐给正在求职的朋友。这表明，目前绝大多数出版企业员工对于所在企业是非常满意的，同时愿意为所在企业进行宣传，说明出版企业员工具有明显的企业归属感和自豪感。对于企业值得被推荐的理由调查显示，41.9%的被调查者表示为正在求职的朋友推荐所在企业的理由在于竞争环境公平，34.7%的被调查者认为是文化氛围浓厚有利于提高个人修养，32.4%的被调查者认为是人际关系和

谐，这三项排在了推荐理由的前三位。这表明，公平、和谐、文化氛围浓厚是目前出版企业员工向求职者推荐所在企业的最主要理由，由此可以判断，被调查者所追求的企业文化是“公平、和谐、文化”，在大部分员工大部分时间都具有一致的目标和方向时，企业就会自发地逐渐形成“公平、和谐、文化”的企业氛围，进而转化成企业文化。

二、企业内部信息沟通不畅、宣传不力是阻碍企业文化形成的主要原因

1. 企业内部信息沟通不畅

调查显示，42.5%的被调查者认为目前所在企业信息沟通不畅的主要因素是组织结构过于庞大，信息传递需要经过繁琐的程序；40.4%的被调查者认为是各级主管部门将接收到的信息进行主观上的甄别过滤，造成信息失真；40.4%的被调查者认为是未建立科学的信息沟通机制，未设立专门机构和专业人员；27.1%的被调查者认为企业内部信息沟通不畅的主要因素是企业管理者对内部信息沟通的认识存在误区，日常工作中以自上而下的单向沟通为主；另有18.1%的被调查者认为是员工在企业非正式组织中的口头传播造成信息失真。这表明，当前企业内部的信息沟通还存在诸多问题，主要集中在信息甄别失真和信息沟通机制不完善。企业文化建设是构建具有文化特色的现代出版企业制度的重要一环，而信息沟通的不通畅无法使企业内部人员形成统一的认识，较难形成具有相同认知和思想统一的企业氛围和企业文化。

2. 企业内部宣传工作不到位

课题组在实地访谈过程中和问卷数据分析的结果中发现了一个看似细小但实际上会极大阻碍健康向上的企业文化形成和传播的问题，即作为被调查对象的企业员工不熟悉所在企业的实际情况。按照常理，同属一家出版企业的被调查者在接受实地访谈时应对自己所在企业基本信息有一个统一的了解，提交的问卷中有关所在企业的基本信息都应该是一致的，但实际情况并非如此，同属一家企业的员工对所在企业的基本信息并没有一个统一的认识。访谈过程中，部分企业员工对所在企业基本信息不确定不熟悉，说明目前部分出版企业缺乏自身的宣传工作，在企业文化基础已经完备的情况下，无法使员工具有统一的认识并意识到企业文化的存在，这就使得特点鲜明的企业文化无法自主自觉地形成，36.1%的被调查者表示所在企业的企业文化尚在培育过程中也就不足为奇了。虽然现代企业制度在大部分企业中已经基

本建立，出版行业的产业化、市场化、国际化也初见雏形，但如果企业无法形成自身鲜明的经营特质和企业文化，就更谈不上构建具有文化特色的现代企业制度了。

三、简化企业信息传递程序、构建专门信息传递机构、避免人为甄别信息失真、加强企业宣传工作，促进企业文化形成

1. 简化企业信息传递程序，构建专门信息传递机构

企业文化建设是构建具有文化特色的现代出版企业制度的重要一环，而通常的信息沟通有助于组织内人员形成一致的认识，更容易培育具有相同目标和行为模式的企业氛围和企业文化。当前出版企业的组织结构存在横向庞大、纵向深化的特征，一个企业信息产生以后要从信息源经过横向和纵向的双向传播，经过各科室部门的层层确认后才能有效传导至目的地，这一过程往往需要经过非常烦琐的认证和传播程序，严重阻碍了企业信息的高效传播，造成各部门协调运行的低效率。信息传递程序烦琐，渠道不畅，也会严重阻碍各部门科室以及人员的交流，使得企业的各部门处于一个信息封闭的环境，很难形成统一的思想和一致的企业氛围。对于现代组织结构庞大的企业而言，解决企业内部沟通和信息传递最有效的方法就是建立专门的信息传递机构，该机构负责收集企业信息，经筛选甄别后传递至目的地，这样可以大大简化信息传递程序，形成“信源→信息传递机构→信宿”的简洁信息传递流程，并以此为企业公共信息传播平台，促进企业氛围的形成推动企业文化的构建。

2. 避免主管部门人为甄别造成的信息失真

信息在企业内部传递过程中经过的主管部门越多，越容易受到人为的甄别从而造成信息失真进而产生噪声。为防止此类现象的出现，应尽可能避免人为修改信息的可能性，尽可能保证原始信息的传递，即应减少主管部门人员对各类信息的修改权限，如果在主管人员进行信息甄别时需要进行必要的信息调整，一方面，应保证2—3名相关人员共同协商确认不存在歧义、不存在与原始信息不相符的情况；另一方面，应与信息源实行双向确认机制，双向确认无异议后，再进行甄别后的信息发布与传递，构建起科学的信息采集、修改、传播体系，如此方能最大程度上保证信息在传递过程中不会失真，企业内部上下会获取一致的信息、导向和企业精神，将有助于企业文化的自发形成。

3. 加强企业宣传工作

出版企业应加强员工教育与宣传工作，应成立宣传部门，对企业取得的业绩、新闻、正在进行的项目工作等信息进行宣传，使得所属员工在企业的基本信息、发展历程、行业地位、发展方向等一系列企业信息上具有一个统一的认识和了解，提升员工对于企业的自豪感和归属感，提高企业内部凝聚力，在企业已经形成行业优势、品牌形象、出版特色和员工认同感的基础上，推动企业文化的形成。企业文化是现代企业核心竞争力的重要组成部分，处于行业领先的企业都会存在和自身特质相符的企业文化，这种企业文化将潜移默化地影响企业人员，使企业人员逐渐具备与企业相同的气质和行事风格，这将极大提升企业经营决策的执行力和执行效率，助推具有文化特色的现代企业制度在企业内部的构建。

专报之五

出版企业面临人才困境

内容摘要：

● 近九成被调查者表示所在企业已经设置了专门的数字出版部门，人才缺口巨大

● 剔除体制机制因素，17.8%的被调查者认为人才瓶颈是当前出版企业资本运作所面临的最大困难，被调查者普遍认为人才对于企业资本运作的影响大于资金投入和品牌影响

中国出版业的改革不仅仅是行业体制机制的转变，也是更先进的出版观念和出版技术被不断接纳和应用的过程。改革要以人为本，人才对于推进改革实践具有至关重要的作用。通过调查，我们发现目前面临数字化转型，出版企业人才构成无法满足数字出版业态发展需要，企业用人缺乏科学合理的激励机制，人才潜力不能得到充分发掘，需要采取更灵活易行的解决方案。

一、出版企业人才结构和使用存在的问题

1. 现阶段人才需求无法得到满足

目前，出版业对从业人员素质提出最多挑战的是数字化转型带来的业务扩张。我们的调查特意对出版企业数字出版业务的开发情况进行了调查。如表1所示，87.5%的被调查者表示所在企业目前已经设置了专门的数字出版

部门，仅有 12.5% 的被调查者表示所在企业尚未设置专门数字出版部门。而我们的调查尚未涉及有开展相关业务但未曾设置专门部门的数字出版业务开展情况。通过现有数据，可以看到，绝大多数出版企业对于数字出版业务具有浓厚的兴趣并高度重视其发展。

表 1　　企业设置数字出版部门的情况

企业是否有专门的数字出版部门	频率	有效百分比（%）	累积百分比（%）
有	609	87.5	87.5
没有	87	12.5	100.0
总计	696	100.0	

出版活动涵盖自然、社会、人文学科的方方面面，体现了人类社会全面的发展与进步。过去，出版企业强调人才结构的合理性更侧重企业内部各类人才专业学科的多样性。数字出版鲜明的技术特征和完全开放的传播过程促使出版业人才结构发生变化。出版的数字化转型令包括计算机软硬件技术开发、维护人员和网络技术人员在内的科技人才成为名副其实的出版人。数字出版要求技术与内容的完美结合，这需要从事内容整合工作的人员学习和掌握一定的数字出版技术、从事技术研发工作的人员熟悉和了解一定的内容整合规律。在新的人才需求面前，传统出版企业的人才结构显现出其单一性，对于复合型人才的要求远远不能够满足，尤其缺乏的是通晓出版技术研发应用的人才。

2. 人才瓶颈成为企业资本运作的最大困难

目前，出版企业普遍面临人才瓶颈。在我们考察出版企业资本运作中遇到的困难时，除了宏观层面的体制机制阻力，人才瓶颈成为企业资本运作最大的障碍。如表 2 所示，除了体制机制因素，人才、资金、品牌影响分别占据的比例为 17.8%、15.4% 和 9.1%，人才对于企业资本运作的影响大于资金投入和品牌影响。

表 2　　企业从事资本运作遇到的困难

目前企业从事资本运作遇到的最大困难	频数	百分比（%）	个案百分比（%）
出版体制、机制	445	52.8	65.0
资金	130	15.4	19.0
人才	150	17.8	21.9

续表

目前企业从事资本运作遇到的最大困难	频数	百分比（%）	个案百分比（%）
品牌影响	77	9.1	11.2
其他	41	4.9	6.0
总计	843	100.0	123.1

人才对于出版企业而言有着极为特殊的意义。出版企业围绕内容进行生产活动，内容的开发、运营都需要创造性劳动，人才是创造的源泉。人尽其用，企业才能以最小的人力成本去获取更高的社会效益和经济效益，否则可能会导致企业人浮于事、缺乏活力。

二、出版企业人才困境的原因分析

造成出版企业人才困境原因是多样的，社会人力资源的市场调配不及时导致出版企业人才缺口，而企业内部激励机制不完善则是人才难以发挥其最大潜力的重要原因。作为一项系统化工程，目前我国多数出版企业员工激励机制并不成熟完备，具体而言体现在以下几个方面：

1. 员工激励往往有激励、无力度

许多企业内部员工激励机制的首要弊病在于有激励、无力度。企业员工激励的形式多种多样，物质激励、精神激励均可以从不同层面对企业员工的工作成绩做出适时肯定、进一步激发员工工作积极性。激励的力度欠缺主要体现在物质激励特别是薪酬、奖金激励等方面。对于可以进行一定程度量化的编辑、发行等业务部门而言，这一问题主要体现在工作成果的量化计算方式是否能够合理体现员工劳动价值，相对而言，这部分的员工激励在力度上尚能达成较平衡的状态。但是在出版企业经营者层面，薪酬收入的激励力度并不容易把握。目前，多数出版企业在这方面的改革较为保守，这对企业管理者从业积极性和稳定性产生影响。

2. 员工激励形式单一

企业内部员工激励形式单一，难以全面调动员工工作热情。员工激励包含物质激励和精神激励。其中，物质激励是企业对员工为企业付出劳动和贡献进行的物质补偿，精神激励是企业对员工为企业付出劳动和贡献进行的非物质性补偿。物质激励包括企业付给员工的工资、奖金或奖励、福利等形式；非物质性激励则包括工作表彰、职位晋升、培训学习等形式。不论是物质激励还是精神激励，都是企业员工激励机制的重要组成部分。出版企业是知识型人才密集的组织，精神激励相较于一般商品生产企业更加不可或缺。但是，目前多数出版企业的员工激励机制都较为单一，精神激励的形式、内容与文化企业员工的精神需要存在差距，而物质激励的手段也略显保守，多数企业员工都是以月薪加奖金的形式进行薪酬奖励，股权分红等市场化程度更高、竞争色彩更浓的物质激励手段较少被使用。

3. 员工激励缺乏制度保证

中国出版企业虽然已经达成转企改制的基本目标，但在各项规章制度上依然存在较大漏洞。规章制度的缺位使得个别企业难以完全驱除历史遗留的行政作风，各项措施的操作显露出粗糙、随意的作风。在人才使用上，表现为员工激励的具体实施缺乏规范性和稳定性。在市场环境下，员工激励是企业员工工作目标和行为动机产生的源泉。员工激励得当，能够极大地提高企业人才使用效率并激发企业活力，因此，员工激励机制特别是薪酬体系的健全和完善是长久以来出版业改革的重点和难点。现实中，员工激励的具体操作较为复杂，对于业务部门员工的激励，常常因为工作量化计算的方法不能完全照顾和体现每一位员工的实际劳动而受到诟病；对于企业经营者而言，因为目前没有形成成熟的业绩奖励制度，致使奖金发放等激励政策的决定较为随意，往往由经营者临时来决定员工甚至经营者自己的奖金收入，这一方式欠缺规范与稳定、存在较大漏洞。

三、出版企业走出人才困境的对策建议

1. 加强专业教育，保证复合型人才输送

数字出版是典型的知识密集型产业，人才资源为其提供发展的动力和创意的源泉。十年树木，百年树人。人才的培养需要时间的积累和路径的设计。我国出版业在出版人才专业教育和职业培训领域都积累了大量经验，同时也伴随许多问题。数字出版人才培养的核心目标在于人才的复合性与适用性。就出版专业教育而言，高校和研究机构需要重新调整现有教学方案和目标，根据实际需要培养既懂得出版专业知识又熟悉数字出版技术，既掌握编辑技能又通晓信息传播的复合型人才；就出版职业培训而言，除了继续完善和利用出版从业人员职业资格准入制度、出版从业人员继续教育制度下的各类培训活动，还可以充分利用国民教育资源，对数字出版从业人员知识结构、技术能力进行全面、及时的更新。

2. 建立科学合理的员工激励机制并施以制度化保证

员工激励能够使企业优秀员工在工作中获得自我价值的满足，从而产生长久服务于企业的意愿，以保证企业员工的稳定与高效。随着出版体制改革的不断深入，出版企业员工市场化的激励机制逐渐形成，企业员工在薪酬待遇等方面得到较之于计划经济时代极大的改善，平均主义的分配制度被打破，许多企业内部一线员工的收入甚至超过管理层员工收入，完全打破了旧有的分配格局。建立科学合理的员工激励机制应在现有的基础上加大激励的力度，使得企业内部激励能够真正调动起员工的工作积极性和竞争意识。在采用目前常用的奖金、工资等物质激励形式的同时，也应当采取更加多样的激励形式，以荣誉、特权等精神嘉奖来调动员工积极性。此外，为了将激励机制发展成为一种稳定、常态的企业管理手段，应当将各种激励手段物化为企业规章制度，以保证激励措施的可操作性。

专报之六

版权运营管理的探索

内容摘要：

- 近半数被调查对象认为中国出版企业从事数字化建设的主要困难是“版权保护不规范”
- 接近九成被调查者反映，“版权输出或者引进”为所在企业进行国际业务交流与合作的主要方式
- 57.9%的被调查者认为版权法律问题是中国出版企业在国际竞争中面临的主要问题，版权几乎与人才并列成为出版企业参与国际竞争的重要筹码

随着出版业市场化改革的深入和出版技术的不断进步，人们越来越多地认识到版权的重要性，并逐渐就版权运营管理在文化产业中的核心地位达成共识。目前，出版企业版权运营的相关尝试正在如火如荼地展开，关于版权运营管理的探索方兴未艾。

一、现状：版权运营难题伴随出版业的发展而出现

版权运营对于长期处于计划经济下的中国出版业而言，并不是一个大家熟知的概念，而是随着出版业的发展逐渐进入人们的视野。数字技术的进步为出版业注入新的活力，数字出版成为出版企业竞相开拓的新领域，版权运营在这一领域彰显其独特价值；中国经济、文化的全球化战略为中国出版企

业提供了更加开阔的运行平台，版权运营管理在出版业的国际交流中尤其不可或缺。相较于发达国家出版业，中国出版企业版权运营熟练程度低，在当前出版业的数字化转型以及国际交流中均面临难题。

1. 版权运营成为数字化转型的障碍

对中国出版企业从事数字化建设的主要困难调查显示，“版权保护不规范”成为目前阻碍中国出版企业数字化建设的显著原因。具体调查结果如图1所示，49.4%的被调查对象认为中国出版企业从事数字化建设的主要困难是“版权保护不规范”。由此可见，中国出版企业开展数字化建设除了要面临经费、技术等硬件困难，版权问题也不可忽视。

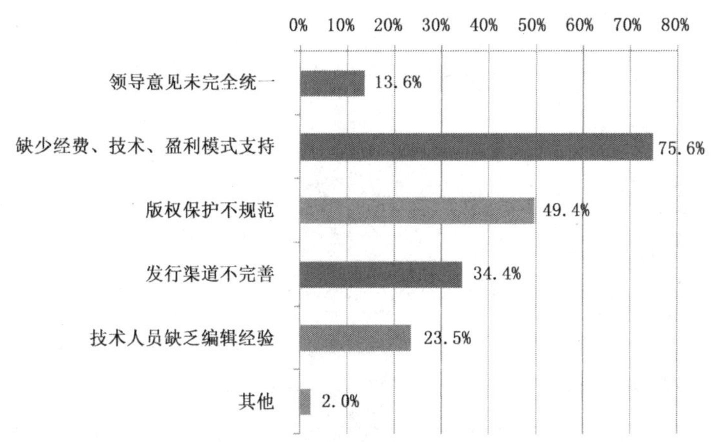

图1　从事数字化建设的主要困难

2. 版权运营是出版企业国际交流面临的难题

版权运营管理在出版业国际交流中的地位不言而喻。调查数据显示，中国出版企业与国外出版企业的主要业务联系方式为围绕版权进行的内容输出和引进。而在更广泛层面的合作，例如，合作出版、合作出版、管理经验交流、合资建立新的出版企业、人员方面的交流以及其他领域的交流与合作相比较而言，开展的力度非常小。如图2所示，在对所在企业与国外出版企业的主要业务联系方式调查中，“版权输出或者引进”成为当前出版企业进行国际业务交流合作的最主要方式。87.4%的被调查者反映，目前企业进行国际业务交流合作的主要方式为“版权输出或者引进”，16.3%的被调查者认为是“合作出版”，14.6%的被调查者认为是“管理经验的交流”，12.8%的被调查者认为是“合资建立新的出版企业”，12.3%的被调查者认为是

"人员方面的交流"。关于出版企业对外交流的调查数据一方面提醒我们的企业需要开展更多样的交流与合作。打破现有相对封闭的格局、以更加开放的心态去接触国外的同行，在了解和学习的基础上与之进行更加密切的协作，这既是企业经营的进步也是企业参与国际市场竞争的必经之路。另一方面也为我们展示了版权运营管理在国际合作与交流中的重要地位。

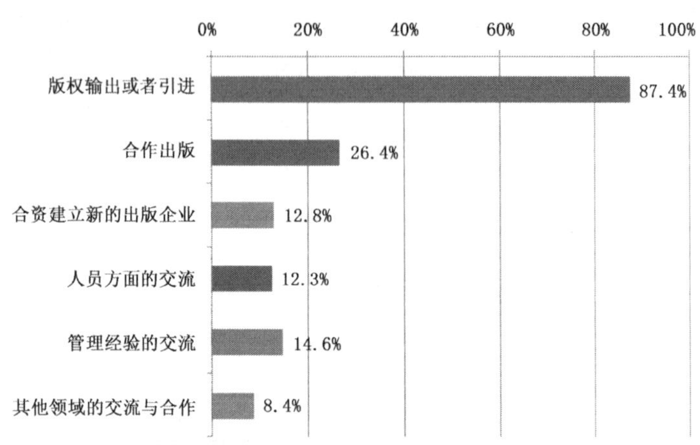

图 2 企业目前与国外出版企业的业务联系方式

但是，不可否认，版权问题也是中国出版企业面对国际合作与竞争的重大难题。对中国出版企业在国际竞争中面临主要问题的调查显示，如图 3 所示，版权法律问题几乎与人才经验问题并列成为中国出版企业参与国际竞争面临的最主要问题，其比例高达 57.9%。

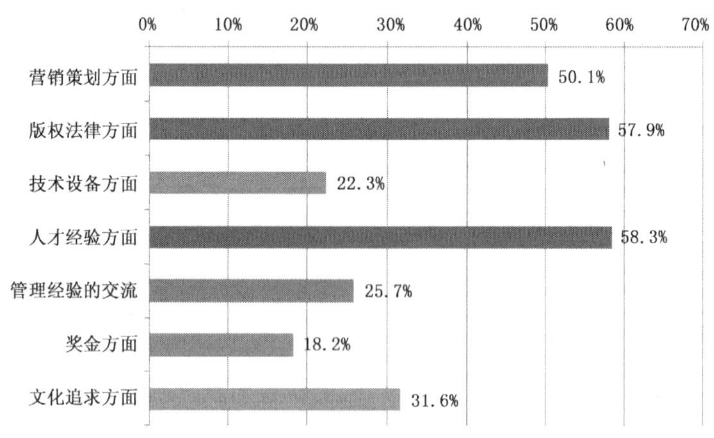

图 3 中国出版业在国际竞争中面临的主要问题

二、原因：版权管理不规范造成版权运营难题

版权运营需要建立在版权的经济价值被完全认可的基础之上，这一要求与原本就缺乏版权意识的中国社会文化存在一定程度的矛盾。这一矛盾在出版业向数字化转型的过程中尤为突出，因为数字技术带来的传播便捷性使得信息流通发生的频率、速度、数量都大大提高，版权保护难度增大。目前，就传播技术而言，中国数字信息的防伪、加密技术尚不完善，版权保护无法得到保证，版权侵权随处可见，版权纠纷层出不穷。出版企业在对版权资源的运营管理中自觉或者不自觉地存在版权管理与保护不规范的情况。

1. 出版企业在数字出版流程中缺乏版权管理的主动权

在传统的出版流程中，作品传播的路径是作者—出版企业编辑部—印刷厂—发行商—读者，数字出版简化了这一路径，作品可以直接从作者经过数字出版商到达读者的阅读终端。尽管目前数字出版模式尚在探索阶段，但这种数字出版商绕开出版企业，直接与作者达成出版协议的方式在很大程度上冲击了传统出版企业的生存空间，更剥夺了出版企业接近版权内容的机会，从而无法进行版权的规范化管理与运营。

2. 出版从业人员的版权意识薄弱

中国传统社会文化中缺乏版权保护的基本认识，版权意识薄弱不仅仅存在于普通民众中，也存在于直接参与版权运营的出版从业人员中。从业人员不能正确认识版权的经济价值其结果导致出版企业非但无力对版权进行符合市场法则的经营与管理，反而成为版权纠纷的被告。长期以来，图书出版领域都是中国侵权盗版的重灾区。造成这一局面的原因是多方面的，但来自行业内部从业者版权意识薄弱是其中不可忽视的一个因素；在出版业向数字出版转型的过程中，大量凝结出版企业编辑加工、版式设计劳动的作品被纳入数字的海洋，却鲜见出版企业与作者结成维权联盟进行版权的管理与保护。此外，还常常出现的情况是，在出版企业参与数字出版的探索过程中，有些出版企业未经作者授权便将作品出售给数字出版商，致使被作者诉上法庭，成为被告。可见，出版从业人员版权意识有待提高。

3. 现阶段相关法律仍不完善，出版企业维权成本高

数字出版便捷的传播方式和海量的存储空间使出版作品一旦被发布便产生不可计量的复制效果。但是作为一种全新的出版形态，在版权保护方面缺乏全面、有力的法律依据。目前，出版企业在与作者签订合同时，一般都会

要求同时签订数字版权条款，但由于缺乏有依据的合同范本，出版企业和作者双方在权利种类、作品的使用方式、传播载体、传播媒介、使用条件与结算条件、预付版权使用费、分成比例、销售数据的提供与核查、结算方式、授权期限以及日后收益的保障等方面都缺乏明确具体的约定，双方对合同中有关数字版权的约定分别理解，这难免给出版企业与作者之间可能发生的数字版权纠纷埋下隐患。

三、对策：版权运营管理需要系统维护

版权的运营管理目前已成为出版业发展无法回避的问题。版权保护不规范是目前中国出版企业版权运营难题出现的根本原因。要解决这一问题、实现企业发展目标，就需要对版权运营进行系统维护。要认识到版权的价值并进行保护，在此基础上才可能实现企业对于版权的资源利用。

1. 认清版权对于企业的意义，积极参与版权保护

版权是作者的权利，基于这一原因，当版权受到侵犯，往往是作者积极维权，而出版企业则缺乏维权的动力。但是，在现有的数字资源当中，如果出版企业不能够有积极作为，大量凝结出版从业人员劳动的作品就会存在被侵权的风险。而在内容为王的出版业内，版权不仅涉及权利，更是不可替代的出版资源，因此出版企业需要有所行动。出版企业参与版权保护，最重要的是做到严格履行版权合同，在合同约定的权利行使过程中尊重和保护作者权益。目前，各出版企业在与作者签订的出版合同中都有关于数字版权授予的条款。出版企业应在合同中明确数字版权授予的具体权利义务关系，使版权保护更具可操作性。对于已出版图书尚未签订数字版权授予合同的，应该及时与作者取得联系，在充分尊重作者意愿的前提下争取追加数字版权合同，取得授权。在出版数字化过程中，凡是涉及版权使用和出让，出版企业均应严格依照与作者签订的版权合同行事，在合同明确的授权范围内推动作品数字化传播。

2. 积极探索数字版权运营管理模式，实现企业发展目标

目前，数字出版的多种商业模式仍然处于接受市场检验的阶段，数字出版即将大行其道的趋势虽然已经明朗，但是其商业模式依然模糊。尽管如此，可以肯定的是，拥有悠久从业历史的传统出版企业所掌握的大量优质内容资源在崭新的数字出版领域依然是无可替代的传播对象。没有传统出版企业参与的数字出版，将与积累知识、传承文化的出版价值相背离，无法完成

人们所期待的信息传播方式的变革。同样，数字传播的诸多优势也意味着传统出版无法满足当代和未来读者的阅读需求，对数字出版完全拒之门外的传统出版企业也将失去更加广阔的传播空间，将自己推向未知的险境。出版企业的内容资源与数字出版平台相结合是目前数字出版的重要形式，版权运营管理的重点就在于对数字版权授权模式的确定。传统出版企业应凭借自身积累的大量优质内容资源，积极探索适合的数字出版之路，寻找稳妥的数字版权授予模式，以确保出版资源和劳动成果合理、合法、满足各方利益地进行数字化传播。

3. 积极开发原创作品，掌握版权运营的主动权

版权的核心价值在于原创性。不论在数字化转型的过程中还是在国际交流合作中，掌握原创作品往往意味着更多的主动权和更大的议价空间。新的传播技术和传播形态为原创作品的发现与挖掘提供了有利条件，出版企业应当适时抓住一切机遇，为版权经营管理创造更大的可能。当然，在茫茫的数字信息海洋中盲目搜寻无异于大海捞针，原创作品的开发更应当遵循出版的一般规律，凭借编辑日积月累的工作经验，经过科学的信息搜集、分析，有针对性地进行。

第 3 部分

公开发表的相关学术论文

推动传统出版与新兴出版融合发展的财税政策研究[①]

内容摘要：

随着数字技术的兴起，传统出版业出现新的发展契机和发展方向，出版业的数字化转型逐步推动，国家也多次出台激励政策鼓励传统出版和新兴出版融合发展。本文着重分析传统出版的数字化转型中存在的问题，从政策层面提出了相关财税支持建议和对策，以期加快推动传统出版与新兴出版的融合发展。

关键词：

传统出版　新兴出版　财税政策

一、中国传统出版和新兴出版融合发展的现状

随着媒介技术的进步，传统出版企业逐步寻求向新兴出版的转型升级，其中一个重要方向就是数字出版。从总体趋势来看，传统出版企业正逐步加快向新兴出版的转型，但是进程相对缓慢，产品有待进一步深化转型，具体表现如下。

1. 传统出版数字化产品收入在数字出版产业总收入中占比较低

传统出版数字化产品中，电子书虽占比份额较小，但增速最快，2013 年

---

① 本文为王关义教授主持的国家新闻出版广电总局重点课题“构建具有文化特色的现代出版企业制度研究”的研究成果，课题立项编号为：2015－4－1。

较2006年收入增长了24倍；互联网期刊收入增长比较平稳，2013年较2006年收入增长了一倍；数字报纸总体上呈现增长态势，但在2013年出现下滑（见图1）。传统出版数字化产品虽呈现增长态势，但在数字出版产业中仅占据很小比重。从2013年数据来看，互联网期刊、电子书、数字报纸三项总收入占比2.44%（见图2），说明传统出版单位数字化转型升级还需继续深化。

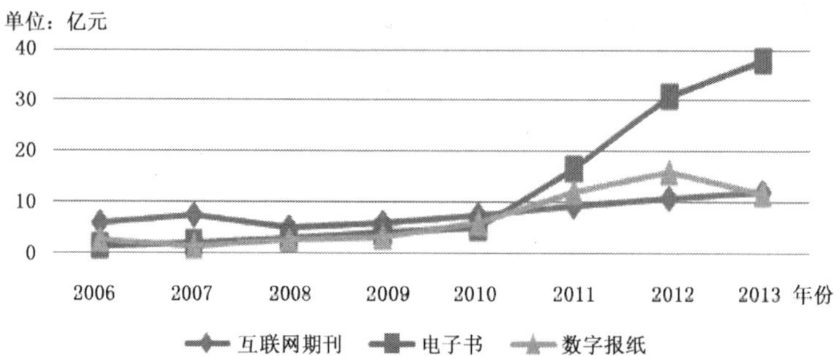

图1 2006—2013年传统出版产业数字化产品收入情况

数据源于：《2013—2014 数字出版产业发展年度报告》。

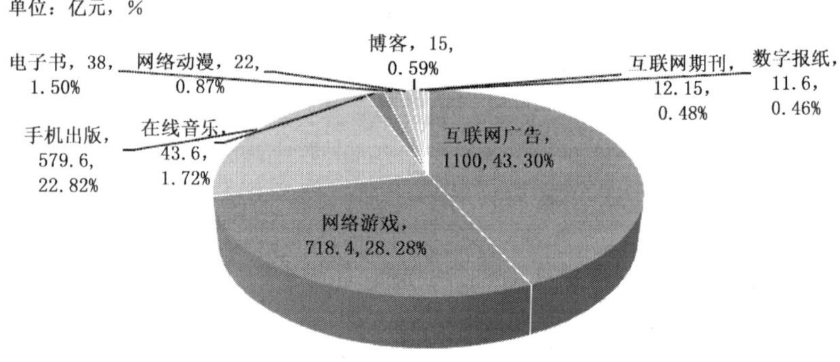

图2 2013年数字出版产业收入和占比情况

数据源于：《2013—2014 数字出版产业发展年度报告》。

2. 传统出版数字化产品和传统出版物之间存在巨大差距

根据互联网期刊、电子书和数字报纸三项总收入和传统纸质出版产品收入规模比较来看，纸质出版物收入是传统出版数字化产品收入27倍（见表1）。巨大差异的原因在于：一是新闻出版行业多年来从事的是内容生产，人才培养和资金投入集中在业务方面，对于技术研发紧迫感不强，缺乏高新技术研发和投入，将数字出版视为依附于传统出版产业的辅业；二是出版单位顾虑转型发展存在的风险，过于依赖政府扶持资金、政策和项目，缺乏主动探索。

表 1 2013 年传统出版数字化产品和纸质出版物收入对比 单位：亿元

数字化出版物收入		纸质出版物收入		后者是前者的倍数
电子图书	38	图书	770.8	19
互联网期刊	12.15	期刊	222.0	17
数字报纸	11.6	报纸	776.7	66
合计	61.75	合计	1769.5	27

数据源于：《2013—2014 年数字出版产业发展年度报告》。

二、支持传统出版和新兴出版融合发展的财税政策及问题

为了推动传统出版向新兴出版转型升级，国家出台多项鼓励政策：2014 年国家新闻出版广电总局和财政部联合下发《关于推动新闻出版业数字化转型升级的指导意见》（新广出发〔2014〕52 号）强调对数字化转型升级等加大财政扶持力度，将新闻出版业数字化转型升级项目作为重大项目纳入中央文化产业发展专项资金扶持范围；2015 年 4 月，国家新闻出版广电总局和财政部联合下发《关于推动传统出版和新兴出版融合发展的指导意见》，提出推动传统出版和新兴出版的六大重点任务，明确“加大财政政策支持力度”作为支持政策措施；2015 年 5 月国家税务总局也发文《关于坚持依法治税更好服务经济发展的意见》指出通过税收政策“积极支持新业态和新商业模式健康发展”。具体政策疏理如下。

1. 支持传统出版和新兴出版融合发展的财税政策

（2）财政政策。中国在 2013 年推出首批 70 家“数字出版转型示范单位”项目，包括 5 家出版集团、20 家图书出版单位、5 家报业集团、20 家报纸出版单位、20 家期刊出版单位。示范单位将优先获得国家和地方财政资金支持。但是 70 家示范单位占全部申报单位的 16.3%、全国出版单位的 0.56%，说明转型范围较小。

此外，文化产业专项资金支持项目中，从 2008 年到 2014 年，文化产业发展专项资金中支持新闻出版业 75.4 亿元，占 192 亿资金总量的 39.3%；项目数量是 1107 个，占 3300 多项目总数的 33.5%。2015 年文化产业发展专

项资金重点支持内容之一还是新闻出版业数字化转型升级。从2011年到2014年，中央文化企业国有资本经营预算安排资金支持新闻出版业19.78亿元，占30.6亿资金总量的64.6%。

（2）税收政策。税收政策主要集中支持网络图书、网络报纸、网络期刊和电子出版物的发展。具体见表2。

表2　　　　传统出版数字化转型税收优惠一览表

产品形态	税种	规　　定
电子出版物	增值税	自2000年起至2010年底，电子出版物视同软件产品，对其增值税实际税负超过3%的部分实行即征即退政策。
		2006年起，电子出版物的增值税税率由17%下调至13%。
		2013年1月1日起至2017年12月31日电子出版物在出版环节执行增值税先征后退50%。
从事经营网络图书、报纸、期刊和电子出版物的企业	增值税	出口电子出版物享受增值税出口退税政策。
	进口关税	2009年1月1日起，对为承担国家鼓励类文化产业项目而进口国内不能生产的自用设备及配套件、备件，免征进口关税。
	企业所得税	对从事文化产业支撑技术等领域的文化企业，按规定认定为高新技术企业的，减按15%的税率征收企业所得税； 开发新技术、新产品、新工艺发生的研究开发费用加计扣除； 出版、发行企业处置库存呆滞出版物形成的损失，允许税前扣除。

2. 支持传统出版和新兴出版融合发展的财税政策存在的问题

以上支持政策对出版行业来说是发展的利好信息，并实际助推了传统出版和新兴出版的融合，但是仔细分析发现存在一些问题。

（1）过于倚仗财政政策，且缺乏落实。从《关于推动新闻出版业数字化转型升级的指导意见》和《关于推动传统出版和新兴出版融合发展的指导意见》中可看出，相关保障措施都是强调财政支持政策，缺乏税收激励措施。直接的财政扶持虽然在短期内促进数字出版的转型，但是不具有长效机制和普惠效应，不能带动传统出版行业整体、自发的转型。获得资助的单位相对于没有获得资助的单位在市场竞争中占据优势。相反，如果增加税收激励政策，则可营造公平的竞争环境，并在数字出版转型中的设备投资、产品销售增值税、研发费用扣除、企业所得税等多方面激发企业创新动力。

此外，数字出版的主管部门新闻出版广电总局非常重视该产业发展，连续发布的多项产业文件，都提及给予财政、税收等支持，但却存在“只听楼梯响，不见人下来”的现象。如《关于推动新闻出版业数字化转型升级的指导意见》中提及“支持企业采购用于出版资源深度加工的设备及软件系统”。此项规定过于原则，缺乏细化、可行的实际支持举措。更为细化的财政、税收等支持政策依赖于各个政府部门的协同合作，这才是有效支持数字出版发展的关键。

（2）对电子出版物优惠力度不如纸质出版物。自 2000 年起，电子出版物一直比照软件产品享受优惠政策，但并未将其归入出版物中。2009 年在《关于继续实行宣传文化增值税和营业税优惠政策的通知》（财税〔2009〕147 号）中将电子出版物归入出版物中，但该文件仅对图书、期刊、音像制品给予出版环节 50% 增值税先征后退政策，并未对电子出版物给予同等待遇。财税〔2013〕87 号文才明确电子出版物同图书、期刊同等待遇，在出版环节执行 50% 增值税先征后退。从税收法规文件演变来看，电子出版物受重视程度增加，并明确相关税收优惠政策。但是财税〔2013〕87 号文中仅对图书批发、零售环节增值税给予 5 年免征期，而电子出版物中的电子图书却并未享有同等优惠待遇。

（3）电子出版物优惠政策没有考虑不同于纸质出版物的特点。增值税实务中采取销项税额 - 进项税额的方式征税，可抵扣进项税额大，企业增值税税负才较低。2006 年起电子出版物增值税税率由 17% 下调至 13%，在一定程度上减轻了电子出版物的税收负担，但是效果却不明显，原因在于电子出版物在成本构成上不同于纸质出版物有实物抵扣进项税的特殊性。以电子图书为例，其主要成本包括版权费用、制作成本（包括人工和设备成本）、销售成本、服务成本等。2013 年营改增之前，以上成本中只有购进设备、购进存储介质抵扣进项税；电子出版改成网络出版后，存储介质也不需要了，可抵扣进项税项进一步减少；版权购买支出、人工费、推广支出、研发支出等主要成本无法抵扣进项税，导致电子图书的增值税实际税收负担较重。尽管我国早于 2000 年将电子出版物认定为软件产品，并对其比照软件产品执行增值税税收负担超过 3% 即征即退的优惠政策，但是国家对软件企业认定标准严格，实践中大部分电子出版物并未能真正享受到此项即征即退的税收优惠，电子出版物税负普遍偏重的现状并未改变。2013 年营改增后，著作权转让支出虽作为现代服务业按 6% 税率可抵扣进项税，但由于个人转让著作权免征增值税，导致出版社支付个人的稿费（或版税）无进项税可抵扣。基于此，即使电子出版物和纸质出版物享受同等税收优惠政策，不同的成本构成也导致电子出版物的实际增值税税负高于纸质出版物。

（4）税收优惠覆盖范围狭窄。从税收优惠政策看出，对传统出版和新兴出版融合发展的支持着力点限于传统出版的数字化产品（电子出版物）和经许可从事网络图书、网络报纸、网络期刊的企业。对传统出版设备及软件系统更新、投资建设新兴媒体以及传统出版和新兴出版共同投资等没有出台相关措施，无法推动传统出版和新兴出版全面融合发展。

三、支持传统出版和新兴出版融合发展的财税政策建议

以上政策的支持着力点在于传统出版的数字化产品和数字化转型升级。这虽然在一定程度上减轻了传统出版数字化产品的税收负担，激活了传统出版数字化转型的动力，但还存在一些问题。建议在激励传统出版和新兴出版融合发展中出台以下政策。

1. 财政资金扶持传统出版的数字化平台建设

短期内，财政资金投入可以发挥杠杆撬动作用，支持传统出版和新兴出版的加速融合。建议今后通过文化产业转型资金进行财政扶持的重点包括：其一，目前新兴出版物中存在优质内容匮乏、低俗内容充斥的现象，而支撑新兴出版物长期、可持续发展的底蕴是优质内容。我国 5000 年文明遗留下大量优质内容的文史资料，亟待开发、编辑、加工成数字产品。因此，建议下一步重点扶持历史文化瑰宝的数字化平台建设、内容开发项目，如 2014 年文化产业专项资金支持南京大学出版社的“民国历史文献数字化出版平台”建设。其二，继续重点扶持传统出版社数字化平台建设。由于财政资金有限，建议采取财政贴息等方式支持，重点发挥财政资金的杠杆作用，撬动社会资金进入传统出版转型建设中。

2. 制定出版优秀数字化产品的税收政策

（1）制定批发、零售环节电子出版物免征增值税政策。财税〔2013〕87 号文中仅对图书批发、零售环节增值税予以免征。目前电子出版物和传统的图书、报纸、期刊相比，其市场占有率非常低，为了扩大电子出版物的受众人群，建议对电子出版物中的电子图书、电子期刊和报纸比照财税〔2013〕87 号文给予 5 年免征批发、零售环节增值税的优惠政策，进一步降低电子出版物的价格，使其轻税负参与市场竞争，以价格优势抢占市场，进而从消费终端带动新闻出版产业的数字化转型进程。

（2）制定网络出版物增值税进项税抵扣和即征即退政策。考虑到网络出版物进项税抵扣偏少、增值税税负较重的问题，为了鼓励出版企业将优质内容推送出来，营造良好的网络文学氛围，建议：①电子出版物成本中，向作者支付的稿酬（或版税）体现的是对知识产权、人力投入的支出，2013 年 8 月 1 日营改增后，由于个人转让著作权免征增值税无法取得抵扣凭证，但是这部分支出体现了对知识产权的尊重，建议比照农产品计算抵扣的方法，出版社可以将对个人支付的稿费（或版税）按 6% 计算抵扣增值税，增加增值税的抵扣项。②明确电子图书、互联网期刊、数字报纸等出版物增值税超过 3% 即征即退政策。

3. 出台激励传统出版数字化转型设备及软件更新的税收政策

（1）继续实行增值税退税款专款专用政策。在《关于继续执行宣传文化增值税和营业税优惠政策通知》（财税〔2009〕147 号和财税〔2011〕92 号）曾强调退还的增值税税款应专项用于技术研发、设备更新、新兴媒体的建设和重点出版物的引进开发。但此项规定并未在其延续性文件财税〔2013〕87 号文中体现。从目前来看，部分出版企业过于依赖政策支持，缺乏发展的危机感，并不将退税资金谋发展、求转型。从促进传统出版企业数字化转型角度出发，建议出台相关监督举措保障退还税款专项专用于数字化转型设备或软件投资。

（2）出台数字出版专用设备（软件）投资额抵免企业所得税政策。在《关于推动新闻出版业数字化转型升级的指导意见》（新广出发〔2014〕52 号）中提及“支持企业采购用于出版资源深度加工的设备及软件系统”。但对于如何支持并未有细化的落实性政策。如果仅凭财政资金划拨的支持方式，其惠及面仅限于获得财政资金的企业，而不能带动整个新闻出版行业自发性的数字化转型。建议将数字出版专用设备（软件）列入《环境保护专用设备企业所得税优惠目录》，购置此类专用设备可以按专用设备投资额的 10% 直接从企业所得税当年应纳税额中抵免，当年不足抵免的，可以在今后 5 个纳税年度结转抵免。此举可刺激其他未获得财政专项资金支持的出版企业自发进行数字化设备购置进而带动数字化转型。

4. 出台传统出版和新兴出版共同经营减免企业所得税政策

为了支持传统出版和新兴出版的融合发展和共同经营，建议传统出版企业将税后利润用于数字出版平台建设、基地建设方面的投资，或利用股权投资方式投资于未上市的中小数字出版企业两年以上的，可以按照投资额的

70%在投资当年或股权持有满2年当年抵扣该新闻出版企业的应纳税所得额；当年不足抵扣的，可以在以后年度结转抵扣。例如，2015年1月1日某新闻出版集团和某互联网集团以股权投资方式各自出资1000万元共同投资成立某数字出版企业，股权持有至2016年12月31日，则这两个集团可以在2016年12月31日增加可抵扣应纳税所得额700万元，进而降低企业所得税税收负担。传统出版优势在于内容资源、编辑团队，新兴出版优势在于技术流程和运营平台，此项举措有利于双方各自发挥优势，共同打造数字出版企业，生产出优秀的数字出版产品。

参考文献

[1] 武云：《出版行业税收优惠政策的绩效研究》，《财政监督》，2013 年第 3 期。

[2] 王关义、鲜跃琴：《我国出版业国际化转型现状问题与对策》，《中国出版》，2015 年第 8 期。

[3] 张立：《2013—2014 数字出版产业发展年度报告》，北京：中国书籍出版社 2014 年版。

[4] 杨京钟：《税收政策视阈下的新闻出版产业激励研究》，《出版发行研究》，2012 年第 8 期。

（作者：王关义、胥力伟）

上市公司股权结构与公司治理关系研究
——基于A股出版传媒上市公司的实证分析

内容摘要：

基于股权结构与公司治理关系的理论构建，本文以中国A股出版业上市公司为研究样本，对出版业上市公司股权结构与公司治理的关系进行了分析和实证检验。研究发现：第一，中国出版行业上市公司的股权结构与公司治理绩效呈显著相关关系，其他经济领域国企产权改革与治理的做法和经验对转企改制步伐较慢、上市较晚的出版传媒企业深化改革具有重要借鉴意义；第二，股权集中度与公司治理绩效呈显著负相关关系，说明目前中国出版上市公司股权集中度对企业治理绩效有反向影响，股权集中度高的企业已显示了不利于企业治理绩效提高的迹象；第三，股权制衡度与公司治理绩效正相关较弱，未通过显著性检验，说明中国出版上市公司第二到第五大股东在防止因“一股独大”造成的损害中小股东利益的内部制约作用有限，以此推动企业治理绩效的作用尚待增强。我们的研究结果为当前进一步推进出版企业改革与提升公司治理绩效提供了明晰的政策借鉴。

关键词：

出版传媒上市公司　股权结构　股权集中度　股权制衡度　公司治理

一、引言

旨在建立现代企业制度的国企改革始于20世纪90年代，先后经历了制度创新和结构调整（1993—2002 年）、以国有资产管理体制改革推动国有企业改革发展（党的十六大为开端）、资产资本化的改革措施（党的十八届三中全会）等数个阶段不同的改革历程。而相对于国有企业改革的整体推进，出版单位改革起步晚、步伐慢。这主要因为出版业是一个非常特殊的行业，其产品除具有商品的一般属性外，更肩负着文化传承的使命，出版物、出版业具有浓厚的意识形态色彩。长期以来，中国对出版单位实行“事业单位、企业化管理”的特殊管理模式。鉴于相当长一段时间内，出版单位还不是真正意义上的“企业”，无论在法律政策层面，还是实际管理工作中，未曾有建立现代企业制度的时机，企业治理问题也未受到应有重视。

2003 年，中央开始进行文化体制改革试点，标志着新闻出版业的转企改制拉开序幕。到 2010 年年底，经营性图书出版单位转企改制工作全面完成。但在出版单位转企改制后能否建立起有效的公司治理机制，如何设置和规范法人治理结构，至今仍是悬而未决的问题。而股权及其内部结构的配置是公司治理安排的决定因素，它决定了公司的控制权掌握在谁手中，而不同的主体根据自身利益所采取的不同行为将对公司治理产生根本的影响，使公司产生不同的绩效水平。中国出版企业股权结构存在的问题是什么？对出版企业治理结构影响如何？怎样的持股格局才能真正提高中国出版上市公司的公司治理绩效？本文以股权结构和公司治理之间关系的理论分析为基础，通过建立回归模型，对中国出版业上市公司股权结构与法人治理关系进行实证分析，试图回答上述问题，以期为出版业的公司治理提供借鉴和参考。

二、文献综述

（一）公司股权结构与公司治理关系的相关研究

BelLe and Mean（1932）对于公司股权结构与公司治理关系的研究，被认为是此类研究的早期著作，他们的研究提出了关于股权分散化为现代公司股权结构基本特征的观点。Jensen and Meekling（1976）正式对股权结构与公司治理进行了系统的研究，认为降低代理成本的根本途径是让没有股权的经理拥有股权，使控制权和剩余索取权相对应，但经理人员存在机会主义行为，公司的价值取决于内部股东所占有股份的比例，两者呈正相关关系。Grossman and Halt（1986）的研究表明如果公司股权高度分散，那么股东就不会有足够的激励来密切监督公司经理人员，这将导致公司治理系统失效，由此产生管理层内部人控制问题。Stulz（1988）建立的模型则证明，公司价值最初随内部股东持股比例增加而增加，达到一定点后开始下降。Armando Gomes and Walter Novaes（2001）则把控制权的分享看成是一种新的公司治理机制，认为控制权的分享是另一种监督机制，可以在保留有价值的控制权的私人收益的同时也能保护小股东利益。多个控制性大股东之间的讨价还价是减少对中小股东有害的投资决策的有利方式。La Porta、Lopez - De - Silanes、Shleifer and Vishny（2002）分析得出，在股权相对集中的公司中，代理问题产生于最终控制性股东与外部中小股东之间的利益冲突，他们将最终控制股东侵占小股东利益行为称为“隧道挖掘”。

国内学者对于上市公司股权结构与公司治理关系有以下研究：邹小芃、陈雪洁（2003）认为，在股权分散型结构下，由于所有权和控制权（经营权）的分离，公司治理的核心问题在于解决经理人员与股东们的潜在利益冲突。何浚（1998）、郑德珵等（2002）、杜莹等（2002）、刘洋（2003）、徐向艺（2005）、张旭（2011）、李莉等（2011）通过上市公司的数据，对中国上市公司独特的股权结构以及上市公司治理绩效进行了实证分析，发现目前中国上市公司的股权结构不利于其绩效的提高，不能流通的国家股大量存在导致了在特殊的委托代理关系下的国有资本的有效投资主体缺位，导致了国有企业绩效低下，并进而影响公司的市场价值。孙永祥等（1999）、张红军（2000）、佘晓明（2003）、张世荣（2013）等通过不同股权结构对公司代理权竞争、监督机制等发挥作用的影响分析，认为股权高度集中和股权高度分散的结构相比，有一定集中度、有相对控股股东、并且有其他大股东存在的股权结构，总体而言最有利于公司绩效的提高。股权多元化既不是形成有效的公司治理的目的，也不是公司治理有效的手段或必要前提。朱武祥（2002）强调，公司很少纯粹为了完善公司治理而进行股权多元化。不能因目前上市公司出现的大股东剥削行为而矫枉过正，简单人为地强制股权分散或以多元化打破“一股独大”。李锦生、张英明（2006）认为公司治理结构的完善是一个复杂的系统工程，在形成良好的股权结构的同时，还必须进一步完善独立董事制度；改变经理人的选聘机制，建立经理人市场；加强对公司经营者的激励与约束；完善公司治理的内部机制。肖琼（2006）、崔毓佳（2014）从激励与约束角度分析了股权结构对公司治理机制的影响，对如何提高公司治理机制运行效率提出建议。

（二）出版企业股权结构与公司治理关系的相关研究

由于中国真正意义上的出版体制改革启动较晚，因此与其他经济领域的公司治理研究相比，学界有关中国出版业这方面的研究十分落后。1997 年，中共十五大明确提出了在国有企业中建立公司治理结构的战略目标任务，随后中国展开了推行出版体制改革试点的工作，出版学界对于公司治理的研究才逐渐增多。2003 年，中国全面启动文化体制改革，出版产权制度改革进入了实质阶段，范围迅速扩大，出版业掀起了一波上市热潮，促使出版企业开始注重公司治理的建设，有关出版企业公司治理研究成果不断出现，但对出版企业股权结构与公司治理关系的相关研究成果相对较少。

王关义等（2013）、梁燕娇（2014）等以中国出版传媒上市公司的年度数据为分析样本，通过实证分析得出股权集中度与公司绩效呈非线性关系，呈正“U”形等研究结论。胡飞船（2004）、曾庆宾（2004）、谭作武（2005）、周正兵（2009）对产权与公司治理进行了理论探讨，强调通过资本市场上的股权置换和兼并收购的方式，降低国有股比例，提高法人股比重等股权多元化来优化出版股权结构和提高公司治理效率。朱庆（2011）认为，出版企业的股权集中于国家股东和国有股东手中，国有股“一股独大”问题明显，应当推动股权的分散化、多元化。赖政兵等（2009）、江南忆（2009）、郑豪杰（2014）等结合当前出版企业在转企改制、构建法人治理结构中遇到的问题，研究了建立和完善现代企业制度必要性，以及构建公司治理结构的途径和建议等。胡誉耀（2010）、杨东星（2013）认为，出版企业上市治理应建立防止大股东及其附属企业占用上市公司资金、侵害上市公司利益的长效防御机制。

国内外学者对上市公司股权结构与公司治理相关问题进行了深入研究，但缺少对出版业，尤其是对中国刚刚完成改制的出版上市企业股权结构与治理关系的系统研究。因此，本文的研究主题有两个：一是通过理论分析，厘清股权结构与公司治理之间的关系；二是根据中国上市出版传媒公司股权结构现状，分析中国出版业上市公司股权结构存在的问题，并据此提出改进建议。

三、理论构建

（一）股权结构的内涵

从理论上讲，股权结构可以定义为企业剩余控制权和剩余收益索取权的分布状况与匹配方式。从这个角度，股权结构可以被区分为控制权不可竞争和控制权可竞争的股权结构两种类型。在控制权可竞争的情况下，剩余控制权和剩余索取权是相互匹配的，股东能够并且愿意对董事会和经理层实施有效控制；在控制权不可竞争的股权结构中，企业控股股东的控制地位是锁定的，对董事会和经理层的监督作用将被削弱（张艳芳，2003）。

从实际应用上讲，股权结构是指企业股权总额中各股东所持公司股份的比例。它有两层含义：第一层是股权集中度，第二层是股权构成。股权集中度一般指五大股东持股比例，又具体细分为三种类型：一是股权高度集中，绝对控股股东一般拥有公司股份的50%以上，对公司拥有绝对控制权；二是股权高度分散，公司没有大股东，所有权与经营权基本完全分离、单个股东所持股份的比例在10%以下；三是公司拥有较大的相对控股股东，同时还拥有其他大股东，所持股份比例在10%与50%之间（陈隆伟、杨宗锦，2005）。股权构成是指股权不同背景的股东所持有股份的多少。在中国，股权构成表现为国有股东、法人股东及社会公众股东的持股比例。

（二）公司治理的内涵

关于公司治理的含义，从不同的角度进行考察，有多种解释。但一般认为，公司治理主要指公司在处理股东、董事会、监事会、经理、债权人、员工等各相关利益主体之间权、责、利关系的一种制度安排，目的是保证公司决策、运营的公正与效率。公司治理包括内部公司治理和外部公司治理。内部公司治理或称法人治理结构、内部监控机制，是由股东大会、董事会、监事会和经理等组成的用来约束和管理经营者行为的控制制度，包括董事会选举规则及程序、代理人之争、外部董事、报酬激励机制、董事会与经理层权力的分派与划分等管理监督机制。外部公司治理或称外部监控机制，是通过竞争的外部市场（如资本市场、经理市场、产品市场等）和管理体制对企业管理行为实施约束的控制制度，包括职业经理人市场等外部市场治理机制、政府治理机制、中介机构的信用制度等社会治理机制。

（三）股权结构与公司治理的关系

股权结构决定了股东结构和股东大会人员构成，进而决定了整个内部监控机制的构成和运作，股权结构与公司治理中的内部监控机制直接发生作用，并通过内部监控机制对整个公司治理的效率发生作用。公司治理的整个制度安排中，股权结构可以被视为该制度的产权基础，它确立了股东的构成及其决策方式，从而对董事会以及监事会的人选和效率发生直接的影响，进而作用于经理层，最后这些相互的作用和影响将在企业的经营业绩中得到综合的体现。因此，公司治理的内部监控机制是否能够有效地发挥作用，股东大会、董事会和监事会是否能够实现相互的制衡，在很大程度上都依赖于股权结构的合理安排（刘洋，2003）。股权结构对公司内部监控机制的作用如图1所示。

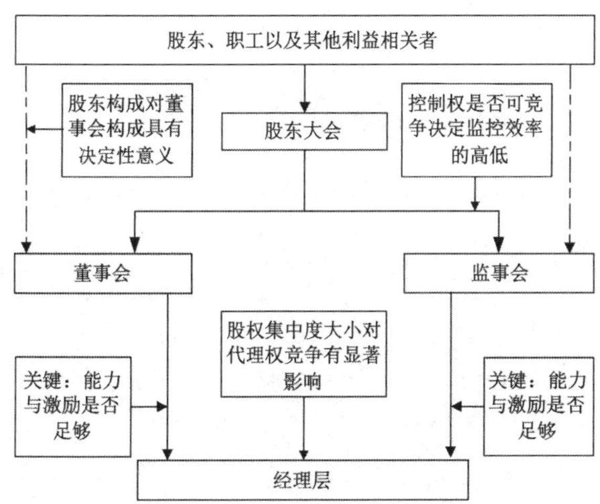

图1　股权结构对内部监控机制的影响

资料来源：郑德理、沈华珊：《股权结构与公司治理——对我国上市公司的实证分析》，《中山大学学报（社会科学版）》，2002年第1期。

（1）股权结构与股东大会。对于一个股份制公司而言，一旦确立了某种股权结构，股东构成清晰，就等于确立了决策规则。股权的高度集中会使决策易被大股东操纵，股权过于分散会造成决策效率低下，而股权适度集中的股权结构，即若干个大股东能形成相互制衡的局面，决策是最有效率。

（2）股权结构与董事会和监事会。股权结构在很大程度上决定了董事会的人选，在控制权可竞争的股权结构模式中，股东大会决定的董事会能够代表全体股东的利益。在股权高度集中的情况下，占绝对控股地位的股东可以通过垄断董事会人选的决定权来获取对董事会的决定权。在此股权结构模式下，中小股东的利益将难以得到保障。股权结构对监事会有同样的影响。

（3）股权结构与经理层。股权结构对经理层的影响取决于是否在经理层存在代理权的竞争。通常认为，在股权分散的企业，小股东“搭便车”的动机容易使经理层掌握对企业的实际控制权，代理权竞争机制难以发挥监督作用；而在股权高度集中的条件下，大股东所控制经理层的任命，削弱了代理权的竞争性；相对而言，控股股东的存在比较有利于经理层在完全竞争的条件下进行更换。

由此可以看出，股权结构是公司治理的产权基础，公司治理结构为股权结构的具体运行形式，合理的股权结构是建立有效的公司治理结构的基础。不同的股权结构决定了不同的企业组织结构，从而决定了不同的企业治理结构，最终决定了企业的行为和绩效。

四、中国出版传媒上市公司股权结构与治理现状

（一）中国出版传媒上市公司法人治理状况

1. 总体状况

2003 年以来，伴随着新闻出版业“转企改制”的全面推进，尤其近几年在国家全面深化改革、大力发展文化产业的政策利好背景下，出版传媒企业充分顺应行业发展趋势，多方开拓传统业务市场，积极拓展新兴业务领域，上市规模不断壮大，经营业绩取得很好成绩，一些集团已运用建立现代企业治理结构的方式进行公司治理。截至 2013 年末，在海内外上市的中国出版发行和印刷公司总计 32 家，其中 1 家（中国当当网公司）在美国上市、5 家（现代传播、北青传媒、财讯传媒、新华文轩、北人印刷）在香港上市，26 家在上海和深圳上市。在国内上市的 26 家出版发行和印刷公司共实现营业收入 806 亿元，实现利润总额 74.5 亿元，较 2012 年分别增长 13.2%、11%。

2. 法人治理建设取得的成果

中国出版企业现在都开始积极变革旧式行政治理结构，努力构建基于独立法人地位的新型公司治理结构。中国出版传媒企业进行法人治理结构建设步伐参差不齐：有的企业建立了比较成熟的现代公司治理结构，股东会、董事会、监事会三会建设完整，也具有了完善制度的委员会；有的企业具备了公司治理的初步状态，基本上已建立起股东会、董事会、监事会；有的企业建立了准现代公司治理结构，董事会已成功组成，但股东会、监事会建设不完全，“老三会”仍然凌驾于“新三会”之上。中国出版集团在公司内部治理建设方面的主要成就是形成了“三会四权”制主体框架，即在股东会、董事会、监事会充分构建完成的基础之上，通过所有权、决策权、经营权、监督权的相应划分与配置，形成利益共享机制、关系制衡机制、监督约束机制和说明责任机制。例如，北方联合出版传媒集团有限公司、江苏凤凰出版传媒有限公司等。

（二）中国出版传媒上市公司股权结构现状

1. 非流通国有股“一股独大”情况严重

中国上市出版传媒企业多数是由原来的国家出版社转企改制而来，为了满足股份有限公司设立的有关法规条文要求，上市公司设置了名义上的多元法人股权结构，国有大股东处于绝对控股地位；同时为了绕过在所有制问题上的认识障碍，做出了国有法人股不能上市流通的规定。目前，中国出版传媒上市公司的股权可以分为国有股（国家股+国有法人股）、法人股（境内非国有法人股、境外法人股）、流通股等。据2013年最新数据统计，上市出版传媒公司中，非流通的国有股39.9亿股，约占总股权206.6亿股的20%，占非流通股权52亿股的76.6%，远远高于法人股、持股人较分散的流通股。从这些数据上看，股权仍相对集中于国有股，并且不能上市流通，国有股“一股独大”的情况严重。股权如果过于集中在国家手中，政府机构支配着上市公司的经营管理权，容易出现政企不分的现象，这不仅影响了公司控制权市场功能的发挥，同时国有股的所有者缺位将影响公司内外部制衡机制的建立和良性运作（见表1）。

表1　出版传媒企业股本结构（年度：2013）　单位：亿股

<table>
<tr><th colspan="4">股票类型</th><th>发行总额</th><th>比例（%）</th></tr>
<tr><td rowspan="10">股票</td><td rowspan="8">非流通股</td><td rowspan="7">发起人股</td><td>国家股</td><td></td><td></td></tr>
<tr><td>国有法人股</td><td>39.9</td><td>76.6</td></tr>
<tr><td>境内非国有法人股</td><td>9.9</td><td>19.1</td></tr>
<tr><td>境外法人股</td><td></td><td></td></tr>
<tr><td>境内自然人股</td><td>2.2</td><td>4.1</td></tr>
<tr><td>其他</td><td></td><td></td></tr>
<tr><td>小计</td><td>52.0</td><td>100</td></tr>
<tr><td>非流通股合计</td><td></td><td>52.0</td><td>25.2</td></tr>
<tr><td>流通股</td><td>境内上市人民币股A股</td><td></td><td>154.6</td><td>74.8</td></tr>
<tr><td colspan="3">总　计</td><td>206.6</td><td>100</td></tr>
</table>

注：发行总额统计不包括境外上市的6家企业。

股本结构数据来源：新浪财经（http：//finance. sina. com. cn）。

2. 股权集中度高、对大股东制衡弱

从股权集中情况来看，中国出版传媒企业上市公司的股权集中度较高，而且大股东之间持股比例相差悬殊，相互制衡较弱。从表 2 可以看出：前五大股东持股占总股本的比例已达到 54.6%，超过 50%，对公司拥有绝对控制权；第二至第五大股东持股比例之和/第一大股东持股比例为 0.227，小于 1，第一股东绝对控制地位明显，互相监督、抑制内部人掠夺的股权安排不合理。上市公司股权过于集中于第一大股东，在同股同权下，第一大股东占绝对控股地位，就决定了其在股东大会、董事会上拥有绝对发言权，而作为绝对大股东派出的全权代表的经营者，就会集公司决策权和管理权于一身，从而导致上市公司所有权、决策权、管理权的高度统一，这样就很难建立对控股股东的约束机制，可能导致大股东侵害的小股东利益，从而影响公司治理绩效最大化。

表 2　　出版传媒集团股权集中度、制衡度（年度：2013）　　单位：亿股

股东	持股总量	比例（%）	指标解释
前五大股东	112.75	54.6	前五大股东占总股本的比例
第二至第五大股东	20.90	22.7	第二至第五大股东持股比例之和/第一大股东持股比例
第一大股东	91.90		

股权结构数据来源：新浪财经（http：//finance.sina.com.cn）。

五、中国出版传媒上市公司股权结构与治理实证分析

公司的股权结构不同，公司治理模式会相应的不同，而公司治理模式则会影响公司治理绩效，因此，要揭示中国出版上市场企业股权结构与公司治理之间的关系，可选定公司的经营绩效作为衡量公司治理效率的指标。这一部分主要通过相关分析，对出版上市公司股权结构与经营绩效之间的关系给出定量的说明。

1. 样本选择

考虑到出版传媒上市公司起步晚、数量少，2003 年起出版企业上市步伐加快，2011 年达到高峰后至 2013 上市公司数量基本稳定，并且考虑到不同股权结构对上市公司经营绩效的影响具有时滞性，因此，本文选取了 2012—2013 年间沪深两市 A 股出版传媒上市公司作为研究对象。参照国家新闻出版广电总局《新闻出版产业分析报告》（2009—2013 年），剔除境外上市 6

家，最后有效样本为26家，包括书报刊出版上市公司12家、发行上市公司4家、印刷上市公司10家。所有样本数据取自新浪财经各上市公司年度数据库和手工整理数据，数据处理采用 EVIEWS 软件。

2. 变量选取

经营绩效方面的变量，主要选取样本公司2013年度的营业利润率作为绩效指标。而股权结构方面的变量，主要选取股权集中度、股权制衡度（因国家股、法人股数据不完整本文不予选取）。控制变量选取资产负债率、总资产增长率等。各变量名称及说明如表3所示：

表3 变量说明

类型	变量名称	符号	变量表示
被解释变量	营业利润率	Y	营业利润/营业收入
解释变量	股权集中度	X_1	公司前五位大股东持股比例之和
	股权制衡度	X_2	第二至五大股东持股比例之和/第一大股东持股比例
控制变量	资产负债率	X_3	总负债/总资产
	总资产的自然对数	X_4	ln（总资产）

3. 模型设定

本文拟采用多元线性回归模型对以上变量进行回归分析，根据以上变量及符号建立的模型为：

$$Y = a_0 + a_1X_1 + a_2X_2 + a_3X_3 + a_4\ln(X_4)$$

4. 回归结果分析

本文使用 EVIEWS 软件对构建的模型进行回归分析，回归分析的结果见表4。

表4 模型回归结果

Variable	Coefficient	Std. Error	t - Statistic	Prob.
a_0	-0.933630	0.354387	-2.634497	0.0155
X_1	-0.386346	0.149195	-2.589531	0.0171
X_2	0.036308	0.070841	0.512526	0.6136
X_3	-0.915870	0.128312	-7.137848	0.0000
X_4	0.120914	0.024479	4.939423	0.0001
R - squared	0.812436	F - statistic		22.74051
Adjusted R - squared	0.776710	Prob（F - statistic）		0.000000

（1）建立模型F统计量为22.7405，P值为0.000000，整个方程通过了显著性检验。

（2）前5大股东持股比例之和（X_1）的系数 a_1 为 -0.386346，T统计量为 -2.589531，P值为0.0171，通过了显著性检验，说明中国股权集中度与公司治理绩效呈负相关关系。

（3）第二至五大股东持股比例之和/第一大股东持股比例（X_2）的系数为0.036308，表明股权制衡度与公司治理绩效呈正相关关系，但T统计量只有0.512526，P值为0.6136，没有通过显著性检验。这可能是因为虽然在理论上股权制衡可以使各大股东之间相互监督、相互控制，从而提高公司绩效。但对于出版这样的行业，对企业绩效做出贡献的重要因素很可能是由于其处于垄断内容生产的行业性质，在这样的背景下，股权制衡在企业中发挥的作用就会不明显。

（4）对于公司资本结构、公司规模二个控制变量，资产负债率（X_3）与营业利润率（Y）呈显著的负相关关系，总资产自然对数（X_4）与营业利润率（Y）呈显著的正相关关系。

六、结论与建议

1. 主要研究结论

上文以探讨股权结构与公司治理的关系为出发点，从理论和实证分析两个方面对中国出版传媒上市公司的股权安排进行了探讨，得出以下结论：

（1）中国出版行业上市公司的股权结构与公司治理绩效呈显著相关关系。这一结果印证了目前国内大部分学者的观点，即股权结构作为现代股份制公司财产结构的主要形式，在很大程度上决定了股份公司的治理结构，并通过公司治理影响公司运作的绩效，中国出版传媒上市企业运行符合这一规律。因此，目前其他经济领域国企产权改革与治理的做法与经验，对转企改制上市较晚的出版传媒企业深化改革具有重要借鉴意义。

（2）股权集中度与公司治理绩效呈显著负相关关系，说明目前中国出版上市公司股权集中度对企业治理绩效具有反向影响，集中度高的股权公司已显示不利于企业治理绩效的提高。例如，股权集中度较高的安徽新华传媒股份有限公司营业利润率已从2012年的14%降至2013年的13.1%，降低了一个百分点。虽然相对集中的出版市场股权结构能够发挥“利益协同效应”，促使几大股东利益与公司利益趋于一致，为实现自身利益以及公司利益最大化而努力，更积极地参与到公司管理中，从而提高了公司治理水平和绩效，但股权集中度较高时，会产生“掏空效应”，会造成几大控股股东联合形成内部控制，侵占小股东利益，导致代理成本的提高和公司治理绩效的下降。

（3）股权制衡度与公司治理绩效的显著相关关系在中国出版行业上市公司不存在，正相关较弱，说明中国出版上市公司股权制衡度对企业治理绩效的作用还不突出，第二到第五大股东在防止因“一股独大”造成损害中小股东利益的内部制约有限。虽然目前中国出版上市公司股权结构有利于第一大股东能够充分发挥集中资源，进行快速而果断地决策，但股权的相互制衡尚不能实现改善企业绩效的目标。这将成为中国出版传媒上市企业股权改革的重要方面。

2. 政策建议

根据以上研究结论，本文对中国出版行业上市公司构建合理的股权结构从而提高公司治理绩效提出以下政策建议：

（1）借鉴其他领域国企业改革经验，优化出版企业产权。国企改革经历了大型国有企业公司化改制、产权制度改革（推行股份制）、完善国资监督管理体制和规范微观公司治理结构、企业整体上市等几个阶段，改革取得一定效果（国企法人治理仍面临考验）。国企改革路径对出版企业深化改革有重要借鉴意义，出版企业优化产权，有两种路径可选择：一种是投资主体多元化。通过吸引战略投资者、逐步对民间资本放开、探索高层管理人员持股、允许员工内部持股等多种形式逐渐实现混合所有制的股份公司形式。另一种是继续推动出版业整合和重组，进一步推动出版产业整体上市，从而快速获得产权结构优化的合法途径。

（2）优化股权结构，完善公司治理。鉴于出版市场的特殊性，现阶段在中国出版企业改制中，产权结构改革要兼顾第一大股东、前五大股东的股权集中度以及股权制衡度，要平衡降低股权集中度和提高股权制约度之间的关系，可适度减持国有股比例。出版上市企业可以借鉴国有股减持的方法，采用增量调整、减量调整和存量调整三种不同形式，即增发社会公众股增加股本总额；进行国有股回购减少股本总额；通过二级市场或转让协议将大股东的持股比例转让给其他的投资者调整股本总额（陈隆伟、杨宗锦，2005）。总之，对中国竞争尚不激烈的出版市场，保证股权一定程度的集中是必要的，且股权改革应逐步推进，尽量与中国出版市场同步发展。

参考文献

(1) Berle A. A. , JR and G. C. Means. The Modern Corporate and Private Property [M]. New York: MacMillan, 1932.

(2) Jensen, M. C. and W. H. MecMing. Theory of the firm: Managerial behavior agency constant ownership structure, [J]. Journal of Financial Economics. 1976. 3, 305 -360.

(3) Grossman, S. , Hart, O. The Cost and Benefit of Ownership: A Theory of Vertical and Lateral Integration. Journal of Politic Economy, 1986, 691 -719.

(4) Stulz, R. Managerial Control of Voting Rights: Financing Policies and the Market for Corporate Control [J]. Journal of Financial Economics. 1988. 20, 25 -54.

(5) Sharing of Control as a Corporate Governance Mechanism. PIER Working Paper No. 01 -029, 2001.

(6) La Porta R. , Lopez - de - Silanes F. , Shleifer A. , Vishny R. Investor Protection and Corporate Valuation [J]. Journal of Finance, 2002, 57: 1147 -1170.

(7) 邹小芃、陈雪洁:《股权结构与公司治理:一个综述》,

《浙江经济》，2003 年第 1 期。

(8) 何浚：《上市公司治理结构的实证分析》，《经济研究》，1998 年第 5 期。

(9) 郑德理、沈华珊：《股权结构与公司治理——对我国上市公司的实证分析》，《中山大学学报（社会科学版）》，2002 年第 1 期。

(10) 杜莹、刘立国：《股权结构与公司治理效率：中国上市公司的实证分析》，《管理世界》，2002 年第 11 期。

(11) 刘洋：《公司治理结构与中国上市公司治理问题研究》，复旦大学博士学位论文，2003 年。

(12) 徐向艺、王俊韡：《股权结构与公司治理绩效实证分析》，《中国工业经济》，2005 年第 6 期。

(13) 张旭：《上市公司股权结构与公司治理关系研究——以电力行业为例》，《财会通讯》，2011 年第 10 期。

(14) 孙永祥、黄祖辉：《上市公司的股权结构与绩效》，《经济研究》，1999 年第 12 期。

(15) 张红军：《中国上市公司股权结构与公司绩效的理论及实证分析》，《经济科学》，2000 年第 4 期。

(16) 张世荣：《上市公司的股权结构与绩效》，《经营管理者》，2013 年第 3 期。

(17) 朱武祥：《股权结构与公司治理——对“一股独大”与股权多元化观点的评析》，《证券市场导报》，2002 年第 1 期。

(18) 李锦生、张英明：《上市公司股权结构优化与公司治理结构完善》，《经济体制改革》，2006 年第 2 期。

(19) 余晓明：《中国上市公司的股权结构与公司绩效》，《世界经济》，2003 年第 9 期。

(20) 肖琼：《上市公司的股权结构与公司治理机制》，《财政监督》，2006 年第 16 期。

(21) 崔毓佳：《公司治理研究：股权结构与治理机制》，《经营管理者》，2014 年第 8 期。

（22）王关义、李俊明：《出版上市公司股权结构与绩效关系实证分析》，《首都经济贸易大学学报》，2013 年第 2 期。

（23）梁燕娇：《出版传媒上市公司股权特征与性质对经营绩效的影响研究》，《国际商务财会》，2014 年第 9 期。

（24）赖政兵、廖进球：《试论出版集团构建法人治理结构的难题及对策》，《出版发行研究》，2009 年第 7 期。

（25）江南忆：《出版改制与构建法人治理结构——出版企业公司治理问题再探》，《发行研究》，2009 年第 10 期。

（26）郑豪杰：《出版企业治理与建立现代企业制度的思考》，《中国出版》，2012 年第 11 期。

（27）胡飞船：《论书业企业与法人治理结构的有效融合》，《出版发行研究》，2004 年第 12 期。

（28）曾庆宾：《论中国出版企业的产权制度创新》，《出版科学》，2004 年第 3 期。

（29）谭作武：《对完善国有书店法人治理结构的思考》，《出版发行研究》，2005 年第 1 期。

（30）周正兵：《我国出版集团产权改革中引进战略投资者的思考》，《出版发行研究》，2009 年第 1 期。

（31）朱庆：《中国图书商报》，2011 年第 12 月 30 日第 27 版。

（32）胡誉耀：《我国出版集团公司治理研究》，武汉大学博士学位论文，2010 年。

（33）杨东星：《中国出版企业现代治理结构研究》，东北财经大学博士学位论文，2013 年。

（34）张艳芳：《股权结构与中国上市公司治理绩效》，《金融理论与实践》，2003 年第 1 期。

（35）陈隆伟、杨宗锦：《上市公司股权结构与公司治理研究》，《吉首大学学报（社会科学版）》，2005 年第 2 期。

（**作者：**王关义、王梓薇）

中国出版传媒类上市公司成长性评价实证研究

内容摘要：

本文以盈利能力、运营能力、偿债能力和发展能力等四方面的财务指标为数据依据，运用因子分析法对中国出版传媒类上市公司的成长性进行了综合评价和分析比较。实证结果表明，目前中国出版传媒类上市公司传统出版发行业务盈利能力不强，亟待业态转型升级；主营业务收入增长质量不高，规模效益不够显著；负债融资比例不高，资金使用效率较低；学习能力和应变能力下降，企业成长活力不足。

关键词：

出版传媒类上市公司　成长性评价实证研究

成长性作为企业竞争能力的表现，一直为企业所努力追求，并得到理论界的持续关注和研究。从世界各国的经济发展进程来看，成长性企业对宏观经济有着巨大的推动作用，同时对各国的资本市场和投资者都具有很大的吸引力。出版传媒类上市公司作为中国文化传媒板块的新生力量和重要组成部分，其上市伊始便受到资本市场的热捧，并借助文化产业大发展大繁荣的东风取得了可喜的成绩，在规范治理结构、提升管理水平、增强经营能力和盈利能力等方面起到了较好的示范作用。然而，我们也应看到，出版传媒类上市公司在业绩增长、资金投放和市场表现等方面存在着一定的问题和不足[①]。如何辩证地看待出版传媒类上市公司的成长表现，需要从理论和实践中进行整体客观地评价。本文试图选取上市公司成长性评价指标，利用因子分析方法评价中国出版传媒类上市公司的成长性。

一、企业成长性综合评价模型的建立

企业成长性的概念对不同的企业家有着不同的理解，企业成长性可以被定义为收入的增长，价值的增加和企业实体的扩张，也可以用定性指标如市场地位，产品质量和消费者福利等测度。通过对企业成长性评价文献进行梳理，可以把成长性看成一种多维现象，这种现象可以通过特定理论采用不同的变量来测度[②]。多个指标的应用或最佳指标的选择一直是诸多文献讨论的主题之一。

一般来说，国内外学者多用销售收入、雇员数量、盈利能力、市场份额等指标来对企业成长性进行评价。根据夏清华年所做的有关统计结果显示，超过90%的企业成长实证文献用到了财务数据作为评价指标，其次是62%和56%的文献用到了雇员人数和市场份额作为评价指标[③]。

考虑到数据的易得性和研究的需要，本文拟采用财务数据作为评价指标。选取的指标分别是销售毛利率、成本费用利润率、总资产周转率、资产负债率的倒数和主营业务收入增长率五个指标来分别反映企业的盈利能力、运营能力、偿债能力和发展能力。其中，销售毛利率反映了企业产品附加值的高低，一般来说，产品附加值越高，意味着企业盈利能力越强，成长性越好。成本费用利润率反映了企业成本控制的水平，该指标越高，说明企业成本控制水平和经济效益越好，成长性也越好。总资产周转率反映了企业资产总额的周转速度，周转越快，说明企业的销售能力越强，企业资产管理的效率越高，成长性越好。资产负债率反映了企业偿还债务的能力，该指标越高，意味着企业财务风险加大，企业未来成长具有更大的不确定性，因此，其倒数值越大，说明其成长安全性越好。主营业务收入增长率反映了企业的市场拓展能力，该指标越高，说明企业市场占有率越大，成长性越好。

---

① 朱乃平、赵奇、王谈斌：《我国出版业上市公司绩效与运营能力分析》，《现代出版》，2014年第1期。

② Delmar F, Davidsson P, Gartner W, Arriving At the High - growth Firm [J]. Journalof Business Venturing, 2003, 18: 189 - 216.

③ 夏清华、李雯：《企业成长性评价的研究特征述评——基于元研究的量化分析》，《中国软科学》，2010年第1期。

在建立以上评价指标体系的基础上，本文选取截至2012年上市的12家沪深A股出版传媒类上市公司（剔除ST传媒）为研究样本，以2012年和2013年两个会计年度为观测区间，采用因子分析法，根据来自Wind资讯和各上市公司年报数据建立出版传媒类上市公司成长性评价模型，计算得出的成长性得分，进行分值排序。结论如下（见表1）：

表1 2012—2013年12家出版传媒类上市公司各公因子及综合因子的平均得分及排名

公司名称	F_1		F_2		F_3		综合指标	
	得分	排名	得分	排名	得分	排名	得分	排名
博瑞传播	1.939375	1	-0.13049	7	0.901025	2	1.217335	1
浙报传媒	1.52966	2	0.85213	4	-0.7167	10	0.921427	2
中南传媒	0.357295	4	0.01214	6	-0.04118	4	0.192942	3
皖新传媒	-0.13745	6	0.509555	5	0.453315	3	0.140175	4
华闻传媒	0.694565	3	-0.49067	10	-0.6379	9	0.137178	5
天舟文化	-0.64656	8	-0.46412	8	2.63724	1	0.039786	6
凤凰传媒	0.2749	5	-0.47813	9	-0.22756	7	-0.01211	7
大地传媒	-0.76338	9	0.968275	2	-0.07787	5	-0.19505	8
时代出版	-0.76542	10	0.85276	3	-0.09344	6	-0.22821	9
中文传媒	-1.24178	12	1.273095	1	-0.72604	11	-0.50999	10
新华传媒	-0.25798	7	-1.73948	12	-1.24001	12	-0.82137	11
出版传媒	-0.98325	11	-1.16508	11	-0.2309	8	-0.88213	12

表1中，F_1表示盈利因子，与销售毛利率和期间费用利润率的相关系数相对较高；F_2表示运营成长因子，与总资产周转率和主营业务收入增长率的相关系数相对较高；F_3表示偿债因子，与资产负债率的倒数的相关系数相对较高。综合成长指标则为三类因子的加权平均数，各因子数值越大，说明其成长性越好。从表中可以看出，在F_1（盈利因子）方面，博瑞传播和浙报传媒指标数值较高，中文传媒和出版传媒指标数值较差，这与其综合成长排名相似，说明盈利能力对出版传媒类企业的成长发展至关重要。在F_2（运营成长因子）方面，中文传媒和大地传媒指标数值较高，新华传媒和出版传媒指标数值较差，但其综合成长排名差距不大，总体处于末尾。在F_3（偿债因子）方面，天舟文化指标数值最高，比排名第二的博瑞传播高出近两倍，但

其综合成长排名处于中间，新华传媒指标数值较差。

二、主要结论及建议

本文认为，上述排名与这些企业的发展实际是基本相一致的。由此得出本文的主要结论及建议如下：

1. 传统出版发行业务盈利能力不强，亟待业态转型升级

从盈利能力指标及综合成长排名来看，前两位的上市公司均为现代传媒企业，主要从事报刊的广告发行及新媒体业务，其2012年和2013年（以下简称近两年）的销售毛利率均超过了45%，期间费用利润率也超过了24%。剩下的10家上市公司均主要从事传统出版发行业务，其近两年的销售毛利率均值分别为29%和12%，远远低于前两家公司。究其原因，是传统出版发行业务的衰退加速。

虽然中国传统出版发行业务尤其是教材教辅业务增长稳定，但新媒体技术尤其是数字出版技术的快速发展、用户阅读习惯的逐渐转变对该行业的经营模式和产业形态产生较大冲击。加快转型升级，提升核心竞争能力已是势在必行。出版传媒类上市公司的未来发展除应继续加强对内容品牌等核心价值建设外，还应充分利用数字技术进行业务流程再造，重构出版产业价值链，实现媒介和产业的相互融合，朝跨媒介、综合性文化产业等方向转变。

2. 主营业务收入增长质量不高，规模效益不够显著

从运营成长指标来看，排名前两位的上市公司分别为中文传媒和大地传媒。其中，两家公司近两年的资产周转率均超过0.9，主营业务收入增长率均值超过了25%，但其综合成长排名靠后，究其原因是盈利能力较差，所增收入并未能转化为实际利润。另外，从主营业务收入等规模指标来看，出版传媒类上市公司总体明显低于A股平均水平。据Wind资讯统计，近两年A股上市公司平均主营业务收入分别为99.35亿元和108.41亿元，而样本公司仅为35.77亿元和41.39亿元。其中，仅中文传媒一家公司主营业务收入超过了100亿元。究其原因，是出版传媒类上市公司跨区域和跨行业成长不够显著。

随着出版业的行业性、地域性垄断被逐渐打破，出版传媒类上市公司应借助资本力量加快对业务相近、资源相同的出版传媒类企业的兼并重组，实现跨地区发展；通过资本运作，加深与电信、广播、影视、教育等行业之间的融合，灵活运用各种合作方式实现跨行业发展。

3. 负债融资比例不高，资金使用效率较低

从偿债能力指标来看，排在首位的上市公司为天舟文化，但其综合成长排名并不高；相反，浙报传媒尽管偿债能力较差，但其综合成长排名靠前。进一步与A股其他上市公司比较，可以发现，样本公司近两年平均资产负债率在32%左右，远低于A股45%的平均水平。而负债融资具有税遁效应，公司可通过高负债的投机性资本结构来实现高速成长。Larry Lang等（1994）在对财务杠杆、投资与公司成长的研究中发现，对于那些具有良好投资机会的公司而言，财务杠杆不会减缓公司的成长。而出版传媒类上市公司的市盈率远高于A股平均水平，说明市场对其发展前景看好[①]。因此，出版传媒类上市公司应充分利用政策利好和市场机遇，通过信贷支持、融资租赁、商业信用等方式适度举债，发挥负债的财务杠杆效应。

同时，在文化体制改革的大背景下，出版传媒类上市公司应逐步有序引入非公有制资本和国外资本，形成多元股权结构和混合所有制形式，优化上市公司资本结构，扩大上市公司资本规模，促进资源的优化配置和合理流动。另外，出版传媒类上市公司还应进一步完善公司治理结构，建立科学合理的投融资决策程序，降低现金持有水平，提高资金使用效率。

4. 学习能力和应变能力下降，企业成长活力不足

从综合性成长排名可以发现，排名末两位的新华传媒和出版传媒上市时间分别为2006年和2007年，要早于大多数出版传媒类上市公司。根据有关上市年龄和企业成长关系的研究文献表明，公司上市年龄的大小会对企业成长产生影响。一般来说，随着年龄增长，公司的灵活性和可控性会产生变化，如果组织获取知识和技能的学习能力下降，企业的灵活性和应变能力也会相应下降，最终不利于企业的成长。因此，对于大多数处于上市伊始的出版传媒类上市公司而言，如何提高自身的学习能力和应变能力是企业保持成长活力的关键。

创新是企业成长的原动力。出版传媒类上市公司要想实现快速、持续和健康成长，就必须不断适应内外部环境的变化，及时主动地在公司战略、产品结构、管理方法和组织机构等方面进行调整和变革，以体制创新、管理创新、技术创新和组织创新来为企业成长注入源源不断的新动力[②]。

---

① 何志勇：《我国出版上市公司经营情况比较分析》，《科技与出版》，2013年第9期。

② 原继东、王树恩：《我国出版企业的成长动力研究》，《出版发行研究》，2011年第8期。

第 4 部分

附　　录

附录 1

调 查 问 卷

构建具有文化特色的现代出版企业制度调查问卷

尊敬的各位出版工作者：

您好！

我们正在承担国家新闻出版广电总局的一项研究课题，旨在通过对出版业转企改制过程中出版社现代企业制度建设的现实状况进行调查和分析，论证具有文化特色的现代出版企业制度的内涵及其建构路径，进而向政府职能部门真实、全面地反映我国当下出版业在转企改制过程中所面临问题和切实需要。为此，我们开展此次调查，希望您在百忙之中抽出宝贵时间如实填写问卷。

我们非常真诚地邀请您参与本次问卷调查的填写，并能真实反映您在作中的需求和想法。您的意见和建议是我们问卷和调研报告的重要素材，回收汇集后将进行计算机处理，企业和您个人的相关信息将被予以保密，您的意见、要求和建议必将成为上级部门制订政策的借鉴和参考，我们期待着您的回答。

填写时，请注意以下几点：

①请根据本企业或您的实际情况如实填写。

②请您亲自填写，不要找人代填，也不要与他人商量后填写。

③请您逐题、逐项填写，不要遗漏。

谢谢您的合作与支持！

构建具有文化特色的现代出版企业制度研究课题组

2015 年 6 月

一、关于企业基本情况

1. 企业全称：

2. 主管部门：

3. 单位人员规模是（　　）。

A. 50 人以下　B. 50≤人数<100

C. 100≤人数<300　D. 300≤人数<500

E. 500≤人数<1000　F. 1000≤人数<2000

G. 2000≤人数≤5000　H. 5000 人以上

4. 单位建筑面积是（　　）。

A. 50 平方米以下　B. 50≤平方米<100

C. 100≤平方米<500　D. 500≤平方米<1000

E. 1000≤平方米<5000　F. 5000≤平方米≤10000

G. 10000 平方米以上

5. 单位固定资产规模（　　）。

A. 50 万元以下　B. 50 万元≤规模<100 万元

C. 100 万元≤规模<500 万元　D. 500 万元≤规模<1000 万元

E. 1000 万元≤规模<5000 万元　F. 5000 万元≤规模<1 亿元

G. 1 亿元≤规模<5 亿元　H. 5 亿元以上

6. 单位年出版物数量（　　）。

A. 100 以下　B. 100≤品种<500

C. 500≤品种<1000　D. 1000≤品种<3000

E. 3000≤品种<5000　F. 5000 种以上

7. 单位年营业额（　　）。

A. 500 万元以下　B. 500 万元≤金额<1000 万元

C. 1000 万元≤金额 <5000 万元　　D. 5000 万元≤金额 <1 亿元

E. 1 亿元≤金额 <5 亿元　　F. 5 亿元≤金额 <10 亿元

G. 10 亿元≤金额 <50 亿元　　H. 50 亿以上

8. 企业所有制性质是（　　）。

A. 公有制　　B. 非公有制

C. 外资　　D. 中外合资

E. 其他

9. 贵企业按规定完成转企改制的时间　年　月

二、关于现代企业制度建设

10. 您认为近年来政府对出版业的改革取向是（　　）。

A. 政府管控力进一步加强

B. 市场对出版社经营调节的作用日益突出

C. 计划经济色彩进一步减弱

D. 关心

E. 不了解

11. 您目前所在的企业是否实现了彻底的转企改制？（　　）。

A. 完全实现　　B. 又推动但不彻底

C. 手续完成，实质没变　　D. 不关心

E. 不了解

12. 通过转企改制，贵企业都发生了哪些变化？（　　）。

A. 对市场的依赖性更强了

B. 对政府职能部门的依赖性更强了

C. 企业的应变能力提高了

D. 企业活力增强了

E. 企业效益提高了

F. 员工工作压力变大，工作积极性提高

G. 企业管理水平提高

H. 员工收入增加

I. 没变化

J. 不关心

K. 不了解

13. 贵企业目前主要业务是否主要依靠市场调节？（　　）。

A. 是

B. 否，依靠政府支持和投入

C. 否，政府干预和市场调节并行

14. 贵企业目前的主营业务市场化程度能够达到（　　）。

A. 10%以下　　B. 10%—20%

C. 30%—50%　　D. 50%—70%

E. 70%以上

15. 贵企业的出版业务是否能满足市场和读者需求？（　　）。

A. 完全满足　　B. 基本满足

C. 多数情况下不能满足　　D. 完全不能满足

16. 贵企业目前有无开展同国外出版企业的合作与交流？（　　）。

A. 有　　B. 没有

C. 不了解

17. 如果有，贵企业目前与国外出版企业的业务联系方式主要有哪些？（　　）。

A. 版权输出或者引进　　B. 合作出版

C. 合资建立新的出版企业　　D. 人员方面的交流

E. 管理经验的交流　　F. 其他领域的交流与合作

18. 您认为我国出版业在国际竞争中面临的主要问题存在于哪些方面？（　　）。

A. 营销策划方面　　B. 版权法律方面．

C. 技术设备方面　　D. 人才经验方面

E. 管理经验的交流　　F. 资金方面

G. 文化追求方面

19. 您对党和政府推动出版产业化、市场化、国际化的政策是否赞成？（　　）。

A. 完全赞成　　B. 不赞成

C. 不了解　　D. 不关心

20. 目前，主管单位为贵企业日常运营提供（　　）。

A. 一定的资金投入　　B. 一定的实物投入

C. 一定的政策支持　　D. 无任何投入

21. 您对政府主管部门取消书号限制的政策所持的态度是（ ）。

A. 完全赞成　　B. 不赞成

C. 不了解　　D. 不关心

22. 贵企业的经济核算方式为（ ）。

A. 银行独立开户　　B. 主管单位财务部门核算

C. 部分经济核算权　　D. 其他

23. 贵企业在出版经营过程中是否受到上级职能部门或相关部门的干预？（ ）。

A. 是　　B. 否

24. 您对这些职能部门干预的评价是（ ）。

A. 有针对性，必要且及时　　B. 完全没必要

C. 影响正常经营　　D. 其他

25. 您认为那些职能部门的干预是不必要的或者是可以被市场替代的？（ ）。

A. 政治导向　　B. 经营方向

C. 图书质量　　D. 人员安排

E. 其他

26. 近几年内，您认为以下哪几种发展举措适合贵企业？（ ）。

A. 与其他同行业战略重组　　B. 与同行业企业深度合作

C. 内部成立新公司　　D. 异地设立分社、分公司

E. 开拓新产品线　　F. 跨行业多元化经营

G. 坚持品牌经营

27. 下列资本经营的方式中，哪些比较适合贵企业？（ ）。

A. 组建集团

B. 收购、合资重组或参股与出版相关的公司或企业

C. 异地独资或合资组建公司

D. 上市发行股票融资

28. 关于企业投资主体：

（1）贵企业各股东投资协议、投资金额等，是否有明确记载或证明（ ）。

A. 有　　B. 无

（2）各股东出资数额和出资比例是否明确（ ）。

A. 明确　B. 不明确

(3) 股东是否持有股权证（　）。

A. 持有　B. 未持有

29. 关于企业产权结构和资产作价：

(1) 贵企业以财产作价投入的财产是否有评估报告（　）。

A. 有　B. 无

(2) 吸引以下哪些类型等投资入股：(可多选)。

A. 企业法人　B. 社团法人

C. 自然人　D. 外资

(3) 吸引以下哪些要素参股：（　）。

A. 技术　B. 管理

C. 无形资产

30. 贵企业出资者是否按照持股比例依法享有资产收益权（　）。

A. 享有　B. 不享有

31. 贵企业组织形式为（　）。

A. 独资企业　B. 合伙企业

C. 公司制企业

32. 贵公司如果是公司制企业，其组织方式为（　）。

A. 有限公司　B. 股份公司

C. 并非公司制企业

33. 转企改制后，贵企业发展面临的最迫切需要是（　）。

A. 政策扶持　B. 充裕的资金

C. 运营机制的创新　D. 拓展市场渠道

E. 发展战略定位　F. 企业文化培育

34. 转企改制后，贵企业在经营方式上发生的显著变化是（　）。

A. 对有形资产和无形资产的经营并重

B. 对外合作形式更为多样

C. 积极关注资本市场

D. 对国有资产的保值增值成为经营考核的重要指标

35. 您认为贵企业从事经营活动最大的优势是（　）。

A. 品牌地位　B. 资金雄厚

C. 市场规模　D. 主管企业支持

E. 其他

36. 贵企业是否拥有比较完备的管理规章制度？（　　）。

A. 有比较完备的规章制度

B. 有管理规章制度，但不系统、完备

C. 有比较完备的不成文的规则

D. 没有规章制度，随意性很强

37. 您对贵企业管理的科学化水平评价是（　　）。

A. 很科学　　B. 科学

C. 基本科学　　D. 不科学

E. 传统的经验管理

38. 贵企业的财务管理、人事制度、激励制度等是否科学合理？（　　）。

A. 很科学　　B. 科学

C. 基本科学　　D. 不科学

39. 您认为贵企业在同行中的竞争力如何？（　　）。

A. 很强，领袖地位　　B. 已形成一定优势

C. 一般　　D. 很差

40. 您认为出版社内部信息有效沟通的关键因素是？（　　）。

A. 实施目标管理，使企业成为着眼于整体目标的团队，为沟通建立共同基础

B. 改善内部沟通环境，创造良好的沟通氛围

C. 健全内部沟通渠道，以人为本选择正式或非正式信息沟通渠道

D. 建立良好反馈机制，完善双向交流机制

E. 员工把握信息反馈中的主体地位，排除权力威慑等心理因素干扰

F. 领导和各级部门从思想上重视内部信息沟通机制的创新，并积极组织落实，管理到位

41. 您认为贵企业中信息沟通不畅的主要因素是（　　）。

A. 组织结构过于庞大，信息传递需要经过烦琐的程序

B. 员工在企业非正式组织中的口头传播造成信息失真

C. 各级主管部门将接收到的信息进行主管上的甄别过滤，造成信息失真

D. 企业管理者对内部信息沟通的认识存在误区，日常工作中以自上而下的单向沟通为主

E. 未建立科学的信息沟通机制，未设立专门机构和专业人员

42. 哪些宏观环境对企业造成不良影响（按先后顺序选择）（　　）。

A. 市场无序竞争　　B. 企业的融资安排渠道太窄

C. 人才市场不规范　　D. 企业发展的信用环境不好

E. 外资大量涌入　　F. 企业担保重

G. 其他

43. 当前国家和地方的法律法规、税收政策、金融政策、国家产业政策、劳动用工政策等，对企业生产经营的影响是（　　）。

A. 非常不利　　B. 不利

C. 一般　　D. 有利

E. 非常有利

44. 当前的宏观环境（包括物价水平、通货膨胀率、汇率、利率和竞争程度等）对企业的影响（　　）；其中，对企业影响最大的是（　　）。

A. 非常不利　　B. 不利

C. 一般　　D. 有利

E. 非常有利

45. 哪些因素对贵企业的市场经营产生影响（按重要性由高到低）［排序题］（　　）。

A. 行业垄断　　B. 不正当竞争

C. 不守信用　　D. 地方保护

E. 其他问题

46. 同行业企业竞争遵守法律法规的程度是（　　）。

A. 非常低　　B. 较低

C. 一般　　D. 较高

E. 非常高

三、关于现代出版企业制度中文化特色的培育

47. 如果把出版行业划分为教育出版、专业出版和大众出版三类，贵企业是否已经形成较为鲜明的出书方向？（　　）。

A. 是　　B. 否

C. 尚在培育过程中

48. 贵企业已经形成或尚在培育过程中的出书方向是（　　）。

A. 教育出版　　B. 专业出版

C. 大众出版　　D. 其他

49. 就目前阶段而言，资本运作和图书产品经营，哪个对企业更重要（　　）。

A. 资本运作　　B. 图书产品经营

C. 一样重要　　D. 说不好

50. 企业用于资助重点书出版的资金为（　　）。

A. 30 万以下　　B. 30 万—50 万

C. 50 万以上

51. 企业资助重点书出版的经费占利润的百分比为（　　）。

A. 20% 以下　　B. 20%—30%（含 30%）

C. 30%—50%（含 50%）　　D. 50% 以上

52. 企业在数字化建设上，进行了下列哪些项目的建设？（　　）。

A. 办公自动化　　B. 编务管理信息系统

C. 发行管理信息系统　　D. 客户关系管理

E. 财务管理信息系统　　F. 内容资源管理

G. 企业资源管理　　H. 网站建设

I. 其他

53. 未来三年需要在哪些方面加强？（　　）。

A. 办公自动化　　B. 编务管理信息系统

C. 发行管理信息系统　　D. 客户关系管理

E. 财务管理信息系统　　F. 内容资源管理

G. 企业资源管理　　H. 网站建设

I. 其他

54. 企业是否有专门的数字化建设（数字出版）部门？（　　）。

A. 有　　B. 没有

55. 如果有，该部门有员工（　　）人；

其中计算机专业背景的员工（　　）人；

其中有出版专业经验的员工（　　）人。

56. 企业认为目前从事数字化建设（包括管理的数字化和产品的数字化）的主要困难包括哪些？（　　）。

A. 领导意见未完全统一

B. 缺少经费、技术、赢利模式支持

C. 版权保护不规范

D. 发行渠道不完善

E. 技术人员缺乏编辑经验

F. 其他

57. 贵企业是否享受过政府针对技术创新平台建设等出版产业建设的优惠政策？（　　）。

A. 是　　B. 否

58. 如果有，享受过的具体政策是：

59. 如果没有，您认为是受到了以下哪些条件的限制？（　　）。

A. 企业规模　　B. 企业性质

C. 经营范围　　D. 地区差异

E. 市场准入　　F. 其他

60. 企业发展目前最为迫切需要的人才是（　　）。

A. 文字编辑　　B. 美编设计

C. 技术研发　　D. 管理人才

E. 营销发行人员　　F. 版权法律

G. 企划　　H. 其他

61. 企业主要负责人产生的方式（　　）。

A. 主管部门派入　　B. 社内选聘

C. 社会招聘　　D. 其他

62. 目前企业从事资本运作遇到最大的困难是（　　）。

A. 出版体制、机制　　B. 资金

C. 人才　　D. 品牌影响

E. 其他

63. 您如何评价企业目前的图书产品的文化价值（　　）。

A. 非常高　　B. 高

C. 一般　　D. 低

E. 非常低

64. 您认为图书产品的文化价值应体现在（　　）。

A. 原创程度高　　B. 内容得到读者认可

C. 内容得到专家认可　　D. 能够带来丰厚的利润收益

E. 图书编校质量过关　　F. 其他

65. 在企业发展进程中，下面哪个因素发挥了最为重要的作用（　　）。

A. 国家的政策扶持　　B. 传统的品牌和资源

C. 图书市场的机会　　D. 灵活的经营机制

66. 企业从事过以下哪些资本经营活动（　　）。

A. 组建出版集团

B. 收购、合资重组或参股与出版相关的公司或企业

C. 吸纳外来资金

D. 将某些部门或业务独立，并成立公司运作

67. 您认为企业是否已经形成较为鲜明的企业文化？（　　）。

A. 是　　B. 否

C. 尚在培育过程中　　D. 不了解什么是企业文化

68. 企业文化与自身拥有的出版特色和品牌优势相关度？（　　）。

A. 非常高　　B. 较高

C. 一般　　D. 较低

E. 非常低　　F. 无任何相关

69. 您和同事们在工作中拥有基本一致的目标和方向吗？（　　）。

A. 与绝大多数同事拥有一致的目标和方向

B. 与少部分同事拥有一致的目标和方向

C. 大多数时候与同事们拥有一致的目标和方向

D. 偶尔与同事们拥有一致的目标和方向

70. 您在目前就职的出版社工作的年限为（　　）。

A. 2 年及以内　　B. 2—5 年

C. 5—10 年　　D. 10—15 年

E. 15 年及以上

71. 如果接下来您选择其他类型出版社就职，那么你选择的出版社最吸引你的可能是（　　）。

A. 工资待遇高　　B. 人际关系和谐

C. 竞争环境公平　　D. 专业或岗位更符合自身兴趣

E. 文化氛围浓厚，有利于个人修养提升

F. 其他

72. 如果需要，您会向正在求职的朋友推荐您所在的企业吗？（　　）。

A. 会　　B. 不会

73. 您认为企业最值得您向求职者推荐的理由是（　　）。

A. 工资待遇高　　B. 人际关系和谐

C. 竞争环境公平　　D. 文化企业社会声誉高，体面

E. 文化氛围浓厚，有利于提高个人修养

F. 其他

附录 2

问　卷　说　明

《构建具有文化特色的现代出版企业制度建设调查问卷》说明

本次调查从问卷设计到发放与回收历时 6 个月，共发放问卷 900 份，回收 729 份，总回收率 81%，有效率 97%。

本次调查对于调查对象有一定控制和选择，但回复问卷的代表性可靠。基于我国出版单位多采用行业分类的现实，本次调查尽可能涵盖更多行业性质的出版单位。调查涉及多家综合类出版单位和法律、医学、管理、科技、艺术等多门类专业出版单位，在不同行业分块内随机采样，所得数据基本能够反映整个出版行业转企改制以及现代企业制度建设的发展现状。

本次调查问卷的发放与回收均采用邮递方式，调查费用较高且耗时较长，但投入人力少且调查范围较广。就调查对象的数量和种类而言，本次调查覆盖金盾出版社、艺术与电子科学出版社、人民日报社、现代出版期刊社等 15 家图书、报纸、期刊出版单位。就调查对象的地域分布而言，基于我国出版单位分布的现实，绝大部分调查对象为在京出版单位。此外，由于问卷的发放均通过联系出版单位相关负责人组织内部员工进行填写，故有效避免了一般邮政问卷回复率低的弊端，保证了样本数量的可靠性。

本次调查为自填式问卷调查，回答质量较高。全部729份回收问卷中，回答不完整问卷为3份；结合问卷中部分背景问题以及检验性问题的回答情况，判断为无效回答问卷为19份。回收问卷的有效率为97%。

目前，问卷调查发放与回收工作已全部完成。截至2015年11月10日，问卷发放、回收以及数据输出情况见下表。

出版社名称	发放问卷数	回收问卷数	数据输出	备注
金盾出版社	150	121	已完成	
北京艺术与科学电子出版社	20	17	已完成	
军事医学科学出版社	26	16	已完成	
中国中医药出版社	60	57	已完成	
北京交通大学出版社	30	29	已完成	
河南科学技术出版社	50	23	已完成	
中国传媒大学出版社	30	24	已完成	
经济管理出版社	50	31	已完成	
人民邮电出版社	150	137	已完成	
重庆大学出版社	20	20	已完成	
冶金工业出版社	60	35	已完成	
机械工业出版社	150	148	已完成	
人民日报社	50	17	已完成	
河南日报社	50	50	已完成	
现代出版杂志社	4	4	已完成	
合　　计	900	729		